# 不動産バブル
# 静かな崩壊

幸田昌則
MASANORI KOUDA

日本経済新聞出版

# 序文　変化が始まった不動産市況

この数年間で、想定外とも言える二つの世界規模の惨事が起き、多くの人々に不安を与えている。どちらも命と経済に直結したものである。

一つは、２０１９年に中国から発生したとされる新型コロナウイルスの感染拡大である。百年に一度と言われ、「パンデミック」という言葉に我々は直面した。

感染拡大を阻止するため、外出自粛と「非接触」が要請され、世界経済が停滞した。

コロナ禍により、日本の不動産市況も瞬間的には悪化した。その後は一転して「コロナ特需」が生まれ、住宅市場を喚起し活況が続いた。米国でも住宅特需が生まれて建築資材が不足し、「ウッドショック」と呼ばれる現象を引き起こした。

さらに家計の支出をはじめ消費が抑えられたことにより、富裕層の手元資金には使い道がなく、不動産や株式市場に流入して、その価格を上昇させた。

次に、２０２２年2月24日、ロシアによる「ウクライナ侵攻」が始まった。東欧のウクライナから遠い多くの日本人にとって予想もできない出来事だった。この戦争が、欧米各国だけでなく、世界を二分するほどにまで拡大していくことを予想する人は少なかったのではないか。本書を執筆している現在も終結の見込みはなく、長期化が懸念されている。その後、イスラエルとハマスの戦いも始まった。

これらの紛争は世界経済にも大きな影響を与えている。ウクライナ侵攻以前、日米欧の各国は、デフレ、金余り、超低金利の経済だったが、紛争後は世界中の物流が停滞し、原油をはじめ、各種の商品・原材料が急騰した。

世界経済は、デフレからインフレへと一気に転換してしまった。

急激なインフレ進行を阻止するため、欧米では、政策金利を継続的に引き上げたが、未だに大きな効果は見られない。歴史を紐解くと、インフレが始まると容易に沈静化しないことがわかる。

欧米の金利の引き上げは、急速な、そして大幅な円安につながった。米国ドルは150円を突破し、ユーロも160円を突破してしまった(2023年11月)。

その結果、輸入に依存する日本でもインフレが一段と進行した。

隣国の中国はコロナ禍以降、経済の成長にかげりが見えるだけでなく、長期低迷期を迎えているようにも思われる。筆者は経済の専門家ではないが、1990年のバブル崩壊後の日本が再現されるのではないか、と予想している。今後、多くの中国人は「生活防衛」の姿勢を強めていくだろう。

2023年は、中国経済の成長を支えてきた不動産市場の冷え込みが明白になってきた。不動産業界の最大手、碧桂園が23年10月にデフォルト（債務不履行）と判断されるなど、不動産業者の破綻も相次いでいる。

しかも、各社の借入金は膨大で、90年代に破綻した日本の不動産業者の比ではない。中国政府の対応にも限界はあり、今後、金融機関、金融システムにも「飛び火」することが懸念される。

中国の不動産バブル崩壊は、すでに始まっている。


日本も、長期にわたる異次元の金融緩和と超低金利政策によって、都市圏の土地・住宅などの価格は高騰し、不動産が「バブル期」にあることは確かである。

新築マンションも戸建て住宅も、一般人が買えない価格になっている。ただ、欧米とは違って、依然として金利が極めて低く、「金融引き締め」がない上に、富裕層の人たちや企業の投資意欲が衰えていないため、辛うじて市況が支えられてきた。

しかし、ウクライナ侵攻の長期化と円安の進行によって、各種の建設資材の高騰、人手不足などの問題が深刻化している。

この十数年間にわたる地価の高騰もあり、東京圏・関西圏だけでなく、地方でも、新築マンションなどの住宅の販売価格が年収の10倍前後になっている例も珍しくない。そのため、住宅の売れ行きは鈍化している。供給側のデベロッパーは、人件費と建築費などのコスト上昇により、利益の確保が難しくなっている。

一方、国民の多くは、電気・ガス料金、ガソリン、食料品の値上がりが著しく、家計は圧迫され、生活は厳しさを増している。家賃の支払いや住宅ローンの返済に窮する人が増加している。低・中所得者層の住宅の購買力の低下は著しい。今回のインフレは、「供給側・顧客」の双方に打撃を与え始めている。

今後、新規の住宅などの供給は先細りになっていくだけでなく、住宅市場全体の取引件数が減少し、市況の過熱感はなくなり、市場は縮小していくと思われる。

足元の実態を見ると、すでに22年の夏頃から、大都市圏では流通市場だけでなく、不動産業界内にも、住宅・投資物件・土地などの在庫（売れ残り）が、月を追うごとに増加している。業界内の在庫水準は、２００８年のリーマンショック時の水準を15年ぶりに超えてしまった。

２０１２年の第二次安倍晋三政権誕生後、日本の経済政策は大きく変わった。

政府と日本銀行の黒田東彦前総裁による、デフレ脱却を目指した異次元の金融緩和と超低金利、そして相続税の強化は、十年に及ぶ「最大にして最長」の「3回目の日本の不動産バブル」

を生んだ。

そのバブルの崩壊が、静かに、そして緩やかに始まっている。

今後、日本の不動産市況は、当分の間、インフレの影響を受けることになるが、同時に、2024年からは、金融動向にも左右されることになる。

長年続いてきたデフレはインフレに転換した。「金利のない時代」は、「金利のある時代」になる。不動産を取り巻く環境は大きく変わりつつある。不動産バブルの崩壊の契機は、過去の例を見ると、次の二つであると筆者は考えている。

一つは、購買力を超える価格高騰、経済的合理性を超えた価格の出現。

二つは、金融の引き締めと金利の上昇。

すでに一つ目は現実となっている。二つ目はこれから我々が直面するものである。

本著は、これからの日本の不動産市況の行方について、データをもとにして解説している。今後のビジネス、生活を考える上で多くの読者の参考になれば幸いである。

なお、第7章の内容については、前著『アフターコロナ時代の不動産の公式』を改稿したものである。

不動産バブル　静かな崩壊　目次

## 第4章 高齢者と企業が不動産市場を活性化させる　121



## 第5章 人口減少社会が不動産市場を変える　145

## 第6章 デジタル化と省エネ化の革命



## 第7章 気候変動・自然災害を想定したリスク管理

# 第1章

# 最大、最長のバブルはなぜ生まれたか

不動産バブル

静かな崩壊

## 1 異次元の金融緩和が不動産需要を拡大させた

### 最大にして最長のバブル

我々の記憶にある不動産バブルは、１９９０年と２００８年9月のリーマンショック前の大都市のミニバブルである。

特に90年バブルは全国的に広がって各地で土地長者が生まれ、土地を持つ人と持たない人との経済格差が社会問題となった。

これまでの2回の不動産バブルは、どちらも金融緩和によるものであった。

そして、２０１２年以降、安倍政権下で日本銀行は、デフレ脱却を目指して超々低金利政策をはじめ異次元の金融緩和を今日まで続けてきた。その結果、10年超の長期にわたる不動産バブルが生まれた。

今回の不動産バブルは、「最大にして最長のバブル」である。不動産業界は活況を呈し、マネーが潤沢に流入したため「資金繰り」という言葉が使われなくなってしまったほどである。新興のデベロッパーが株式公開をする例も数多く見られた。

住宅・オフィスビル・商業施設・都市の再開発事業は活発化し、地価は高騰した。加えて、２０１５年には相続税の強化政策が採られ、相続対策によるアパート建設が活発化し、２０２０年以降は、コロナ禍によって働き方・暮らし方が変わり、住宅への関心が高まり、思いもしない「住宅特需」が生まれた結果、不動産バブルが延命され、最長のバブルとなった。

この3回目の不動産バブルの実態について、各種のデータをもとに解説してみる。

今回の不動産市況の過熱をバブルと考えている人は意外にも少ない。一方でマンション価格が高くなった、所有していた土地が想定よりも高値で売れた、という話は多い。その売買価格も、以前に比して5割以上、あるいは2倍、3倍で売ることができたという人も珍しくない。

これは、まさにバブルである。

この状況をつくった要因を考えてみよう。図表1-1-1は国内の銀行が不動産業向けに貸し出した残高の推移を示したものである。

90年バブル期には、貸出残高は約50兆円であった。この時の不動産バブル崩壊は、金融機関の経営破綻を引き起こし、日本の金融システム自体の崩壊懸念が強まった。それほどの社会不安が広がった。

**図表1-1-1　【国内銀行】不動産業向け貸出残高の推移**

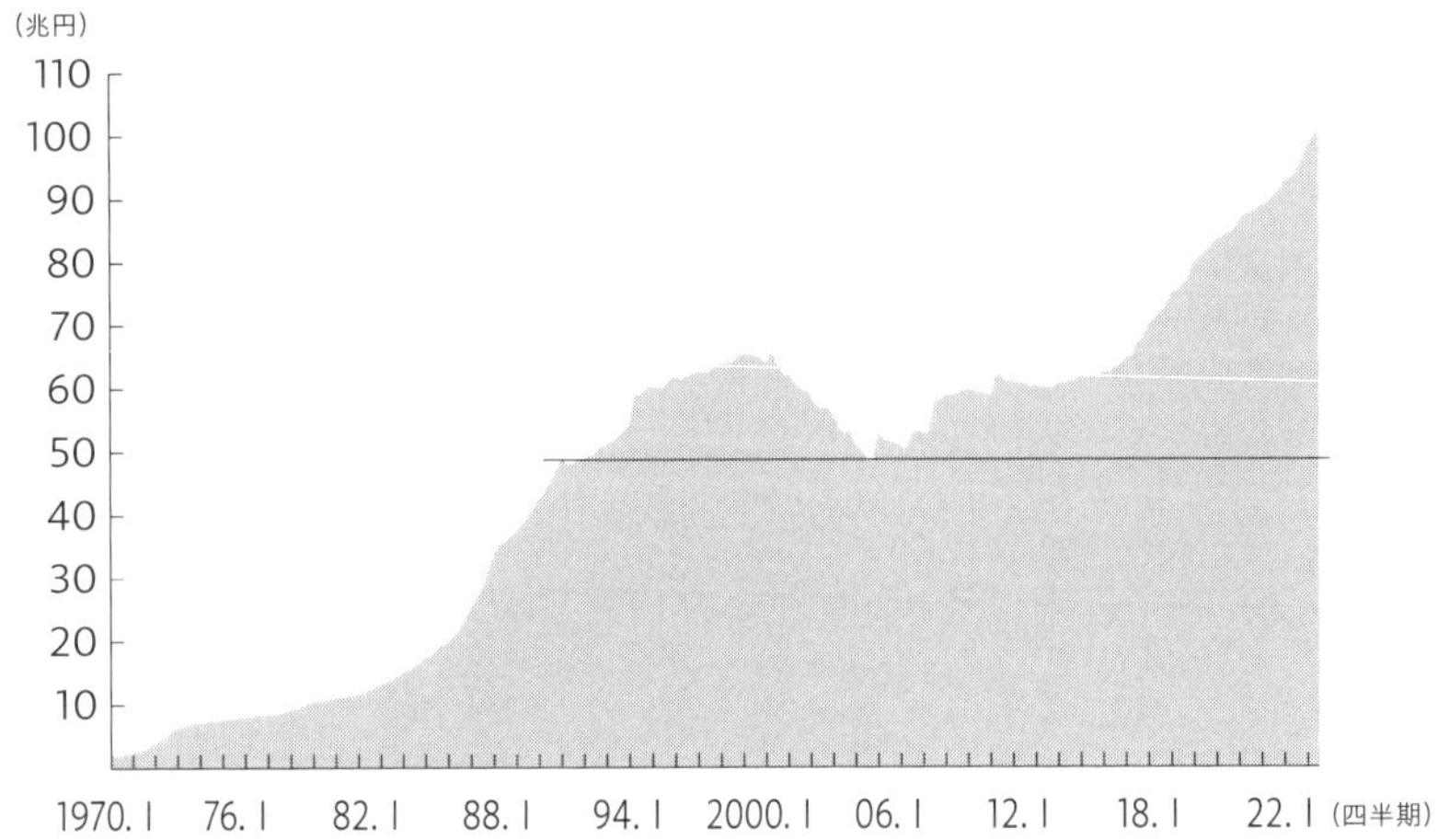


※日銀データより

その後、金融機関は不良債権の整理に追われたが、リーマンショックを経て、安倍政権誕生後、今日まで一貫して不動産を対象とした融資は増加した（図表1-1-2）。

その結果、現在では不動産向けの貸出残高は、1990年比で約2倍までになった。今回が「最大のバブル」と位置付けられる理由の一つである。

以下に、それぞれの分野ごとに、バブルの実態を見ていこう。

## 新築分譲マンションが「買えない価格」になった

言うまでもないが、超低金利は不動産価格を上昇させ、下支えする。一方、高金利は価格を下落させる。金利と不動産価格は密接に連動しているのである。

**図表1-1-2　有利子負債ランキング**

2023年10月13日

| 順位 | 企業名 | 有利子負債額 |
|---|---|---|
| 1 | 三井不動産 | 4.05兆円 |
| 2 | 住友不動産 | 3.94兆円 |
| 3 | 三菱地所 | 2.87兆円 |
| 4 | 大和ハウス工業 | 1.85兆円 |
| 5 | 東急不動産ホールディングス | 1.48兆円 |
| 6 | ヒューリック | 1.44兆円 |
| 7 | 野村不動産ホールディングス | 1.12兆円 |
| 8 | 東京建物 | 0.99兆円 |

資料：Yahoo!ファイナンス

２０００年代初頭の金融危機以降、世界的な低金利時代が続いていた。だがロシアのウクライナ侵攻以降、インフレが加速した欧米では、金利の引き上げが断続的に行われた。それに伴い、住宅需要が停滞、価格調整の動きが強まった。

インフレの進行が続いている日本は欧米と一線を画して、２０２４年２月現在も低金利維持の政策が採られている。そのため、住宅ローンの変動金利が極めて低い水準にあり、住宅価格の調整のスピードは緩やかになっている。

これまでは、新築・中古を問わず、マンション需要は大都市に集中していた。だが、社会の高齢化の進行、また１人・２人世帯の増加に伴って、地方圏でのニーズも強まっている。街の中心部や駅近など、利便性の良い地点では高額でも人気が高くなっている。

## 図表1-1-3　新築分譲マンション・平均価格の推移

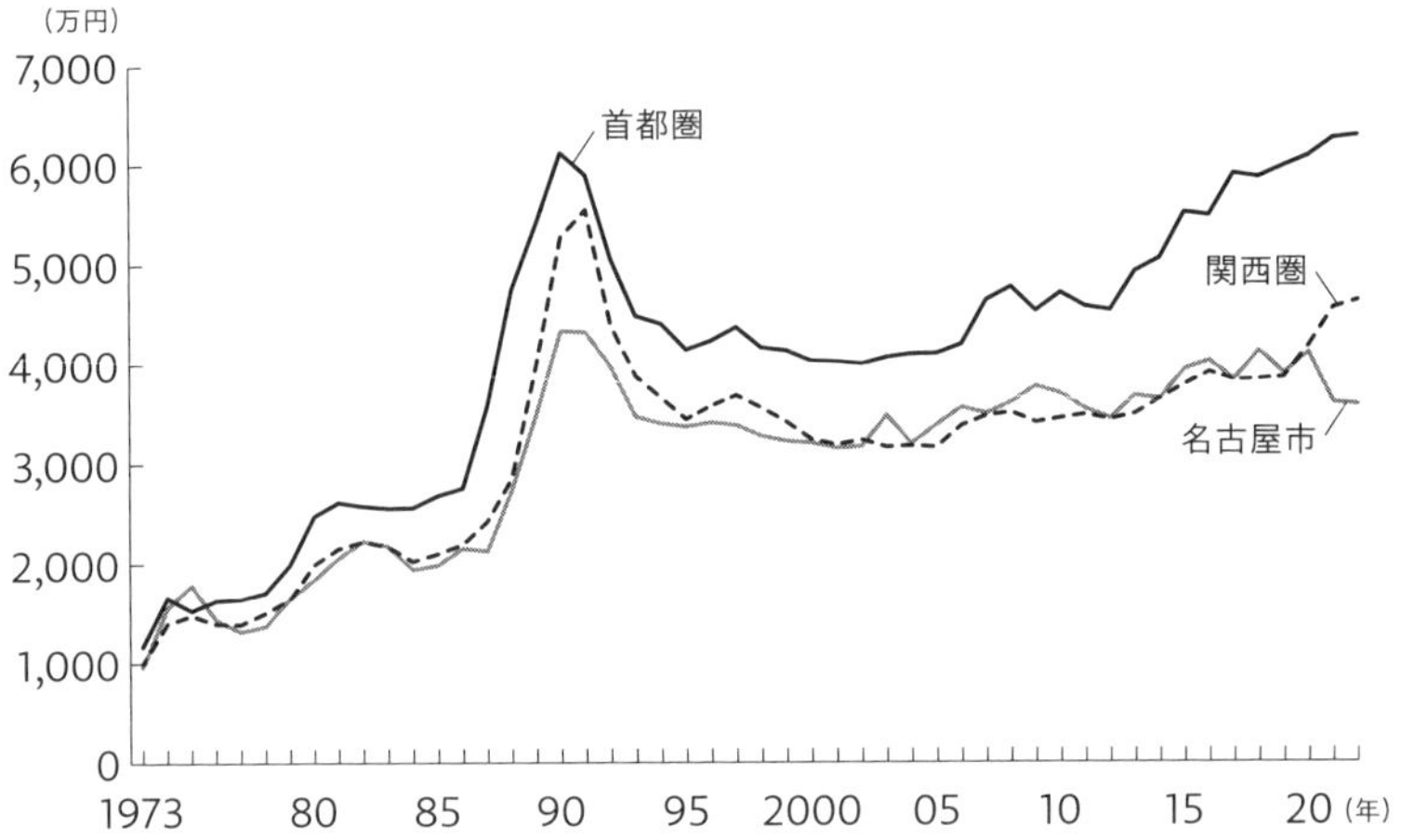


資料：不動産経済研究所「全国マンション市場動向」データより

京都市では、地域外からセカンドハウスとしてマンションを購入する例も多くなっている。最近、地方都市でも供給が多くなっているタワーマンションは、住まいとしての実需以外の節税対策としての需要も強まっている。高額であっても、資産価値が低くならない希少性の高い都心一等地のマンションが売れる理由の一つである。

図表1-1-3と4は、3大都市圏と地方中核都市の4市の新築分譲マンションの平均価格の推移だが、いずれの都市も年々、値上がりが続いてきた。すでに、1990年のバブル期の価格を上回っている都市も多くなっており、史上最高値の記録更新も珍しくなくなっている。しかし、マンション事業用地としての適地が少なく、新規供給量は減少に転じている。

## 図表1-1-4　新築分譲マンション・平均価格の推移

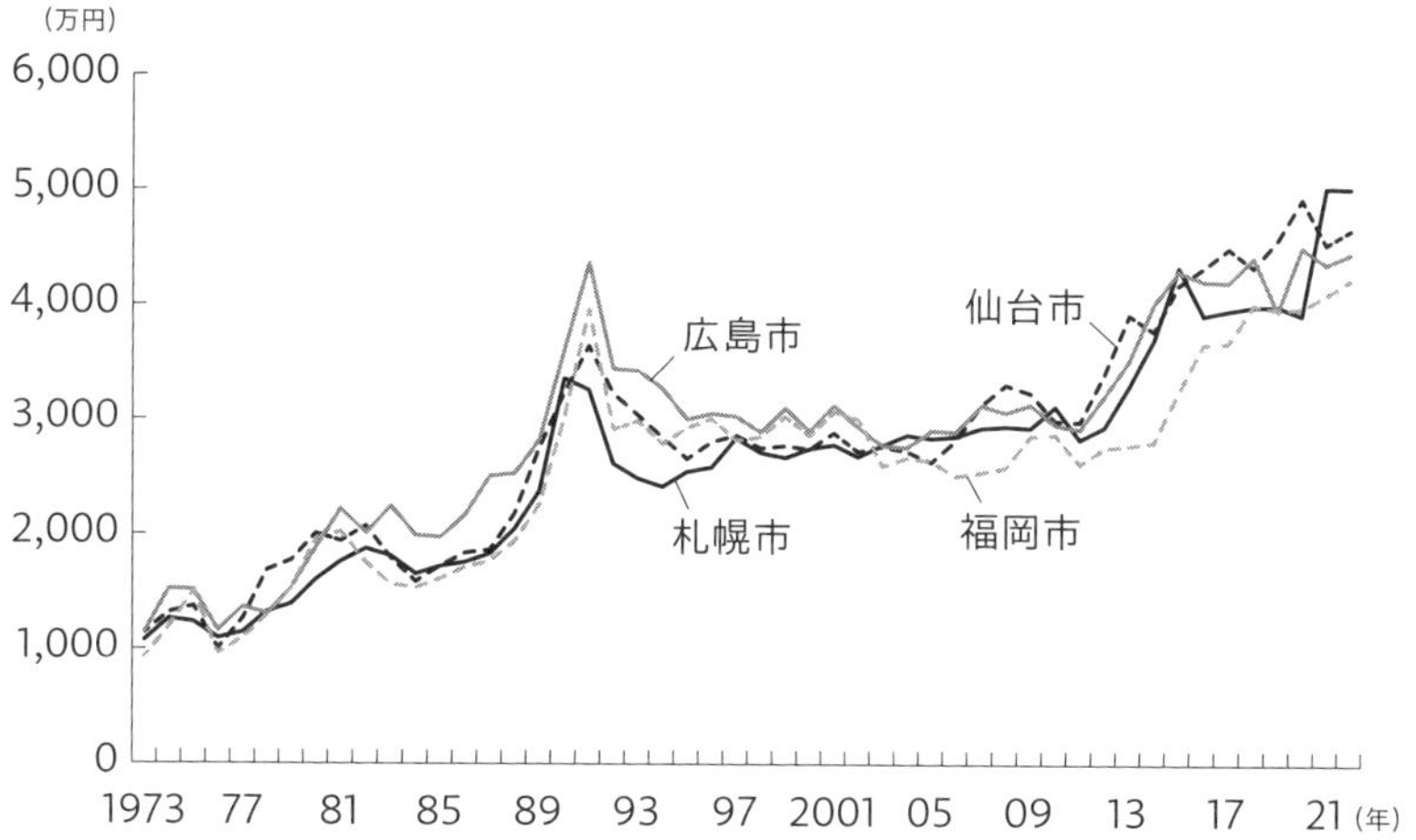


資料：不動産経済研究所「全国マンション市場動向」データより

また、地価と建築コストの高騰で、販売価格を抑えるために、「居住面積」を狭くする例が目立っている（図表1-1-5）。東京圏の新築マンション価格上昇は急で、一般のサラリーマン世帯の購入は難しく、「高嶺の花」となっている（図表1-1-6）。

また、地方都市でも、「億ション」が続々と売りに出された。人口50万人以下の都市でも、駅前、中心部の利便性の高い希少価値が評価されて、富裕層が購入した。特に、タワーマンションの人気が高まり、旭川市（北海道）・高松市（香川）・松江市（島根）・福井市などでも供給された。富裕層の資金がマンションに流れて、地方都市でも価格のバブル現象が生まれた。

## 図表1-1-5　新築マンション分譲実態調査

| 都市名 | 2002年の新築マンション | | | 2022年の新築マンション | | | 分譲価格変動率 | 専有面積変動率 | 坪単価変動率 |
|---|---|---|---|---|---|---|---|---|---|
| | 分譲価格（万円） | 専有面積（㎡） | 坪単価（万円） | 分譲価格（万円） | 専有面積（㎡） | 坪単価（万円） | | | |
| 東京23区 | 4,666 | 73.1 | 210.5 | 8,236 | 63.9 | 425.0 | 76.5% | ▲12.5% | 101.9% |
| 横浜市 | 3,990 | 79.5 | 165.7 | 5,655 | 65.8 | 283.5 | 41.7% | ▲17.2% | 71.1% |
| 千葉市 | 3,169 | 83.6 | 125.1 | 4,766 | 71.3 | 220.4 | 50.4% | ▲14.7% | 76.3% |
| さいたま市 | 3,802 | 81.8 | 153.5 | 6,299 | 68.1 | 305.3 | 65.7% | ▲16.7% | 98.9% |
| 大阪市 | 3,241 | 73.5 | 145.5 | 4,654 | 50.9 | 301.6 | 43.6% | ▲30.7% | 107.3% |
| 神戸市 | 3,486 | 77.7 | 148.1 | 3,888 | 52.3 | 245.5 | 11.5% | ▲32.7% | 65.8% |
| 京都市 | 3,214 | 76.7 | 138.3 | 4,975 | 57.2 | 287.1 | 54.8% | ▲25.5% | 107.6% |
| 奈良市 | 3,148 | 82.4 | 126.1 | 4,252 | 70.4 | 199.3 | 35.1% | ▲14.6% | 58.1% |
| 大津市 | 2,960 | 80.4 | 121.4 | 4,552 | 76.0 | 197.7 | 53.8% | ▲5.5% | 62.8% |
| 名古屋市 | 3,170 | 85.0 | 123.1 | 3,587 | 46.8 | 252.8 | 13.2% | ▲44.9% | 105.4% |
| 静岡市 | 3,094 | 81.0 | 126.1 | 4,393 | 67.2 | 215.7 | 42.0% | ▲17.0% | 71.1% |
| 札幌市 | 2,677 | 92.0 | 96.0 | 5,022 | 66.2 | 250.5 | 87.6% | ▲28.1% | 160.8% |
| 仙台市 | 2,722 | 78.9 | 113.9 | 4,661 | 67.9 | 226.4 | 71.2% | ▲13.9% | 98.8% |
| 郡山市 | 2,403 | 73.7 | 107.6 | 4,352 | 76.2 | 188.4 | 81.1% | 3.4% | 75.2% |
| 新潟市 | 2,553 | 74.9 | 112.5 | 6,061 | 81.7 | 244.9 | 137.4% | 9.1% | 117.6% |
| 古河市 | 2,835 | 89.2 | 104.9 | 3,740 | 75.7 | 163.0 | 31.9% | ▲15.1% | 55.3% |
| 宇都宮市 | 2,984 | 78.5 | 125.4 | 3,610 | 70.2 | 169.6 | 21.0% | ▲10.6% | 35.3% |
| 広島市 | 2,934 | 79.3 | 122.1 | 4,455 | 71.6 | 205.3 | 51.8% | ▲9.7% | 68.1% |
| 岡山市 | 2,904 | 84.9 | 112.9 | 3,852 | 71.0 | 179.1 | 32.7% | ▲16.4% | 58.7% |
| 高松市 | 2,587 | 78.9 | 108.2 | 3,488 | 75.5 | 152.5 | 34.8% | ▲4.3% | 40.9% |
| 高知市 | 2,607 | 88.1 | 97.7 | 3,341 | 71.1 | 155.1 | 28.2% | ▲19.3% | 58.8% |
| 福岡市 | 3,002 | 78.0 | 127.1 | 4,228 | 62.2 | 224.4 | 40.8% | ▲20.3% | 76.6% |
| 北九州市 | 2,514 | 81.8 | 101.5 | 3,218 | 72.4 | 146.6 | 28.0% | ▲11.4% | 44.5% |
| 鹿児島市 | 2,933 | 80.1 | 120.8 | 3,792 | 68.9 | 181.5 | 29.3% | ▲14.0% | 50.3% |

資料：不動産経済研究所「全国マンション市場動向」データより

## 図表1-1-6　【政令指定都市・主要都市】新築マンション価格の年収倍率（2022年）

（新築マンション価格順）

| | 都市名 | 年収倍率 | 平均世帯年収（万円） | 新築マンション価格（万円） |
|---|---|---|---|---|
| 1 | 東京都区部 | 9.87 | 834.6 | 8,236 |
| 2 | さいたま市 | 6.52 | 965.8 | 6,299 |
| 3 | 川崎市 | 7.15 | 851.9 | 6,089 |
| 4 | 新潟市 | 8.23 | 736.1 | 6,061 |
| 5 | 那覇市 | 10.23 | 579.5 | 5,930 |
| 6 | 横浜市 | 7.07 | 799.9 | 5,655 |
| 7 | 福井市 | 6.92 | 796.6 | 5,516 |
| 8 | 金沢市 | 6.69 | 819.3 | 5,484 |
| 9 | 水戸市 | 6.92 | 740.2 | 5,121 |
| 10 | 札幌市 | 7.20 | 697.6 | 5,022 |
| 11 | 京都市 | 6.93 | 718.2 | 4,975 |
| 12 | 千葉市 | 5.64 | 845.5 | 4,766 |
| 13 | 仙台市 | 7.03 | 663.0 | 4,661 |
| 14 | 大阪市 | 6.55 | 710.8 | 4,654 |
| 15 | 大津市 | 6.01 | 756.8 | 4,552 |
| 16 | 堺市 | 6.05 | 737.9 | 4,462 |
| 17 | 広島市 | 6.06 | 734.6 | 4,455 |
| 18 | 盛岡市 | 6.16 | 721.0 | 4,438 |
| 19 | 津市 | 6.31 | 699.7 | 4,415 |
| 20 | 静岡市 | 5.82 | 754.6 | 4,393 |
| 21 | 長崎市 | 6.55 | 671.0 | 4,393 |
| 22 | 福島市 | 5.61 | 781.6 | 4,382 |
| 23 | 青森市 | 6.55 | 655.2 | 4,291 |
| 24 | 奈良市 | 5.36 | 792.9 | 4,252 |
| 25 | 福岡市 | 6.08 | 695.4 | 4,228 |
| 26 | 山形市 | 5.53 | 754.4 | 4,171 |

| | 都市名 | 年収倍率 | 平均世帯年収（万円） | 新築マンション価格（万円） |
|---|---|---|---|---|
| 27 | 富山市 | 5.23 | 795.3 | 4,162 |
| 28 | 甲府市 | 5.85 | 706.0 | 4,132 |
| 29 | 松山市 | 7.19 | 568.7 | 4,088 |
| 30 | 相模原市 | 5.32 | 758.1 | 4,036 |
| 31 | 熊本市 | 6.22 | 637.7 | 3,965 |
| 32 | 浜松市 | 5.27 | 749.6 | 3,953 |
| 33 | 岐阜市 | 4.73 | 828.6 | 3,916 |
| 34 | 神戸市 | 6.06 | 641.6 | 3,888 |
| 35 | 秋田市 | 5.95 | 652.6 | 3,882 |
| 36 | 岡山市 | 5.78 | 666.1 | 3,852 |
| 37 | 鹿児島市 | 5.72 | 663.5 | 3,792 |
| 38 | 前橋市 | 4.90 | 771.5 | 3,779 |
| 39 | 長野市 | 4.94 | 740.2 | 3,655 |
| 40 | 和歌山市 | 5.63 | 648.9 | 3,655 |
| 41 | 宇都宮市 | 4.43 | 814.2 | 3,610 |
| 42 | 名古屋市 | 4.67 | 767.8 | 3,587 |
| 43 | 大分市 | 4.91 | 718.8 | 3,526 |
| 44 | 高松市 | 4.62 | 755.6 | 3,488 |
| 45 | 松江市 | 4.57 | 763.1 | 3,485 |
| 46 | 山口市 | 4.41 | 781.6 | 3,443 |
| 47 | 徳島市 | 4.38 | 777.8 | 3,403 |
| 48 | 高知市 | 4.59 | 728.5 | 3,341 |
| 49 | 宮崎市 | 5.02 | 660.8 | 3,315 |
| 50 | 佐賀市 | 4.77 | 693.4 | 3,306 |
| 51 | 北九州市 | 5.32 | 605.2 | 3,218 |

資料：年収：総務省統計局「家計調査」（2人以上の勤労者世帯）、新築マンション価格：不動産経済研究所「全国マンション市場動向」データより

**図表1-1-7　新築マンション分譲状況【首都圏】**

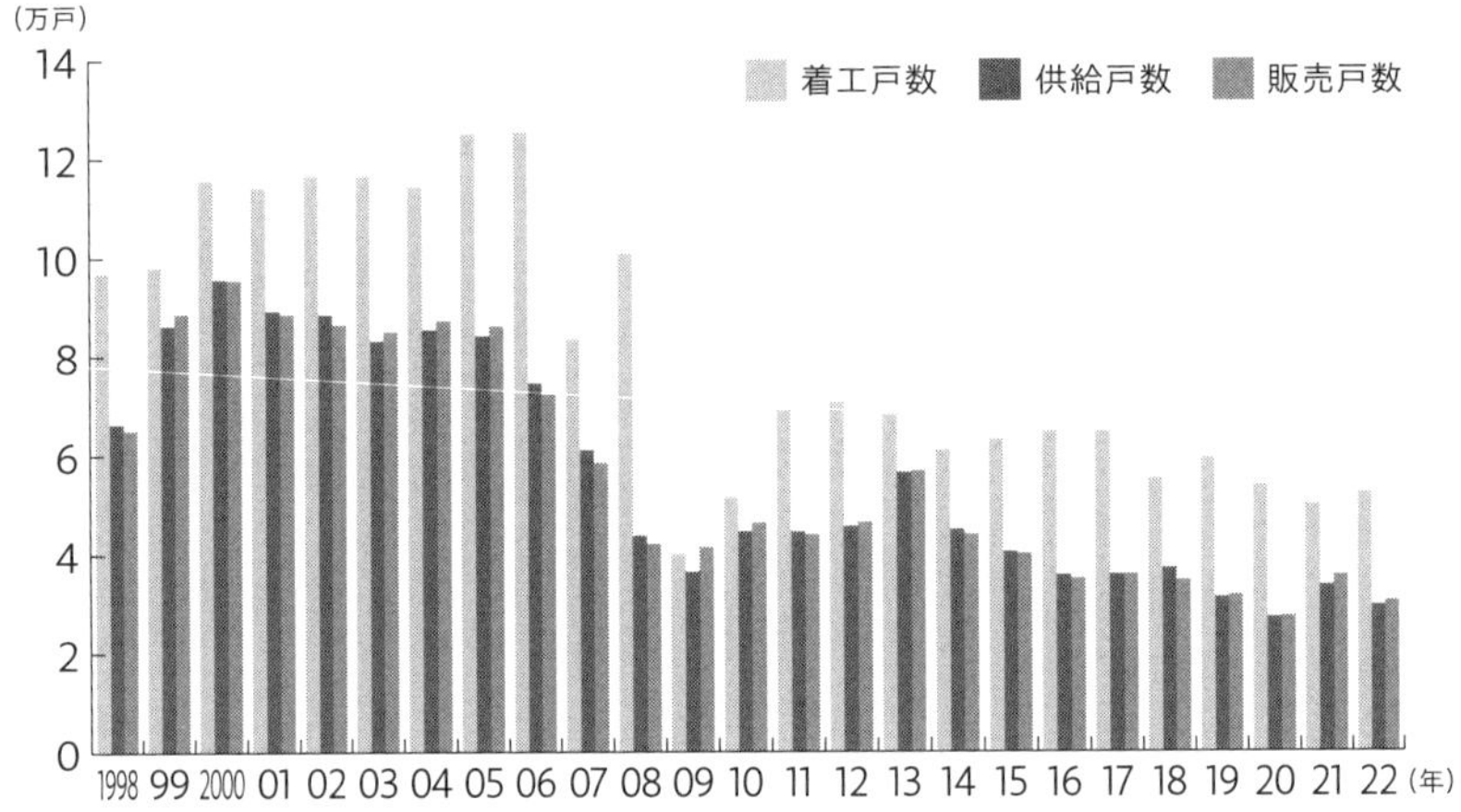


※国土交通省・不動産経済研究所データより

価格の高騰に伴って、売れるマンションと売れないマンションの二極化が一段と鮮明になってきた。完成後、2～3年経っても売れ残っているマンションは少なくない。図表1-1-7は、新築分譲マンションの販売状況を示したものだが、着工戸数・供給戸数と販売戸数に大きな差異があり、タイムラグを考慮しても、売れ残りが相当、存在している。

今後、立地などによる価格の格差拡大は続くが、市場全体の平均価格は、購買力を超える水準に達していて、価格はすでに天井に達していると考えてよい。

## 新築戸建て住宅も価格が高騰した

コロナ禍によって、人口密度の高い大都市圏では、働き方・暮らし方が変化した。テレワークが普及するにつれ、都心から郊外への転居が目立った。

「狭小なマンション」より「広い戸建て住宅」を求める動きがあり、新築戸建て住宅の需要が拡大、供給をすれば即時に売れていくほどの大活況が2020年半ばぐらいまで続いた。郊外に限らず、東京の中心部でも戸建ては人気を博した。

コロナ禍で在宅時間が長くなり、マンションでは隣室の住人の音が気になるというトラブルが発生したが、戸建てでは、そのトラブルは避けられる、という利点が評価された。テレワークで働く人の「仕事専用のスペースがほしい」という要望にも応えることができた。

コロナ禍前には、狭くても生活や通勤に便利な都心・駅近のマンション需要が高く、戸建て住宅のニーズは下降しつつあったが、コロナ禍で反転し、息を吹き返した。特に郊外での人気が高まった（図表1-1-8）。


新築マンションに比して、戸建ては割安で面積は広い。2022年まで新築戸建ての活況を支えた最大の要因は、価格の安さのため、賃貸マンションの家賃、あるいは分譲マンションの住宅ローンの月々の返済額並みか、それ以下で購入ができるということであった。

その結果、新築マンションと同様に、若年層が超低金利を利用して多額のローンを組んで、新築戸建てを積極的に購入した。そのため、供給が追い付かず、品不足となり、価格は高騰した。

図表1-1-8　フラット35利用者・種類別購入価格（2022年）

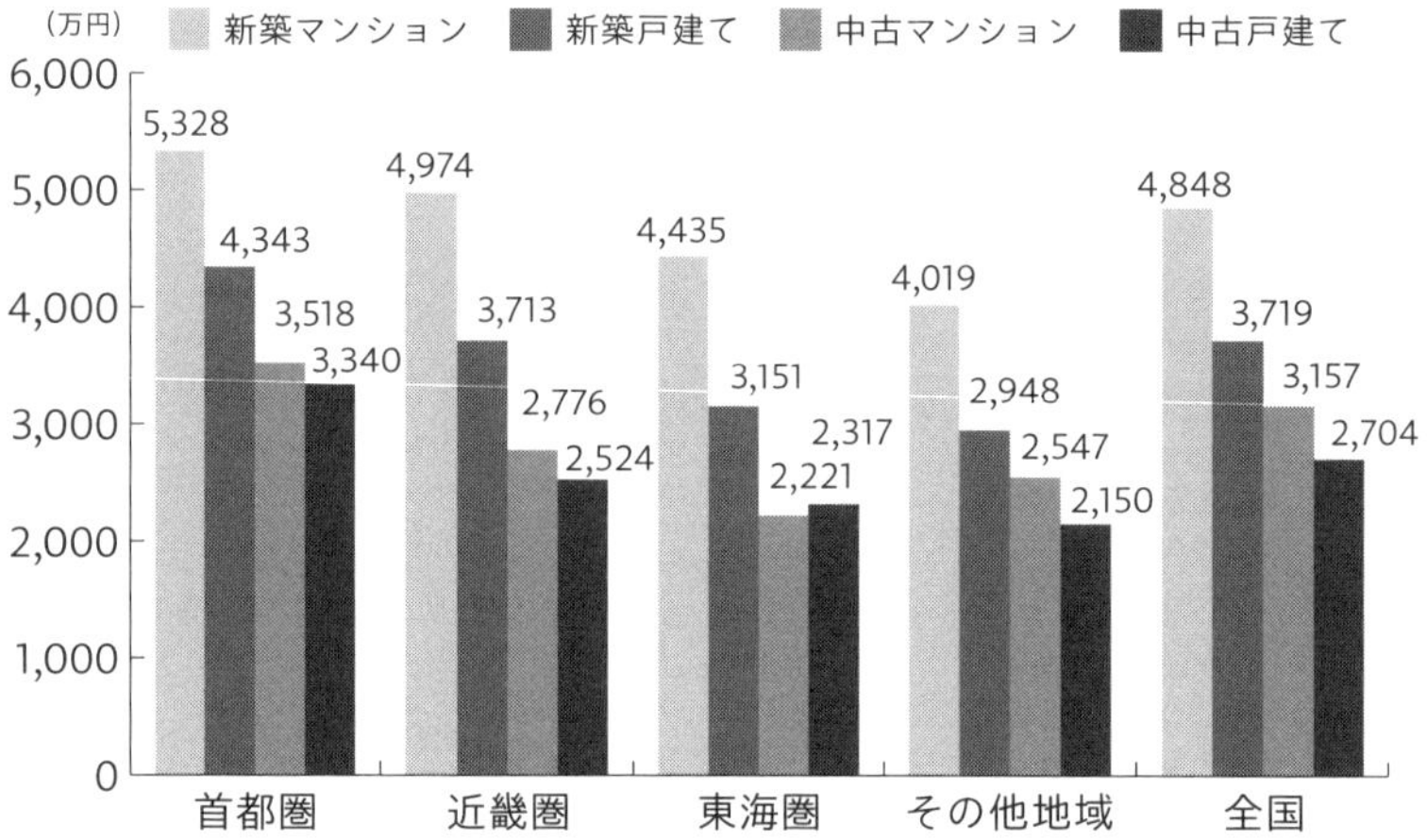


※住宅金融普及協会「フラット35利用者調査報告」より

まさにバブルの状態となった。

しかし、需要の高まりに応えるため、業者間の事業用地取得の競争が激化し、高値での仕入れを余儀なくされ、販売価格の上昇が続いた。価格が上がれば売れ行きは鈍化する。完成在庫の増加が2023年頃から少しずつ確認されるようになって、3月期末には、決算を意識して、値引き処分する分譲業者も現れるようになった。

この動きに深刻な打撃を加えたのが「インフレ」の進行である。ウッドショックによる資材の高騰に続き、ウクライナ侵攻などによる住設機器の入手難と価格の高騰で、販売価格に転嫁せざるを得なくなり、売れ行きを悪化させた。

## 中古市場も大活況、品不足から価格が高騰

新築のマンションと戸建ての価格が高騰したこ

**図表1-1-9　【都市別】新築・中古マンション坪単価比較表（2022年）**

（単位：万円）

| 都市 | 新築マンション（A） | 中古マンション（B） | B÷A |
|---|---|---|---|
| 東京都区部 | 425.0 | 336.9 | 79.3% |
| さいたま市 | 305.3 | 192.0 | 62.9% |
| 大阪市 | 301.6 | 185.6 | 61.5% |
| 京都市 | 287.1 | 160.9 | 56.1% |
| 横浜市 | 283.5 | 180.8 | 63.8% |
| 名古屋市 | 252.8 | 118.9 | 47.0% |
| 札幌市 | 250.5 | 93.3 | 37.3% |
| 福井市 | 247.8 | 85.9 | 34.6% |
| 神戸市 | 245.5 | 121.7 | 49.6% |
| 新潟市 | 244.9 | 89.6 | 36.6% |
| 金沢市 | 231.0 | 88.6 | 38.3% |
| 仙台市 | 226.4 | 116.2 | 51.3% |
| 福岡市 | 224.4 | 131.7 | 58.7% |
| 千葉市 | 220.4 | 107.3 | 48.7% |

| 都市 | 新築マンション（A） | 中古マンション（B） | B÷A |
|---|---|---|---|
| 静岡市 | 214.8 | 132.8 | 61.8% |
| 広島市 | 205.3 | 108.2 | 52.7% |
| 奈良市 | 199.3 | 88.4 | 44.4% |
| 大津市 | 197.7 | 104.8 | 53.0% |
| 盛岡市 | 193.1 | 86.5 | 44.8% |
| 熊本市 | 188.4 | 86.0 | 45.7% |
| 富山市 | 183.5 | 88.6 | 48.3% |
| 岐阜市 | 182.2 | 88.7 | 48.7% |
| 松山市 | 181.5 | 83.5 | 46.0% |
| 岡山市 | 178.2 | 94.5 | 53.0% |
| 和歌山市 | 173.6 | 86.6 | 49.9% |
| 大分市 | 154.1 | 86.6 | 56.2% |
| 高松市 | 152.5 | 78.1 | 51.2% |

資料：新築マンション：2022年の平均坪単価、中古マンション：2023年1～3月平均の成約坪単価

とで、注目されるようになったのが中古のマンションや戸建てである。

新築住宅が高騰すると、主要な顧客層である若年層は所得が低いこともあり、購入が難しくなった。

その結果、相対的に割安な価格水準にあった中古物件に関心が移っていったのである（図表1-1-9）。

中古マンションは、価格が安いだけでなく、立地に優れている点も評価された。築年数が30年、40年以上の物件は都心・駅

**図表1-1-10　中古マンション・成約価格の推移**

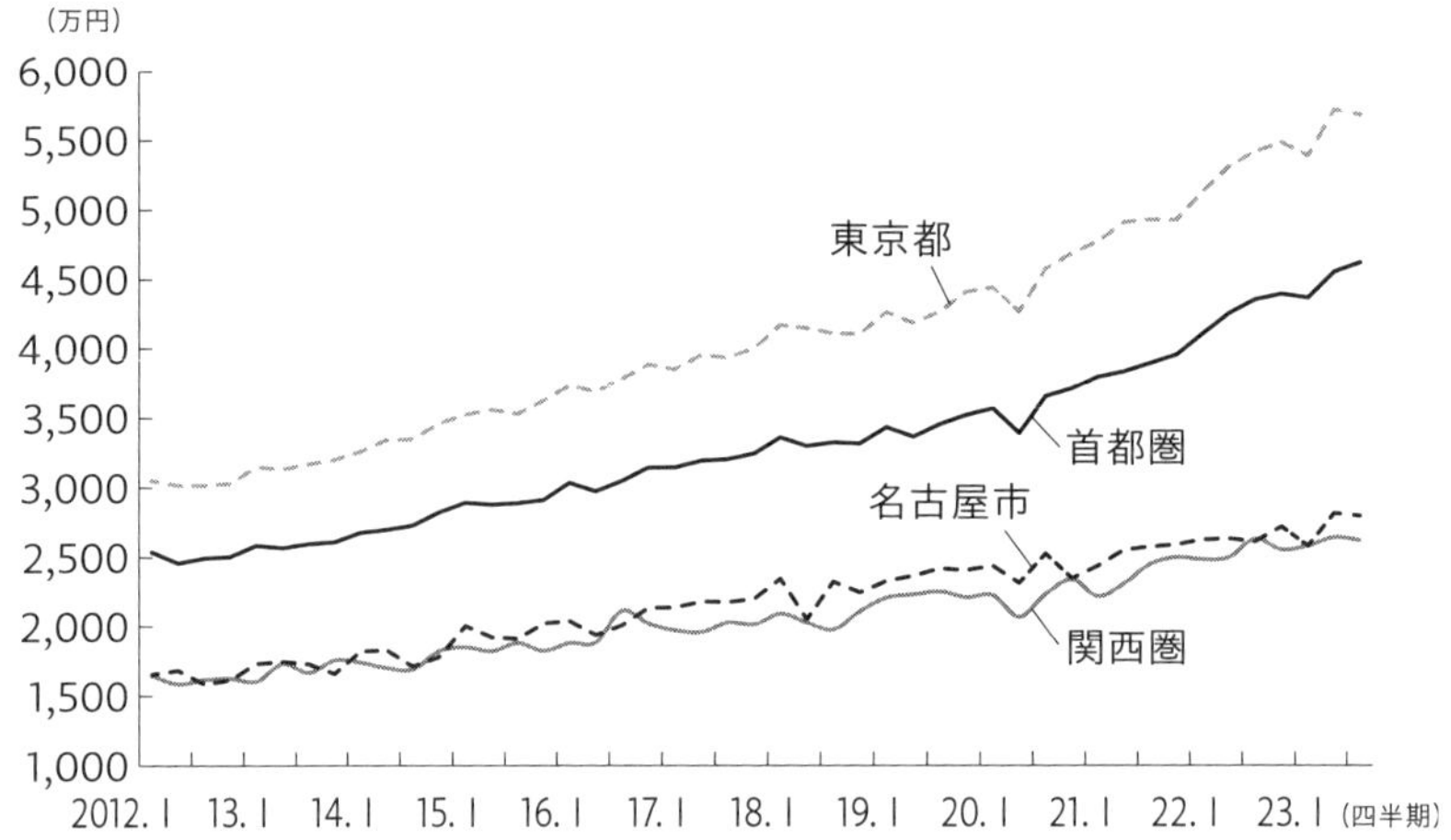


※「不動産流通機構」データより

近で供給されたものが多い。当時のマンションは、郊外での供給は少なかった。

立地に優れた中古マンションをリフォームすれば、住まいとして十分な満足を得られる。需要が強まって品不足となり、価格が高騰した。物件によっては、新築マンションよりも高額で売買された。

この動きに拍車をかけたのが、不動産の「買い取り業者」で、リフォーム、フルリノベーションをして、顧客に再販するビジネスモデルである。中古マンション需要の急拡大により品不足が進行した。その結果、競って高値で仕入れるようになり、中古マンションの価格を急騰させた（図表1-1-10）。「買いが買いを呼ぶ」動きが加速していった。

いつの時代にも見られるバブル期の現象であ

**図表1-1-11 【主要地域】中古マンション・成約価格の推移**

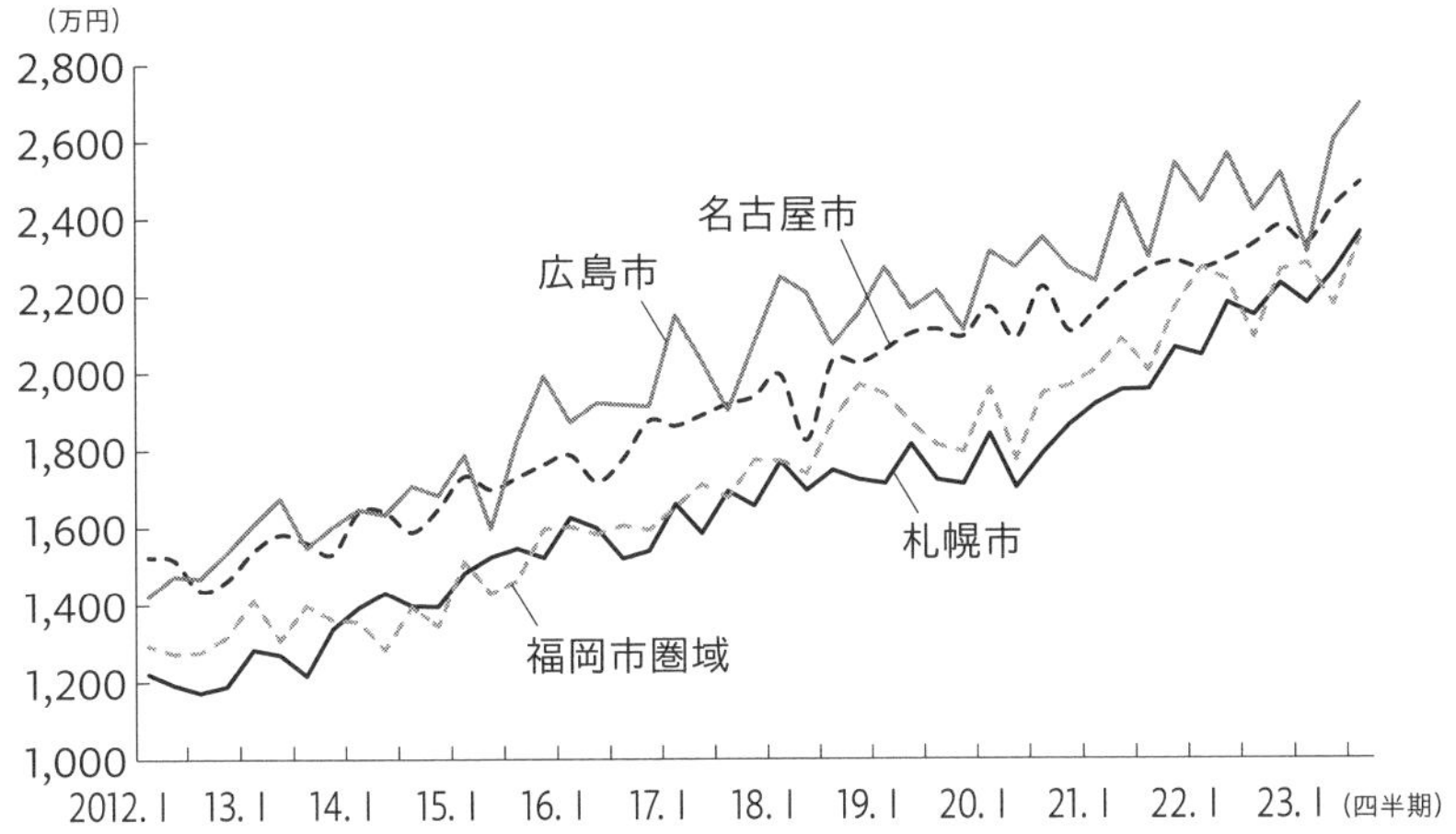


※「不動産流通機構」データより

る。1990年のバブル最終局面でも我々は経験した。

このような動きは東京圏に限らず、札幌市・仙台市・広島市・福岡市などの地方中核都市にまで及んで、それぞれの都市の中古マンションは、時には驚くような価格で販売されるようになった。割安だった中古マンションも品不足となり、価格が高騰した(図表1-1-11)。

次に、中古戸建て住宅である。コロナ禍以前には需要が弱く、価格も低水準で推移していた。しかしコロナ禍によって状況が一変していった。

先述したようにコロナ禍により、自宅で仕事をする機会が増えた。

その結果、都心や駅近から郊外へ転居が増え

**図表1-1-12　【首都圏・流通戸建て】成約件数・価格推移**

※「不動産流通機構」データより

たのは新築の戸建てと同様である。東京から埼玉・神奈川・千葉などの周辺地域、通勤が1時間前後の戸建て住宅の需要が拡大した。

特に、中古戸建ては低価格により人気を博した。低水準の価格で推移していたが、品薄感が強まったことで価格が上昇していった（図表1−1−12）。

しかし、急激な価格上昇で、郊外の戸建て住宅の所有者（その大半が高齢者）が、マンションなどへの買い替えをする際に、強気の売却価格を希望するケースが増えた。その結果、売れ残り、割高な物件は在庫となって滞留している。

中古住宅も、新築住宅と同様に、価格の高騰によって買い客がついていけず、減退傾向が見られるようになった。コロナ禍直後に見られた

図表1-1-13 【首都圏】土地・売り物件数（在庫）の推移

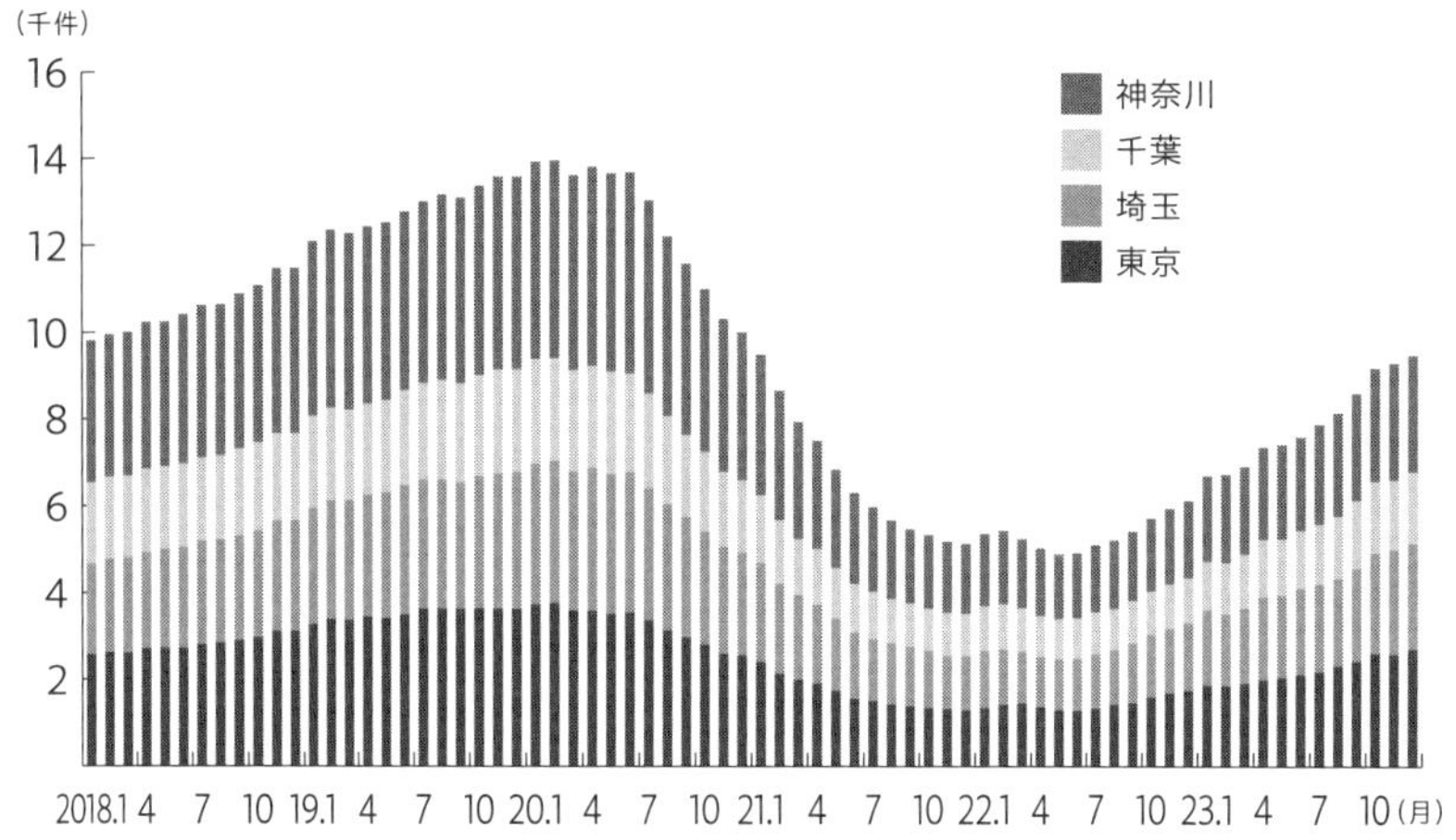


※「不動産流通機構」データより

需要の勢いは弱くなった。

## 土地市場に見られるようになった異変

土地市場においては、事業用地・住宅用地として適したものは少なく、高値圏で推移していた。そのため事業採算がとれず、計画を見送る例も出始めた。

２０１２年以降、超々低金利と異次元の金融緩和政策によって、変動の住宅ローン金利は、過去にないほどの低水準になった。この強い追い風は、住宅需要を喚起、拡大させ、住宅価格を押し上げた。その結果、住宅事業用地が品薄となり（図表1‐1‐13）、業者間の取得競争を激化させ地価は高騰した。

さらに、東京・大阪・名古屋の3大都市圏、札幌・仙台・広島・福岡など地方中核都市で

**図表1-1-14　圏域別・基準地価指数の推移〈商業地〉**

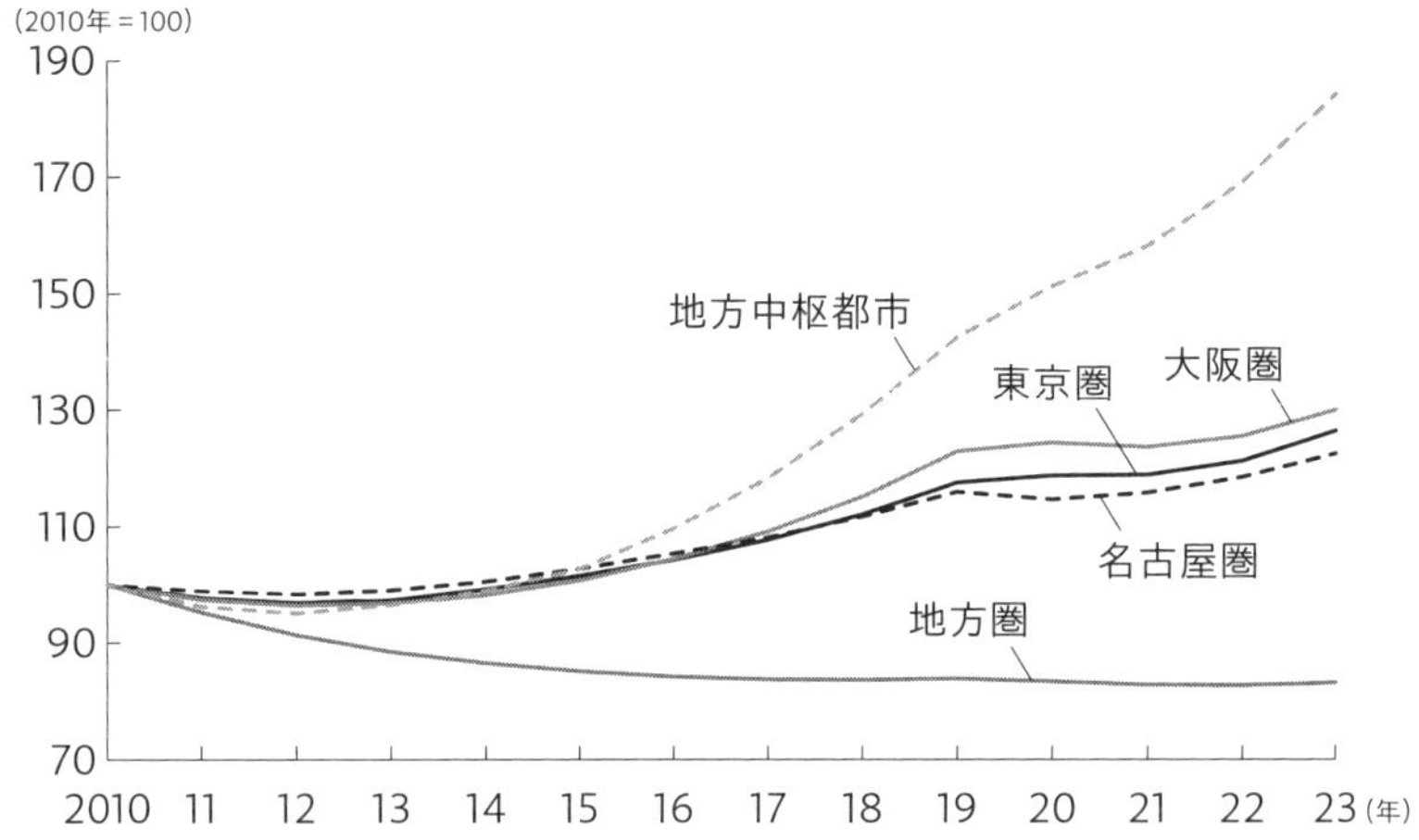


※国土交通省「都道府県地価調査」より（地方中枢都市：札幌市・仙台市・広島市・福岡市）

も、駅前や中心部で大規模な再開発が続々と行われた。そのため、これら4市の商業地の価格上昇は、東京・大阪・名古屋を上回るペースとなった（図表1-1-14）。

タワーマンション、オフィスビル、商業施設などの供給が相次ぎ、オフィスの大量供給は需要を考慮していないのではないか、と懸念する声も出ている。

最近の東京都心部の建設中、建設計画を見ると、いずれも高層で、高さが100メートル、200メートルを超えるビルとなっている。福岡市では、2015年から十年間、「天神ビッグバン」の計画があり、ビル約70棟が建て替えられるという。同時に、博多駅周辺でも大規模開発が行われている（図表1-1-15）。その他

**図表1-1-15 〈福岡市〉基準地価・商業地価の推移**

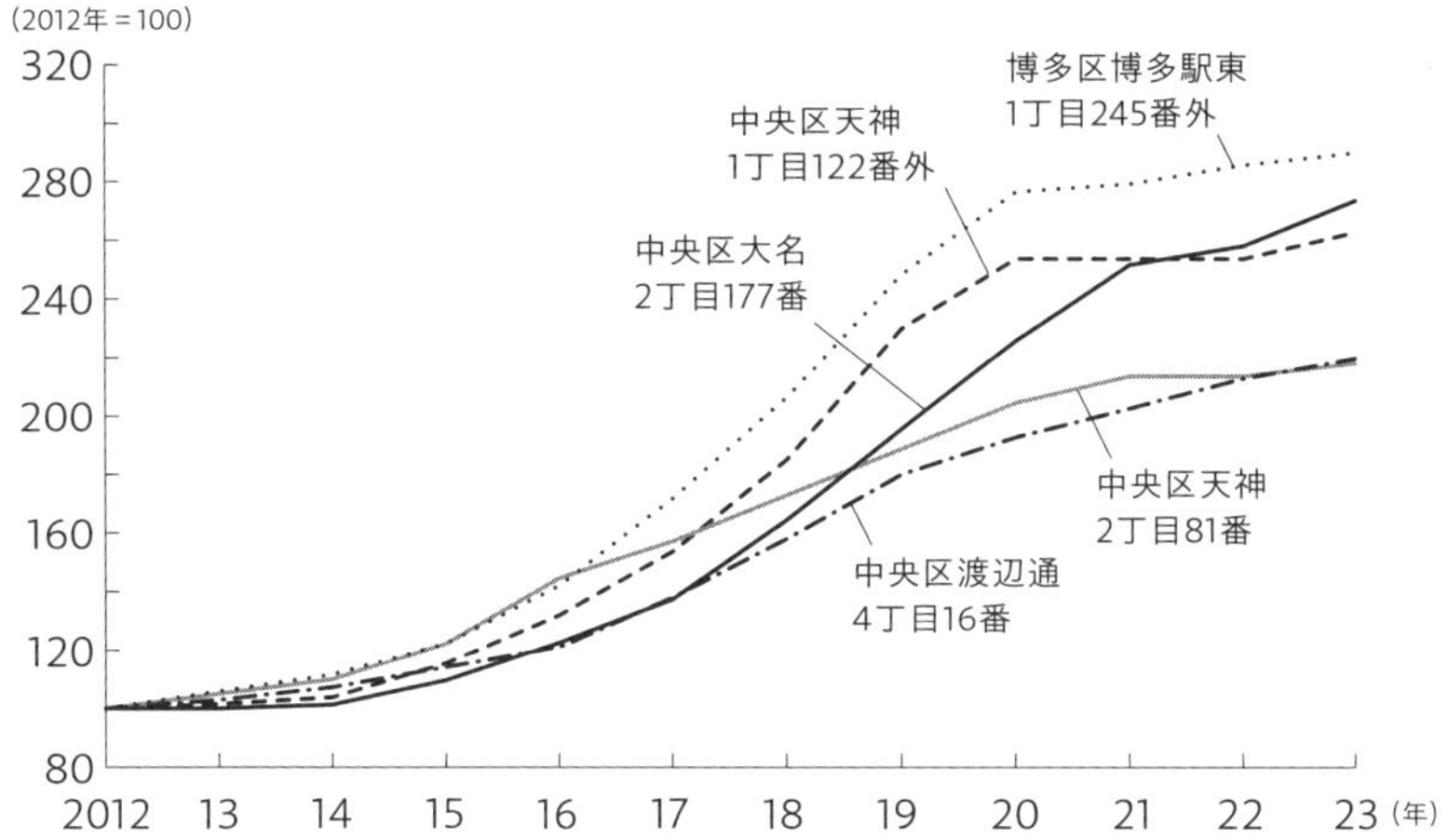


※国土交通省「都道府県地価調査」データより

の中核都市でも、オフィスビルの建設が増加して、地価を押し上げた（図表1-1-16～18）。

金融緩和によって、地方圏にも大量の資金が流入した。その結果、2023年3月に発表された公示地価では大幅な上昇が見られるようになった。中核都市を除いた地方都市でも人口減少を見据えてコンパクトシティ化を進め、駅前の再開発事業が行われたことによる。

しかし、地方都市のオフィスや店舗の需要規模は限られている。今後、空室率が上昇すれば、賃料も低下していく。金融緩和が地方圏の中心地にも及んで地価を上昇させたが、これもつくられたバブル状態である。

## 図表1-1-16 〈札幌市〉基準地価・商業地価の推移

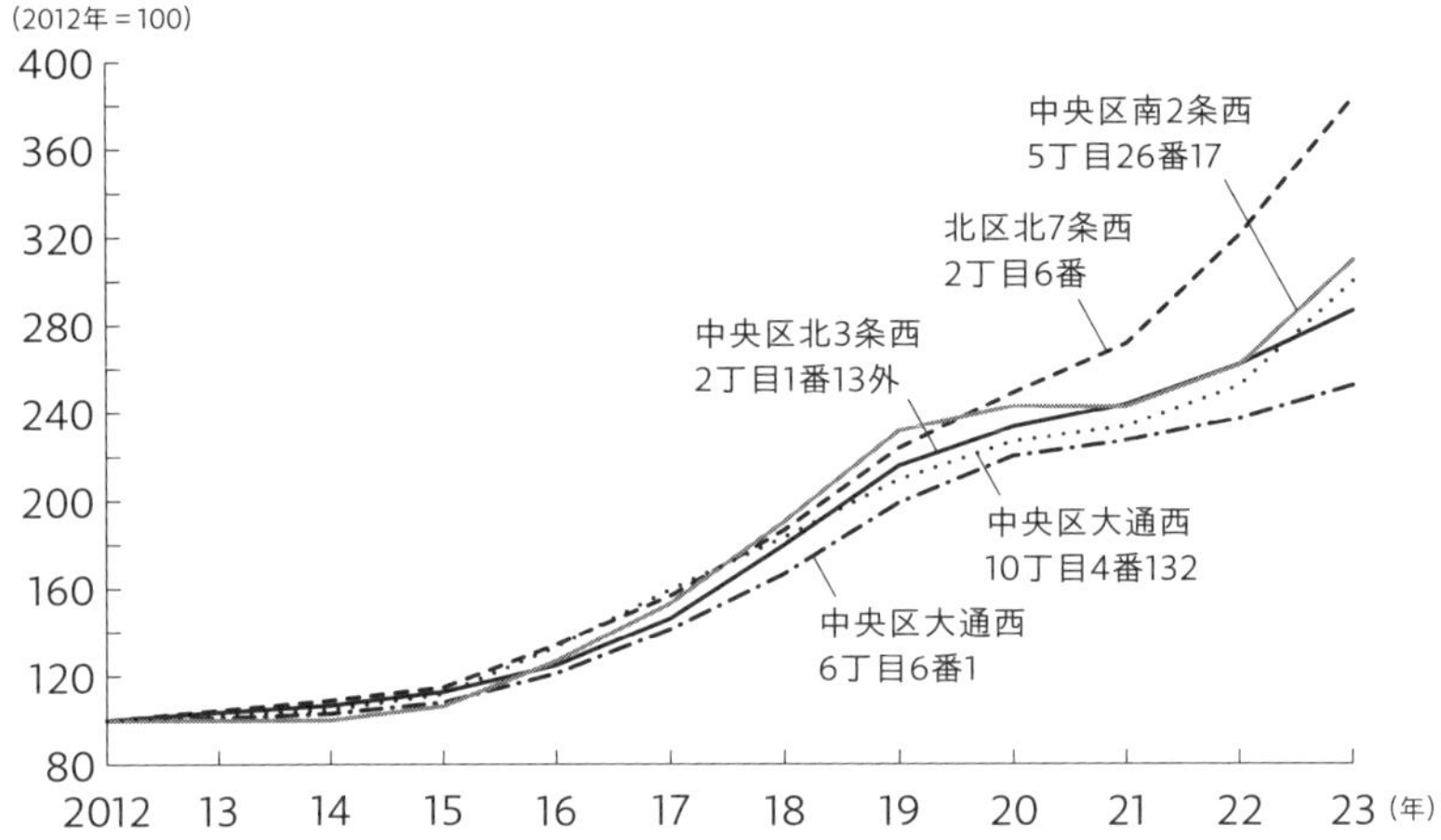


※国土交通省「都道府県地価調査」データより

## 図表1-1-17 〈仙台市〉基準地価・商業地価の推移

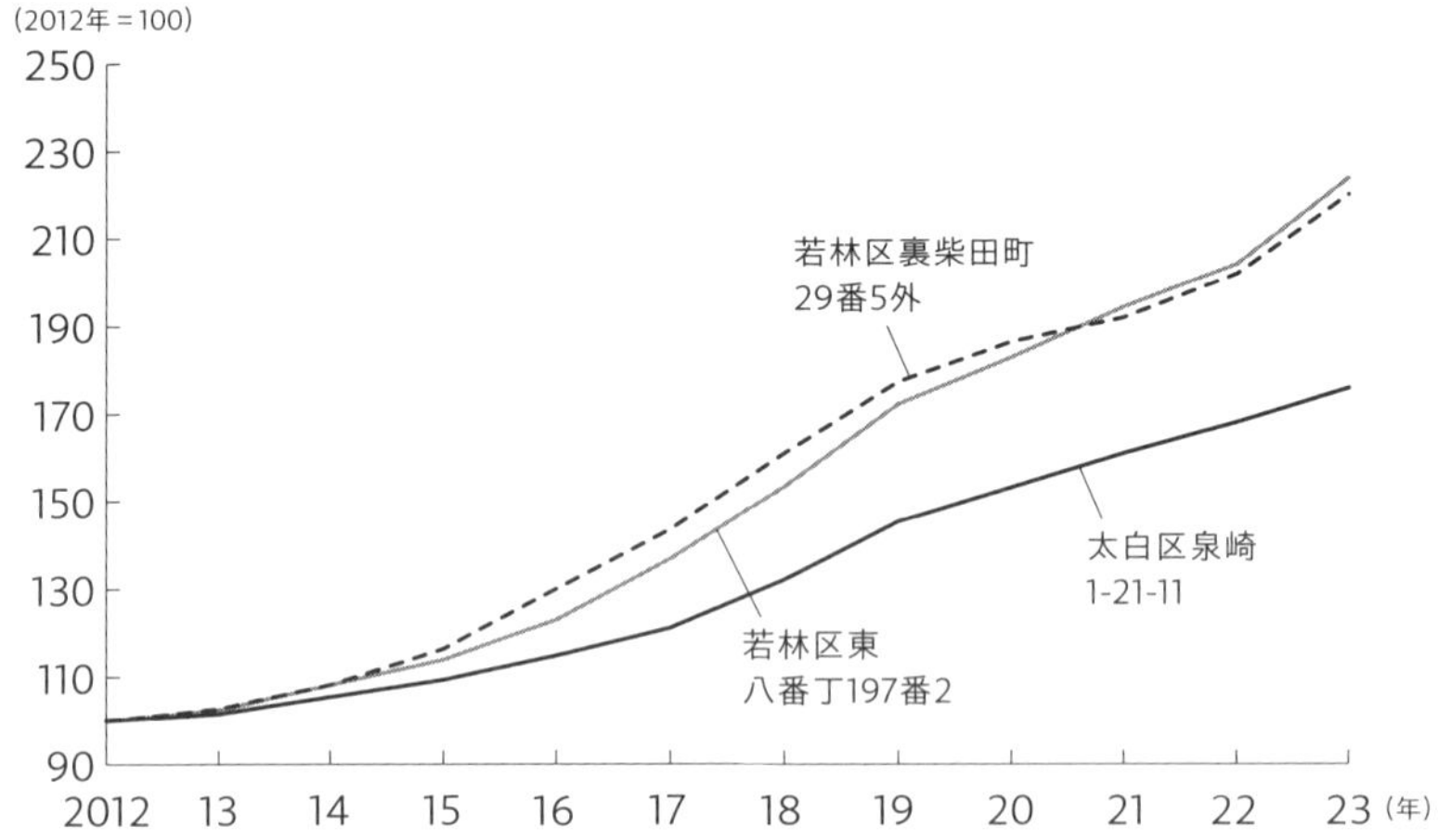


※国土交通省「都道府県地価調査」データより

図表1-1-18　〈広島市〉基準地価・商業地価の推移

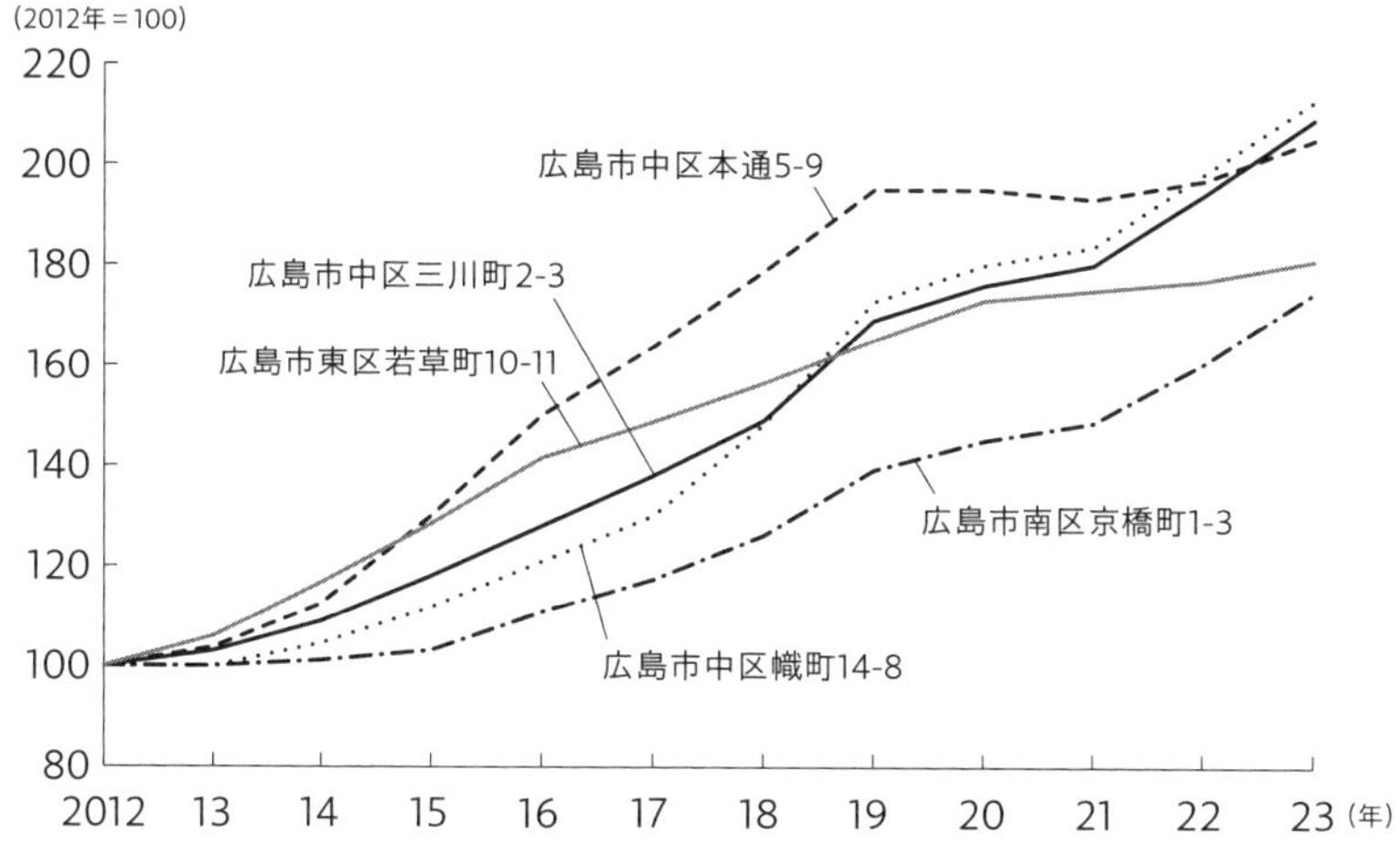


※国土交通省「都道府県基準地価調査」データより

## 「特殊要因」で地価が急上昇した地域

デジタル社会の拡大が地価を上昇させるという、未経験の現象が生まれた。

コロナ禍が契機となって、ネットショッピング、カタログ通販などが急拡大した。そのため大規模な物流施設が大都市圏から地方圏までつくられるようになり、高速道路のインターチェンジ周辺の地価上昇が目立った。首都圏では、圏央道沿いに数多くつくられている。

また、データセンター、さらには半導体メーカーやそれに関連した工場の建設が活発化して、当該地域の地価を押し上げている。

かつては、地価上昇地域は3大都市圏と地方中核都市、京都市などであったが、2023年以降には地方圏の一部にも広がっていった。

インバウンド（訪日外国人）が戻り始めたの

に加え、半導体工場が新設される（計画）地域で、就業者数の大幅な増加が期待されることから、住宅地と商業地の上昇率は、全国でも上位になった。

台湾の半導体メーカー、ＴＳＭＣの進出地に隣接した熊本県大津町と、ラピダスが工場建設に着手した千歳市（北海道）周辺の地価上昇が際立った。

産業界の「米」とも言われる半導体は、国家の経済安全保障の観点からも重要であるとの認識もあり、当面、半導体関連の工場新設が数多く予定されている（図表1-1-19）。それらの地域では、働く人が増え、人口増にともなう住宅需要が拡大し、店舗への需要も高まることは間違いない。住宅需要は伸び、家賃も強含みに推移していくことになる。

日本経済の今後の発展の基盤として期待できるが、先行きの不透明感もあり、地価上昇の持続性は今後も注視しなければならない。

## 3大都市圏・地方中核都市とそれ以外の地方圏での二極化現象が一段と鮮明になっている（図表1-1-20、21）。

今回のバブル現象は、先述した一部地域を除いて、大半の地方圏にまでは及んでいない。

1990年のバブルが、全国限なく見られたのとは、状況が異なっている。

ここで紹介した事例は、金融緩和による投資マネーが地価上昇を生むのとは異なり、半導体と

## 図表1-1-19 〈全国〉半導体関連工場設立・設備投資

| | 所在地 | 企業名 | 投資額 |
|---|---|---|---|
| 1 | 北海道　千歳市 | ラピダス | |
| 2 | 青森県　五所川原市 | 富士電機 | 1,900億円 |
| 3 | 岩手県　北上市 | キオクシア | 1兆円 |
| 4 | 岩手県　奥州市 | 東京エレクトロン | 220億円 |
| 5 | 宮城県　大衡村 | CKD | 160億円 |
| 6 | 宮城県　大和町 | 東京エレクトロン | 470億円 |
| 7 | 栃木県　大田原市 | ニコン | |
| 8 | 栃木県　宇都宮市 | キヤノン | |
| 9 | 栃木県　小山市 | ギガフォトン | 50億円 |
| 10 | 茨城県　筑西市 | レゾナック | 100億円 |
| 11 | 茨城県　日立市 | 住友化学 | |
| 12 | 茨城県　日立市 | JX金属 | 140億円 |
| 13 | 茨城県　日立市 | JX金属 | 160億円 |
| 14 | 茨城県　ひたちなか市 | JX金属 | 2,000億円 |
| 15 | 茨城県　ひたちなか市 | 日立ハイテク | 300億円 |
| 16 | 新潟県　小千谷市 | JSファンダリ | 300億円 |
| 17 | 長野県　千曲市 | 新光電気工業 | |
| 18 | 長野県　茅野市 | ディスコ | |
| 19 | 山梨県　甲斐市 | ルネサスエレクトロニクス | 900億円 |
| 20 | 山梨県　上野原市 | トリケミカル研究所 | |
| 21 | 神奈川県　藤沢市 | 荏原製作所 | |
| 22 | 神奈川県　平塚市 | 日本パイオニクス | 4億円 |
| 23 | 神奈川県　伊勢原市 | マグネスケール | 30億円 |
| 24 | 静岡県　掛川市 | メルク | 135億円 |
| 25 | 三重県　桑名市 | デンソー | |
| 26 | 三重県　四日市市 | キオクシア | |
| 27 | 三重県　亀山市 | 古河電工 | 70億円 |
| 28 | 三重県　伊勢市 | 村田機械 | 28億円 |
| 29 | 滋賀県　彦根市 | SCREEN | 100億円 |
| 30 | 滋賀県　彦根市 | SCREEN | 80億円 |
| 31 | 京都府　福知山市 | 日本ピラー工業 | 105億円 |
| 32 | 兵庫県　太子町 | 東芝デバイス&ストレージ | |
| 33 | 鳥取県　鳥取市 | ダイヘン | 50億円 |
| 34 | 広島県　東広島市 | マイクロン | 1394億～5000億円 |
| 35 | 広島県　呉市 | ディスコ | 28億円 |
| 36 | 福岡県　福岡市 | 三菱電機 | 45億円 |
| 37 | 福岡県　筑後市 | ローム | 300億円 |
| 38 | 熊本県　菊池市 | クラボウ | 20億円 |
| 39 | 熊本県　菊池市 | 三菱電機 | 2,600億円 |
| 40 | 熊本県　菊池市 | 東京応化工業 | 17億円 |
| 41 | 熊本県　菊陽町 | 富士フイルム | |
| 42 | 熊本県　菊陽町 | TSMC | 8,000億円 |
| 43 | 熊本県　合志市 | 東京エレクトロン | 300億円 |
| 44 | 熊本県　大津町 | ルネサスエレクトロニクス | 50億円 |
| 45 | 熊本県　南国町 | 荏原製作所 | |
| 46 | 宮崎県　延岡市 | 三井化学 | 74億円 |
| 47 | 鹿児島県　薩摩川市 | 京セラ | 625億円 |
| 48 | 鹿児島県　霧島市 | 京セラ | 110億円 |
| 49 | 鹿児島県　霧島市 | 京セラ | 150億円 |

資料：「B2空間」2023年夏季号（CBRE刊行）より

## 図表1-1-20 【商業地・圏域別】公示価格指数の推移

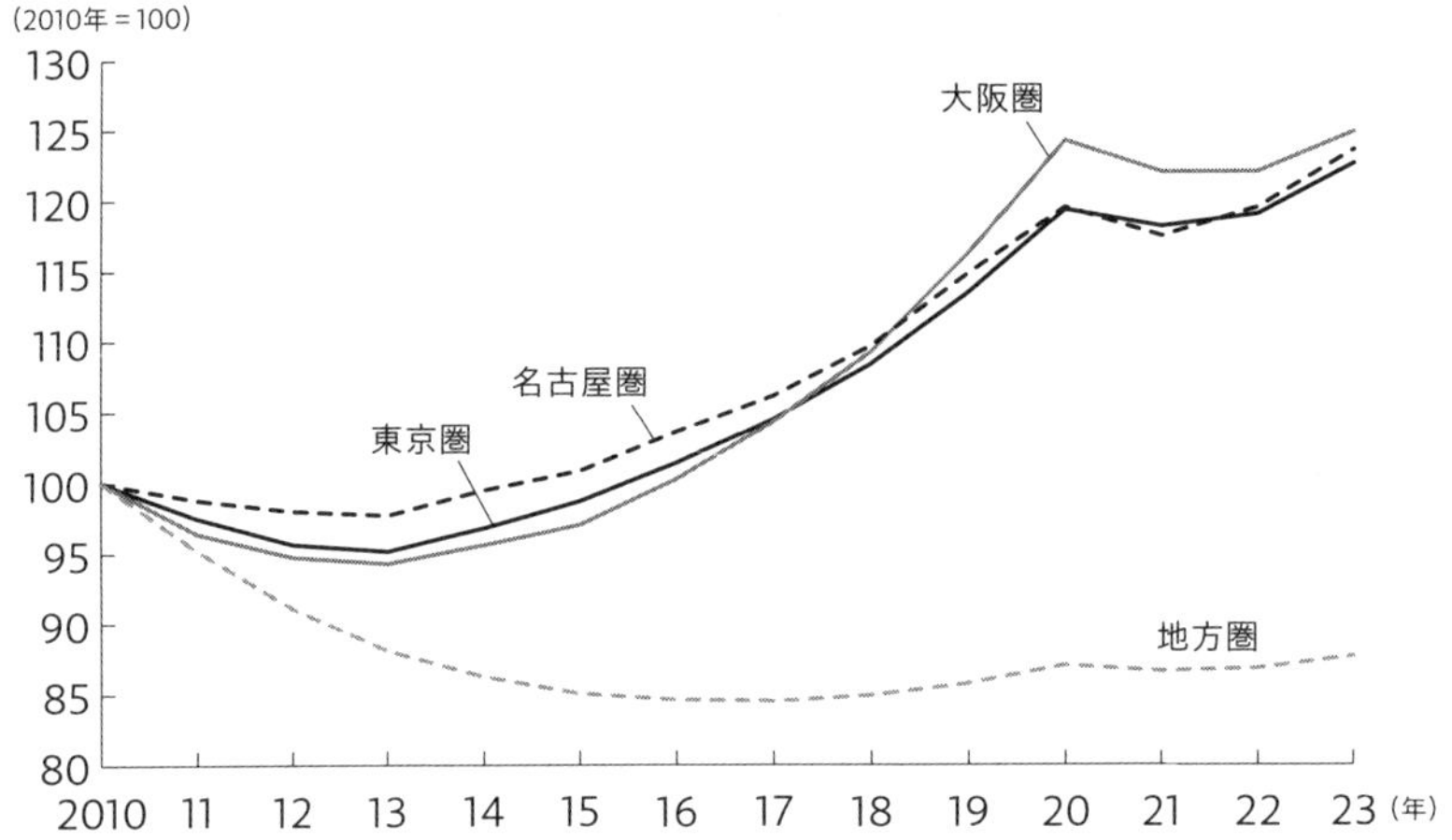


※国土交通省「地価公示」より

## 図表1-1-21 【住宅地・圏域別】公示価格指数の推移

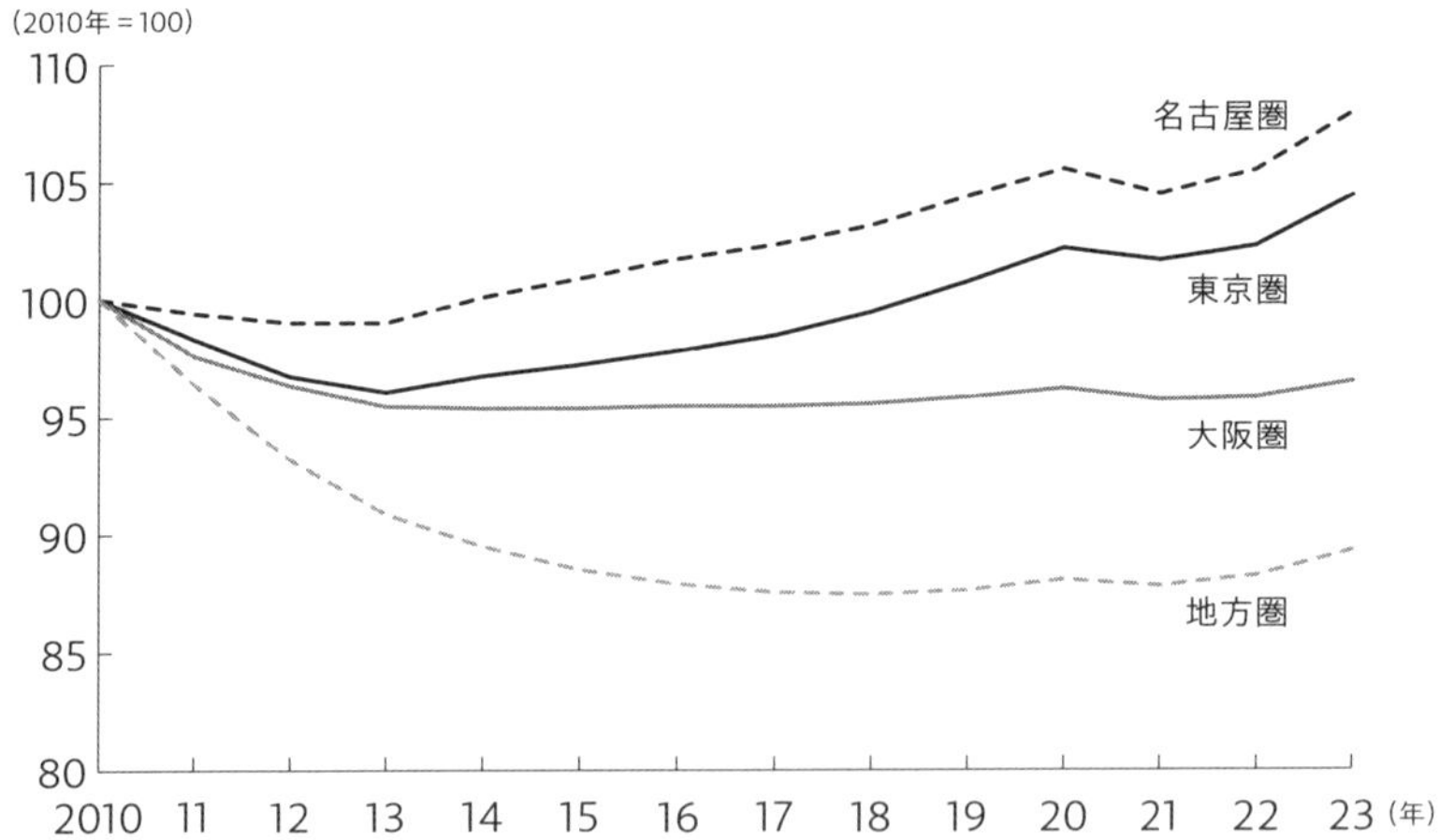


※国土交通省「地価公示」より

いう産業によって、土地需要が喚起され、価格が押し上げられているというケースである。

直近の地価の高騰には、二つの異なる要因がある。都市部への「投資」と、工場や物流施設の進出といった「実需」が重なり合い大きなものとなった。実需は、超々低金利の追い風もあっただろう。

## 2　もう一つの「バブル」が発生している

### 「価格のバブル」とは違う、「量のバブル」

アベノミクス政策によって、最長にして最大の「価格バブル」が生まれた。しかし不動産市場では、もう一つの「バブル」が生まれている。それは、新規供給の「量のバブル」である。

先述したように、東京では年収の10倍を超える分譲マンションが供給された。購入者も、超低金利下で多額の住宅ローンを組むことができた。都心部では、7000〜8000万円の新築マンションを夫婦共稼ぎのいわゆるパワーカップルが買い求めた。

マスコミも、その活況を盛んに報道したが、価格の高騰はあったが、住宅の供給量は、意外にも以前に比して低水準であった（図表1-2-1）。

**図表1-2-1 【全国】住宅着工戸数の推移**

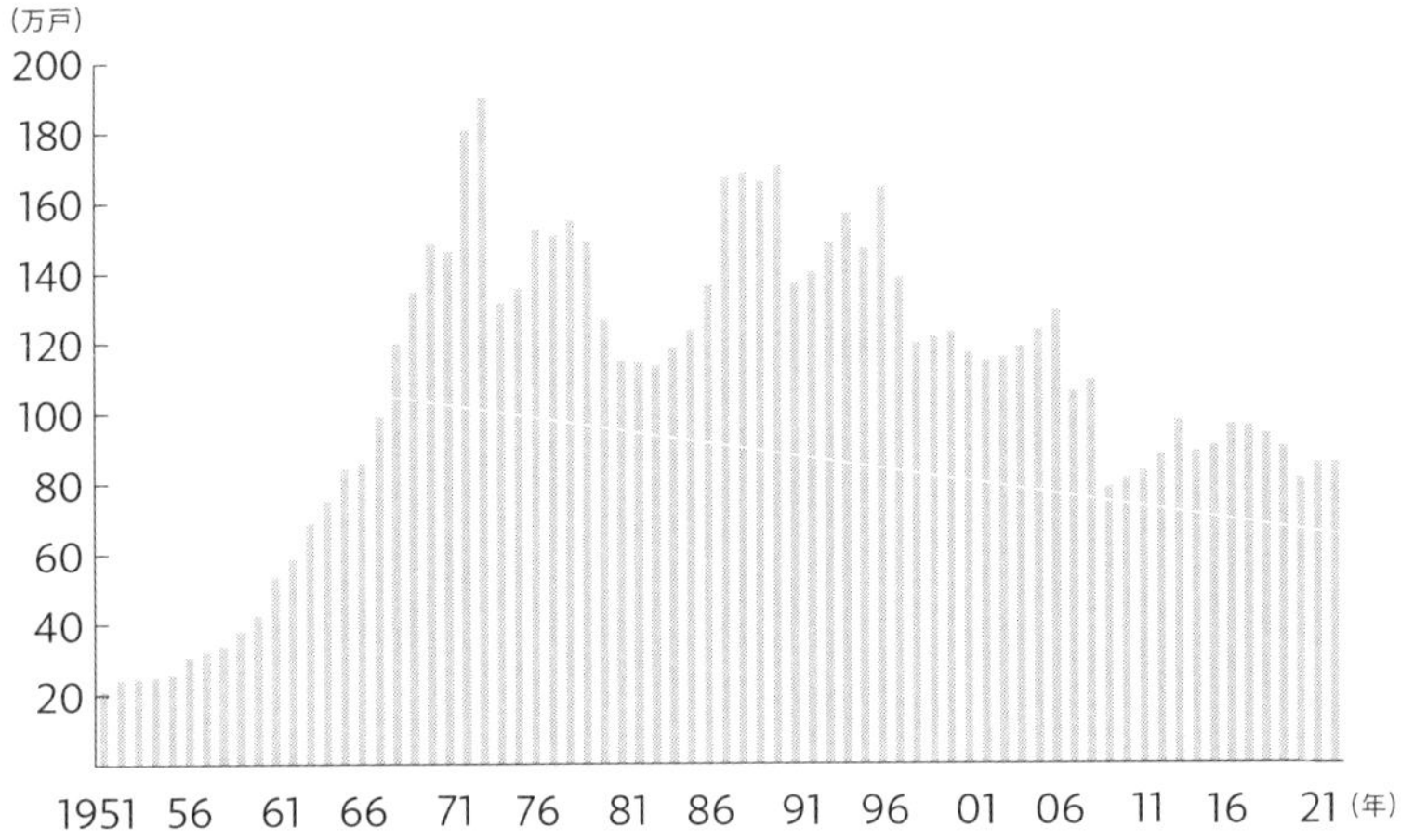


※資料：国土交通省「建築着工統計」より

しかし一方では、「大量供給」が行われた市場もあった。

図表1‐2‐2は、2大都市圏の賃貸物流施設の稼働面積の推移を示したグラフである。一貫して増加してきた様子がわかる。

配送センターや倉庫などの物流施設の建設、供給が急増したきっかけは、コロナ禍以降のネットショッピングの急伸である。

この需要拡大に応じて、物流施設の供給ラッシュが続いた。デベロッパー、大手ハウスメーカー、ファンドなどが続々と参入し、供給ありきの開発ラッシュとなった。

最初は首都圏から関西、次いで主要都市周辺部へと拡大している。この動きを加速させたのも、超低金利、金融緩和であることは確かであ

**図表1-2-2 【物流施設】稼働面積の推移**

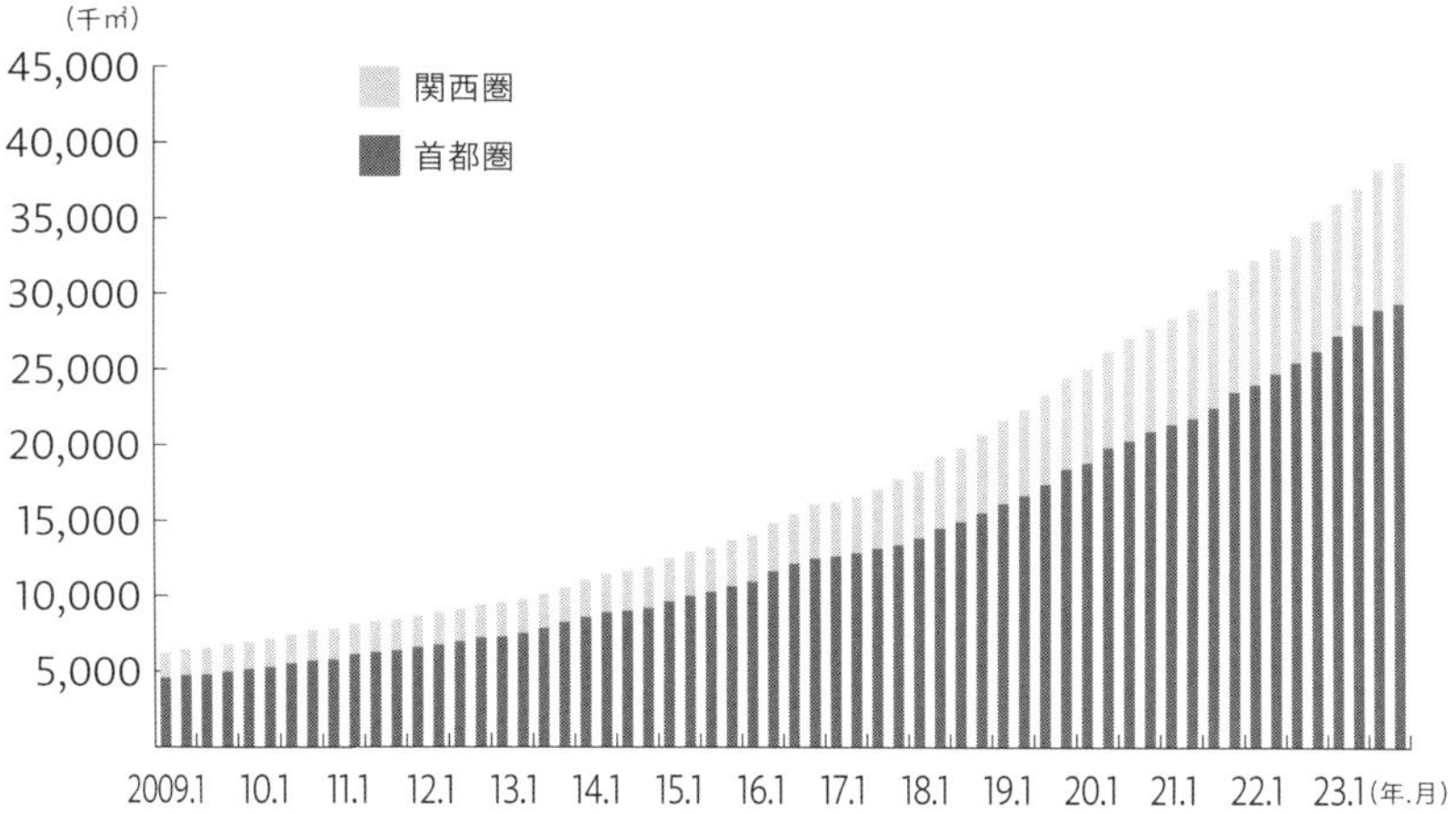


※一五不動産情報サービス「物流施設の賃貸マーケットに関する調査」より

る。

さらに、2020年の開催が決まっていた東京オリンピック・パラリンピック需要を見込んで、東京をはじめ、地方都市でもホテルが大量に建設された。

それ以前にも、外国人観光客を呼び込み、日本経済を活発化させるという国の方針はあった。その受け入れ体制構築の手段として、ホテルなどの宿泊施設の供給増が促されていた。

観光都市である京都、オリンピックの開催地・東京などでは、ホテル用地の取得競争が激化して、地価の値上がりが異常と思えるまでになった。事業用地の取得競争は、ホテル間にとどまらず、マンションデベロッパーとの間にまで発展した。その大半で、ホテルがデベロッパ

図表1-2-3　ホテルの軒数と客室数の推移

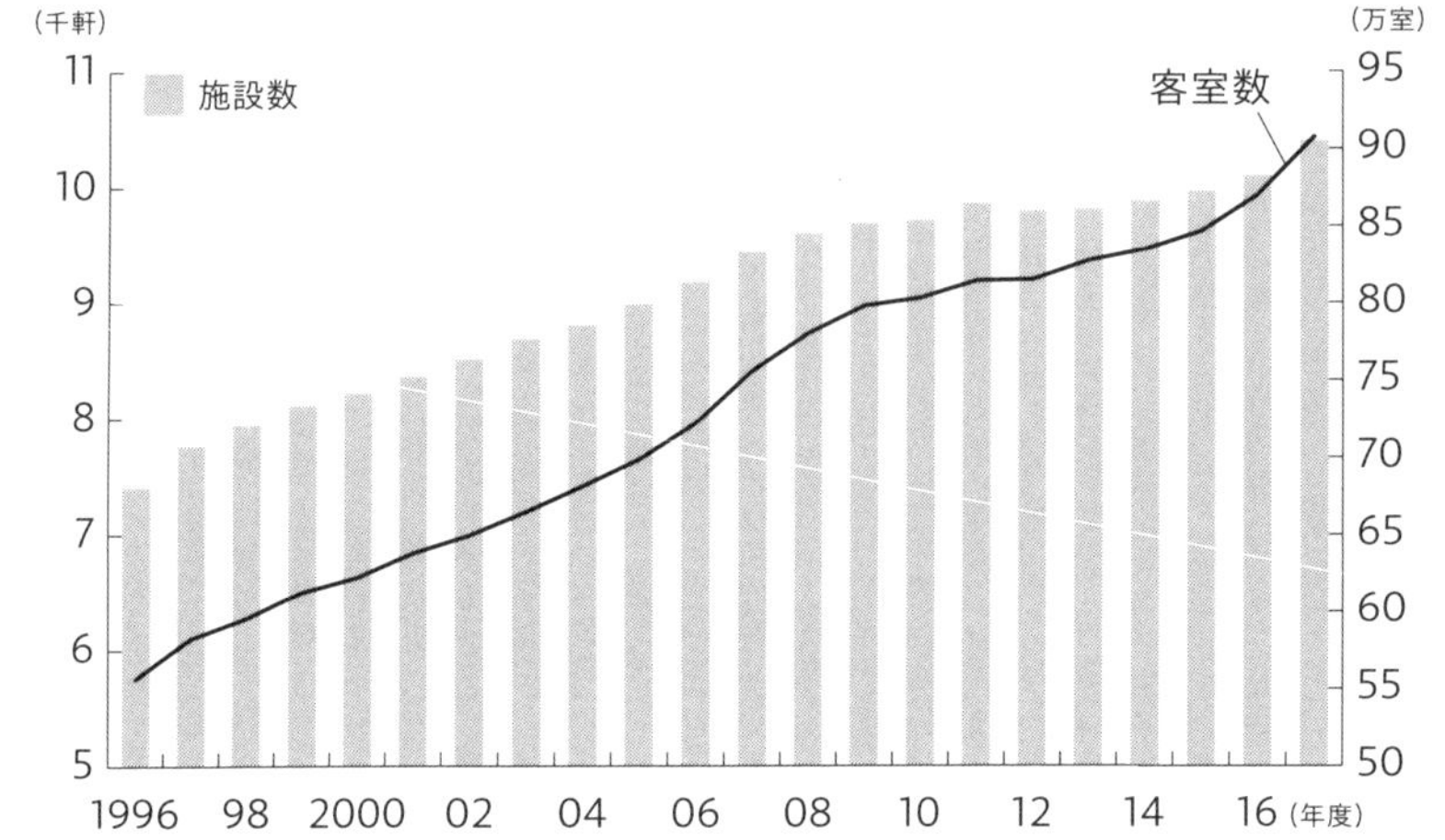


※厚生労働省「保健・衛生行政業務報告」より

ーに競り勝った。

しかし、東京オリンピック・パラリンピックは、コロナ禍で1年延期されただけでなく、規模も制限を余儀なくされた。ホテル業界の目論見は外れ、期待通りの収益を確保できなかった。

2023年5月以降、新型コロナの感染症法上の位置付けが「5類」に移行、インバウンドの回復もあり、緩やかにホテル稼働率も上昇しているが、この数年間、続いてきた大量供給という事実は変わらない。

## 賃貸オフィス、店舗の大量供給が続く

東京だけでなく、地方中核都市などでは、街中で多くのオフィスビルが竣工している。また建設中のもの、建設計画も数多くある。都心で

は1990年直前と同様の光景が映し出されている。

特に、東京圏では、大規模なビルの建設が相次いでいる。東京の都心、駅前の再開発地区では、既存の10階建てのビルが解体され、その跡に30階、50階、60階建ての新しいビルが建てられる。同じ地区に、供給面積が5倍以上のビルが多数、建設されている。

金余りの時には、いつの時代でも建設は活発化する。まして世界でも類を見ないほどの超々低金利の時代である。

金利がないといっても過言ではない水準にある時、建設が急増するのは当然である。

しかし、需要を十分に考慮した上での建設計画なのか?という懸念が残る。

オフィスや店舗の需要を考える上で重要なポイントはいくつか挙げられる。日本の市場を中長期的に見ると、人口減少、就業者数の減少などの影響がある。もちろん不動産は個別性があるので、地域の需給状況、同地域内での競争力によって、空室率などに大きな差異は生まれる。

図表1-2-4は、2012年から2021年までの都道府県別に見た事業所数の推移を示したものである。

この間、全国で約24万の事務所が減少している。率にして4・4%である。増加しているのは、東日本大震災の影響を受けた宮城県と沖縄県だけに過ぎない。

| 都道府県 | 事業所数（件） | | | |
|---|---|---|---|---|
| | 2021年 | 2012年 | 2012年～2021年 | |
| | | | 増減数 | 増減率 |
| 石川県 | 57,344 | 61,710 | ▲4,366 | ▲7.1% |
| 青森県 | 56,336 | 59,346 | ▲3,010 | ▲5.1% |
| 岩手県 | 56,168 | 57,551 | ▲1,383 | ▲2.4% |
| 滋賀県 | 54,878 | 55,469 | ▲591 | ▲1.1% |
| 山形県 | 53,201 | 57,963 | ▲4,762 | ▲8.2% |
| 大分県 | 51,604 | 54,159 | ▲2,555 | ▲4.7% |
| 富山県 | 50,045 | 53,524 | ▲3,479 | ▲6.5% |
| 宮崎県 | 49,871 | 53,060 | ▲3,189 | ▲6.0% |
| 和歌山県 | 46,750 | 49,196 | ▲2,446 | ▲5.0% |
| 奈良県 | 46,600 | 46,711 | ▲111 | ▲0.2% |
| 秋田県 | 46,483 | 50,817 | ▲4,334 | ▲8.5% |
| 香川県 | 46,101 | 48,381 | ▲2,280 | ▲4.7% |
| 山梨県 | 41,858 | 44,084 | ▲2,226 | ▲5.0% |
| 福井県 | 40,967 | 42,815 | ▲1,848 | ▲4.3% |
| 佐賀県 | 36,646 | 37,998 | ▲1,352 | ▲3.6% |
| 徳島県 | 35,301 | 37,436 | ▲2,135 | ▲5.7% |
| 高知県 | 34,492 | 36,771 | ▲2,279 | ▲6.2% |
| 島根県 | 33,930 | 36,300 | ▲2,370 | ▲6.5% |
| 鳥取県 | 25,124 | 26,227 | ▲1,103 | ▲4.2% |

資料：総務省「経済センサス」より

## 図表1-2-4 【全国】事業所数推移（2012～2021年）

※事業所数順

| 都道府県 | 事業所数（件） | | | |
|---|---|---|---|---|
| | 2021年 | 2012年 | 2012年～2021年 | |
| | | | 増減数 | 増減率 |
| 全国 | 5,211,445 | 5,453,635 | ▲242,190 | ▲4.4% |
| 東京都 | 623,895 | 627,357 | ▲3,462 | ▲0.6% |
| 大阪府 | 382,813 | 408,713 | ▲25,900 | ▲6.3% |
| 愛知県 | 300,961 | 316,912 | ▲15,951 | ▲5.0% |
| 神奈川県 | 285,030 | 290,603 | ▲5,573 | ▲1.9% |
| 埼玉県 | 231,383 | 244,825 | ▲13,442 | ▲5.5% |
| 北海道 | 221,456 | 231,549 | ▲10,093 | ▲4.4% |
| 福岡県 | 210,054 | 212,017 | ▲1,963 | ▲0.9% |
| 兵庫県 | 204,943 | 218,877 | ▲13,934 | ▲6.4% |
| 千葉県 | 184,092 | 190,239 | ▲6,147 | ▲3.2% |
| 静岡県 | 162,931 | 178,399 | ▲15,468 | ▲8.7% |
| 広島県 | 123,234 | 129,504 | ▲6,270 | ▲4.8% |
| 京都府 | 110,896 | 117,884 | ▲6,988 | ▲5.9% |
| 茨城県 | 110,327 | 118,063 | ▲7,736 | ▲6.6% |
| 新潟県 | 106,359 | 117,675 | ▲11,316 | ▲9.6% |
| 長野県 | 102,548 | 108,638 | ▲6,090 | ▲5.6% |
| 宮城県 | 96,563 | 92,769 | 3,794 | 4.1% |
| 岐阜県 | 94,017 | 102,073 | ▲8,056 | ▲7.9% |
| 群馬県 | 86,556 | 93,556 | ▲7,000 | ▲7.5% |
| 福島県 | 83,575 | 86,170 | ▲2,595 | ▲3.0% |
| 栃木県 | 81,026 | 89,194 | ▲8,168 | ▲9.2% |
| 岡山県 | 80,049 | 81,438 | ▲1,389 | ▲1.7% |
| 熊本県 | 73,928 | 76,153 | ▲2,225 | ▲2.9% |
| 三重県 | 73,789 | 79,050 | ▲5,261 | ▲6.7% |
| 鹿児島県 | 73,652 | 77,335 | ▲3,683 | ▲4.8% |
| 沖縄県 | 64,124 | 62,977 | 1,147 | 1.8% |
| 愛媛県 | 61,467 | 65,491 | ▲4,024 | ▲6.1% |
| 長崎県 | 59,901 | 63,275 | ▲3,374 | ▲5.3% |
| 山口県 | 58,177 | 63,381 | ▲5,204 | ▲8.2% |

現時点では、3大都市圏、札幌市、仙台市、広島市、福岡市などの都市圏では人口は増加しているが、そう遠くないうちに、人口減少に転ずる。

今回のオフィスの「大量供給」の大きな背景としては、市場の需給予測を十分に精査したというよりは、やはり超低金利と金融緩和があったと考えるべきだろう。

## 空き家が増加しても、「賃貸アパート」の供給は止まらない

オフィスビルや物流施設ほどではないが、金融緩和と相続税の強化が重なり、賃貸アパートの新規供給が続いている。

図表1-2-5は、個人の貸家業への金融機関の新規融資額の推移を示したものだが、2015年、相続税の強化が発表されて以降、その対応策として、長期にわたって賃貸住宅（主にアパート）の供給量が急増し、ハウスメーカーや工務店は、その恩恵を受けて業績の急伸が続いた。

その後、いったん落ち着きを取り戻したが、日銀のマイナス金利が発表されてからは、家賃収入が期待できる「収益物件」として再び脚光を浴び、その後、増加傾向に転じている。預金金利が期待できない金融情勢下で、根強い人気が続いている。

一方、借主の大半を占める20代、30代の若年層（最近は、高齢者も少なくないが）は、50年前から激減している（図表1-2-6）。賃貸需要が縮小し、空き家の増加傾向が強まっているにも

## 図表1-2-5　個人による貸家業への貸出残高の推移

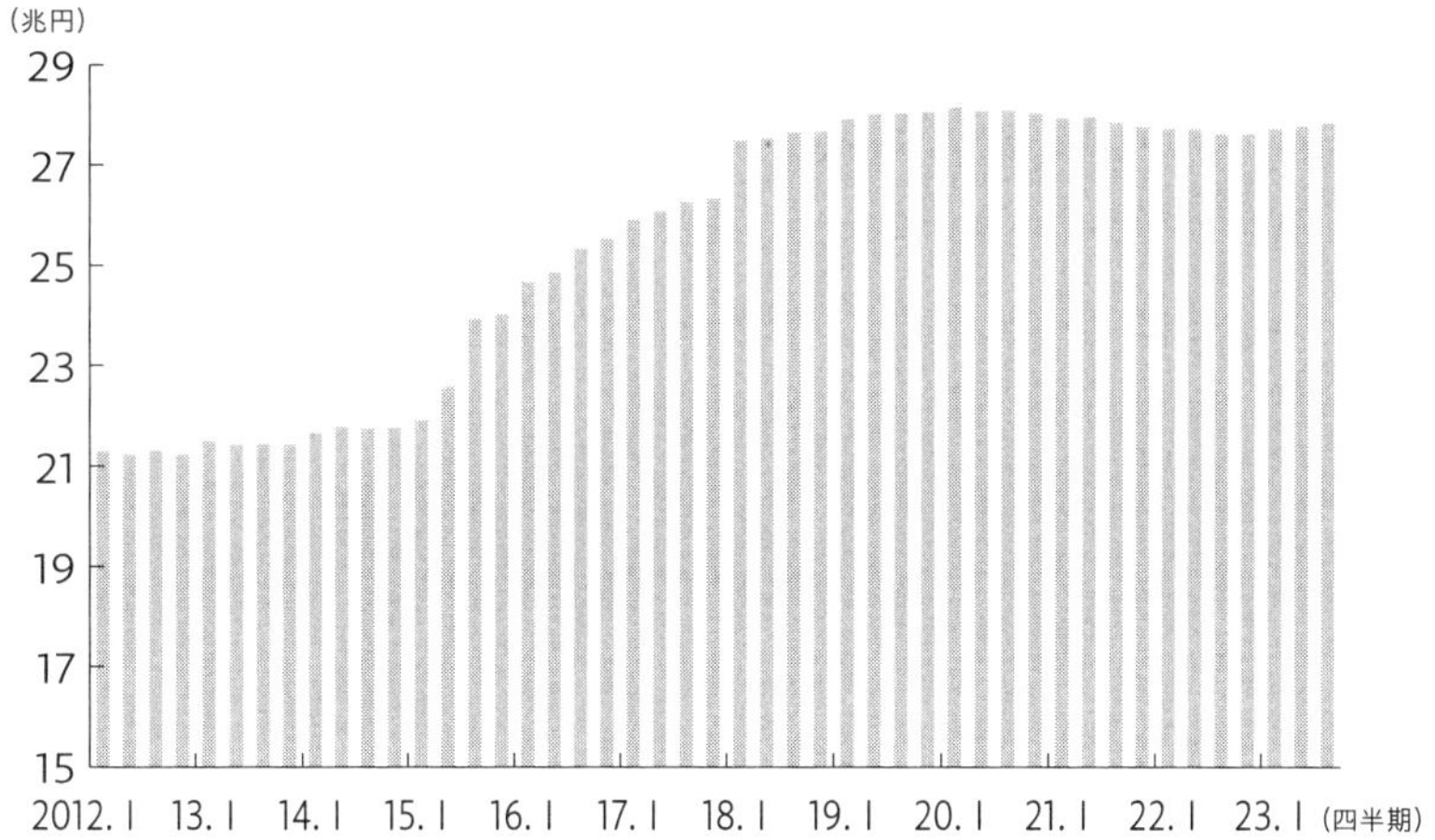


※「日本銀行」データより

## 図表1-2-6　【全国】1970・2020年の若年層の人口

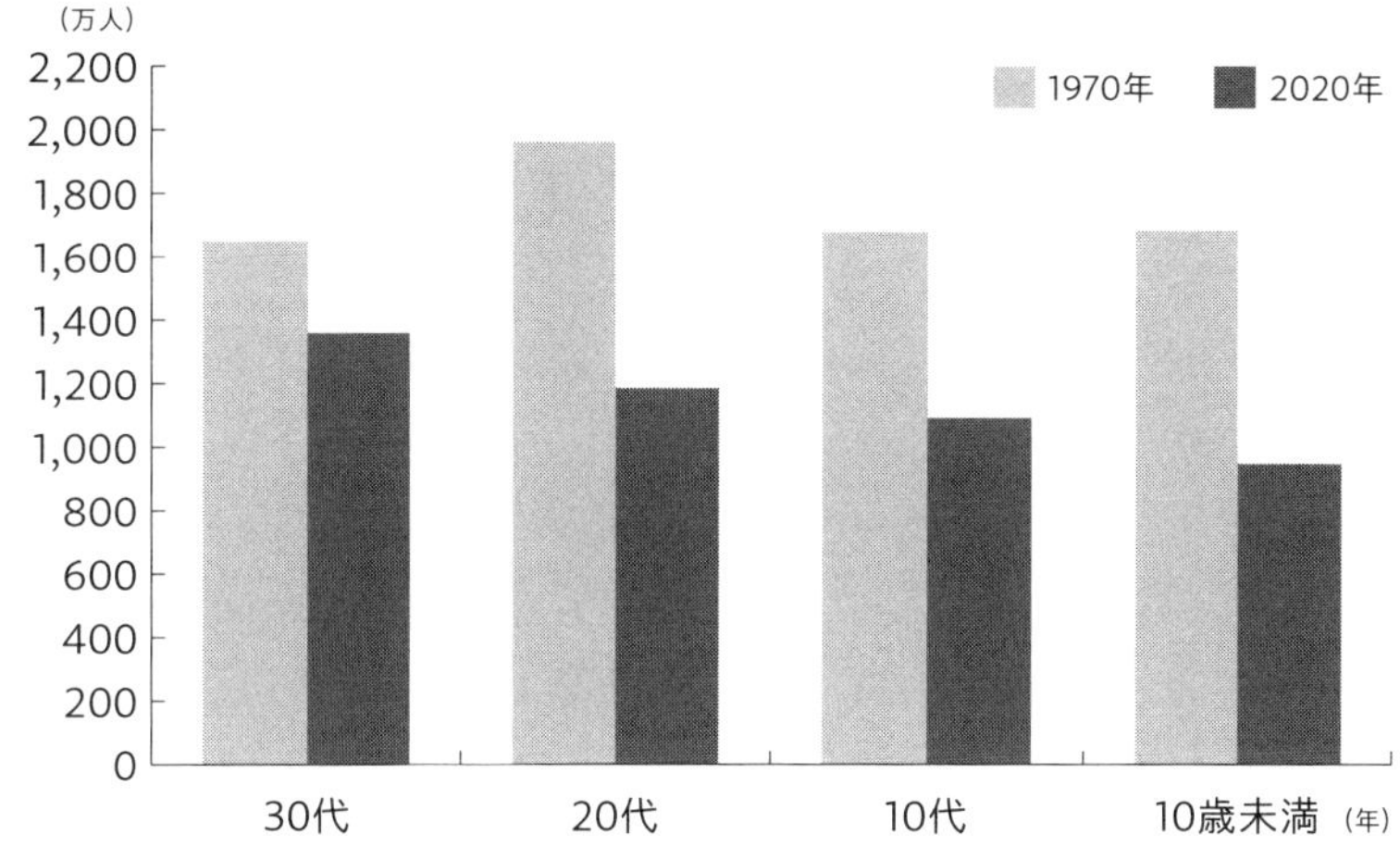


※総務省「人口推計」より

かかわらず、資産家の「節税対策」として、賃貸アパートの需要は強く、新規の供給は止まっていない。

不動産市場の実態を見ると、長期間続いてきたデフレ経済下の日本で、安倍政権誕生後から、異次元の金融緩和政策の追い風を受けて、土地・住宅等の不動産価格の高騰と大量供給が続いてきたことを確認することができた。

デフレが続いたが、不動産価格だけが約10年間にわたって上昇し続けてきた。産業界では、突出した、特異の現象が生まれていたのである。

# 第2章

# 水面下で静かに進行するバブル崩壊

不動産バブル

│

静かな崩壊

## 新聞チラシでわかるバブル崩壊

第1章で解説したように、安倍政権誕生後、異次元の金融緩和政策と超低金利によって、日本ではバブルが膨らんでいった。

しかし、現在でも不動産市場はバブルであると認識していない人が多い。「住宅や土地の価格が高くなっている」という程度の認識をする人は、3大都市圏や地方中核都市では多くなってきている。しかし、実態はまぎれもなくバブルである。

「バブルは終わったあとで、あの時がバブルだったことがわかる」と言われる。真っ只中にいる時にバブルを認識するのは難しい。

しかし経済の専門家でなくても、「バブル期とその崩壊」を知ることは容易にできる。ただし、少しだけアンテナを持ち、観察眼を持つ必要はある。

新聞折込の不動産チラシを見るだけでも状況を知ることができる。2023年9月の不動産広告のチラシが、東京都港区の私のオフィスにある。

その内容の一部を見ると、

①港区の麻布　37㎡　価格は8900万円
②渋谷区の恵比寿　67㎡　価格は2億2800万円
③港区の青山　85㎡　価格は3億5000万円

④港区の元麻布　１３６㎡　価格は7億７０００万円

いずれも中古マンションであるが、①のマンションは6×6メートルの広さである。立地・眺望・環境によってこの価格に値するかどうかは、購入者の主観的判断になる。だが、普通の感覚では、利回りで見る限り、この価格は「バブル期」のものと考えるはずである。

このような広告は以前には見なかった。売れないからこそ、チラシが配られたということである。価格でバブルを知り、こんな広告が数多く出てくることでバブルの崩壊を誰でも察知できる。

また、休日に街中を散歩しても、市場の変化を知ることができる。この十年間、至る所で新築の建売住宅の販売が行われてきたが、最近では、建築竣工後、数カ月経過しても売れ残っている現場をよく見かける。価格を見ると、バブル前に比して2、３割高くなっている。

また、新築マンションについても、竣工後、２、３年経っても「好評販売中」「棟内モデルルーム見学できます」という垂れ幕が街中で増加している。

さらに、デベロッパーのホームページを見ても、多くのマンションや建売住宅の完成物件が増加していることを認識できると同時に、「新価格」と表示して値下げをしているのもわかる。これらの現象を見ていれば、市況の過熱感が少しずつ冷めて、変化していることが理解できる。

不動産業界内の動きを見ても、バブル崩壊がすでに始まっていることがわかる。これまでは、不動産業者に「いい物件があったら、すぐに私共に連絡して下さい。買い取りします」という電話やファックスが頻繁にあった。

だが現在では、「売り物件のリストを送りますから、売って下さい。買い手を紹介して下さい」といった内容に、要望の内容が変わってきた。

さらに、過去2回のバブルの終末期に見られた現象が、再び見られるようになっている。その現象とは、不動産取引の中で、バブル期は「業者間」の取り引きは活発に行われるが、バブルの終末期を迎えると、業者間の取り引きは急速に減少していくもので、すでに、その現象が全国各地で見られるようになってきた。

これらの事象を見聞すると、今回の不動産バブルが消えつつあると知ることができる。「バブルは終わったあとで、あの時がバブルだったことがわかる」のではなく、バブル期にあっても、その崩壊については、日常生活の中で誰でも察知できる。

本章では、地域や分野による差異はあるが、不動産バブルの崩壊が、静かに、緩やかに始まっているその実態を、各種のデータに基づき解説したい。

## 家賃の上昇はないが、価格は上昇した

日本経済はインフレへと転換した。2023年には、各種物価の上昇が激しくなっている。し

**図表2-1　消費者物価指数の推移（2020年を100とする）**

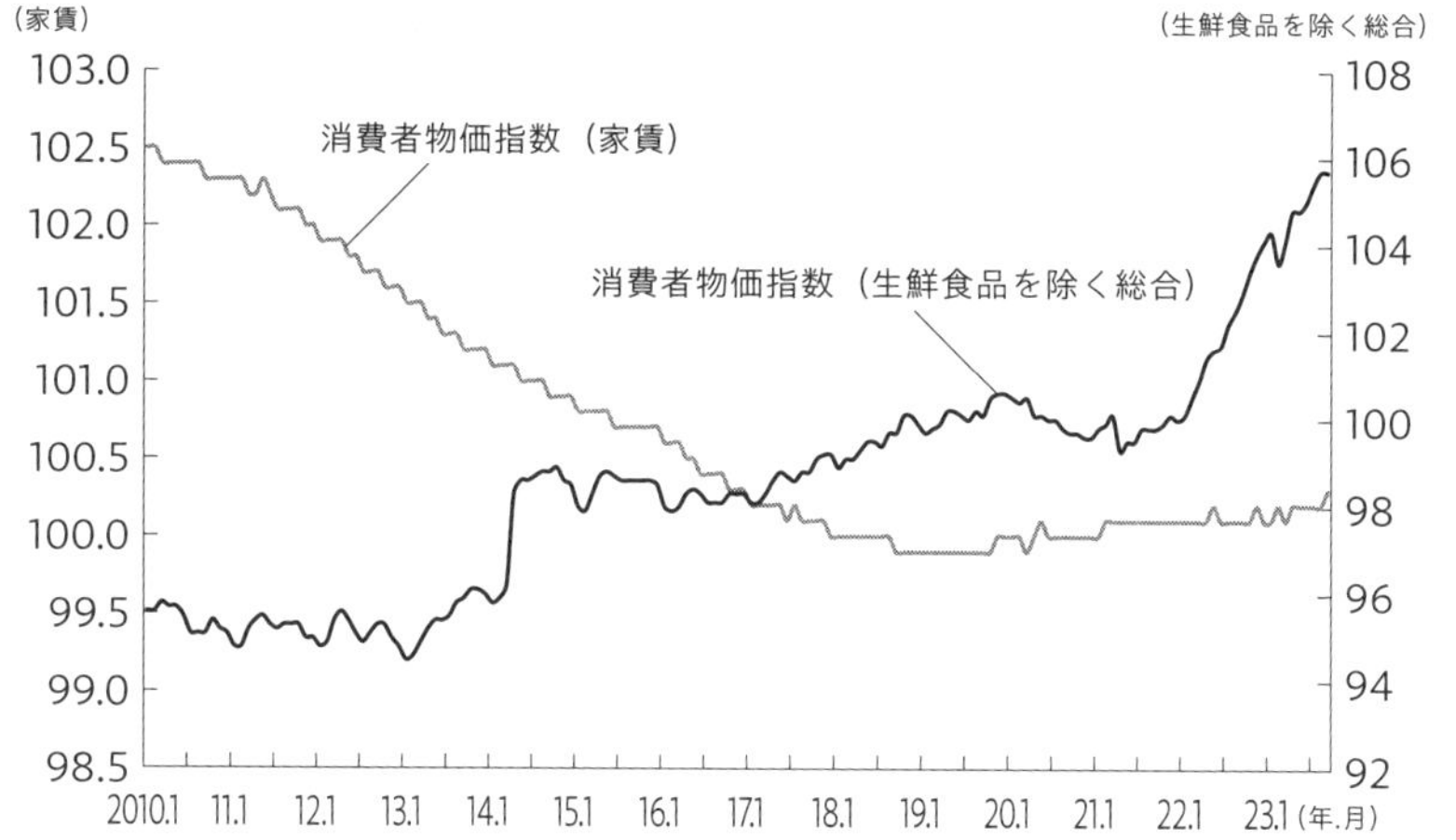


※総務省「消費者物価指数」データより

かし、住宅・店舗・オフィスの賃料の目立った上昇はまだ見られず、弱含みになっている。

一部の地域や賃貸住宅のオーナーからは、電気料金・リフォーム・修繕費の値上げがあり、「家賃を上げて欲しい」との要望も出ているが、需給関係から、実現は難しい状況にある。

さて、日本の住宅価格は、この十数年間、一貫して上昇してきたが、図表2-1で示されているように、家賃の上昇はまったく見られなかった。

つまり家賃の上昇はなく、収益性の向上はなかったにもかかわらず、住宅価格や住宅地価は高騰するという歪んだ現象が、十数年間も続いてきた。

本来は、収益性が向上することで不動産の価値が高まり、取引価格が上昇する。しかし、ここまで家賃の値上がりはなく、価格が上昇し、利回りは低くなった。それでも、超々低金利時代だったため、住宅価格は高値圏での取り引きが続いてきた。

直近のマンション（新築・中古）の価格は、一般の人の購買力を大幅に上回って、顧客がついて来られなくなった。この状況は、バブル期にあることを示しているが、2022年秋頃から不動産バブルが崩壊の過程に入ったことを示すいくつかの指標が、各地域でも見られるようになった。

次に、各種の図表でその実態を確認してみたい。

## 「在庫件数」から見る大変化の兆候

まず、「新築戸建て」の在庫件数を確認しよう。2大都市圏では共に2021年の夏頃まで、コロナ禍によって「住宅特需」が生まれた。その結果、需給が逼迫し、市場では一気に品不足となり、在庫は急減した。都心部から郊外、狭いマンションより広い戸建て住宅を求める人が多く、新築戸建ては飛ぶように売れていった。

しかし、その後、需要の急速な拡大に対応して、分譲業者による大量供給が続いたことに加え、インフレによる価格の急騰で売れ行きが悪化し、在庫が増加に転じた。

売れ残りが顕著となって、2023年の年初から分譲業者の値下げ処分が3月期末に向けて活

**図表2-2　新築戸建て・在庫件数の推移**

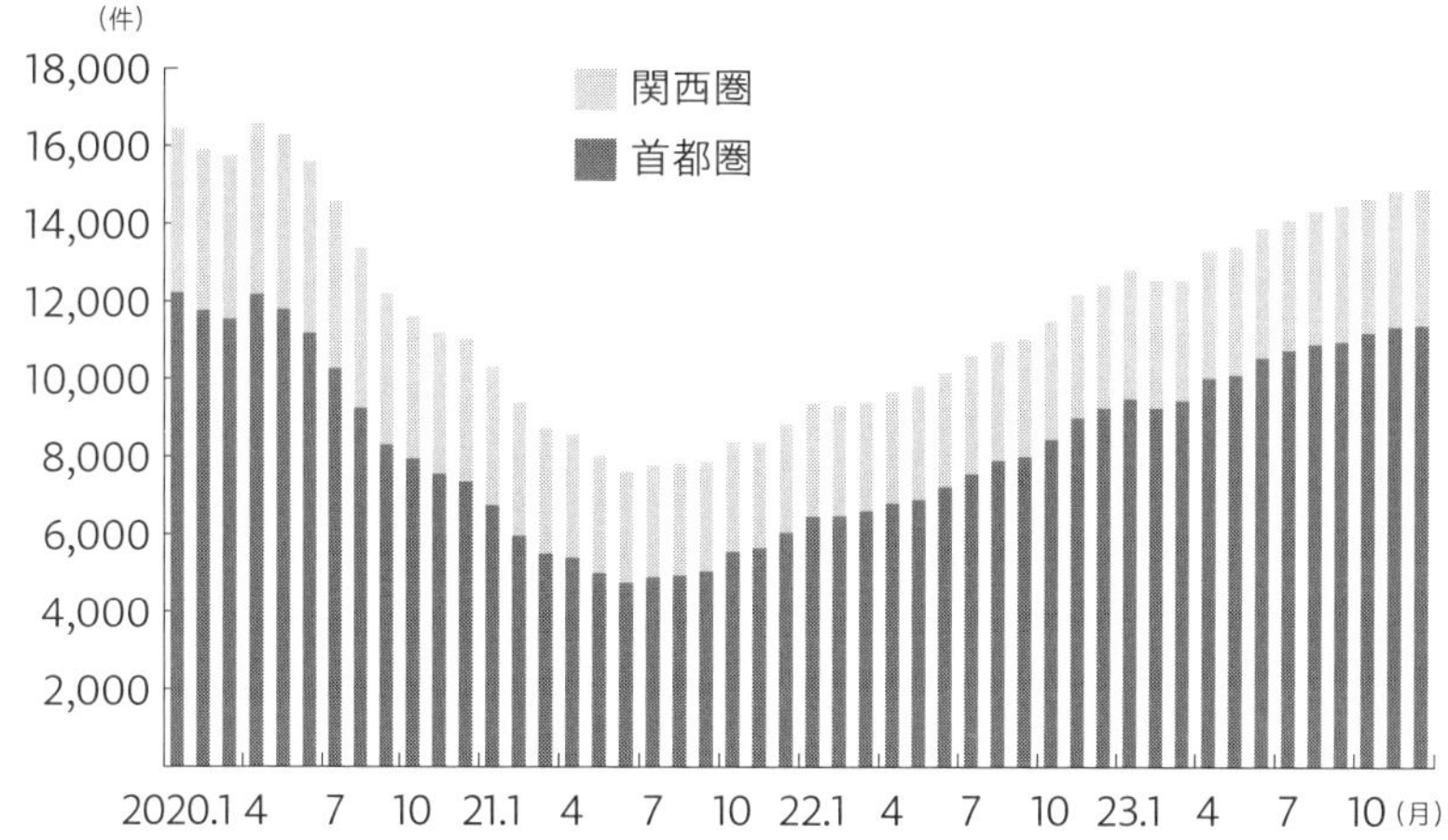


※「不動産流通機構」データより

発に行われたが、その後も在庫数は増加傾向が続いている。この状況は、地域によって時間差はあるが、今では、全国各地で見られる現象となっている（図表2‐2、3）。

次に、新築マンションの在庫状況を見ると、個別物件ごとに売れ行きに大きな差異があり、売れるマンションと売れないマンションの差異が鮮明になっている。

しかし、市場全体における完成在庫の比率は、2大都市圏で見る限り、上昇に転じている。（図表2‐4、5）

完成在庫の中で、2年、3年と長期に滞留しているマンションも珍しくない。金利水準がゼロに近いこともあって、新築戸建てと違って、マンションデベロッパーが表立って値引き処分

### 図表2-3　新築戸建て・在庫件数の推移

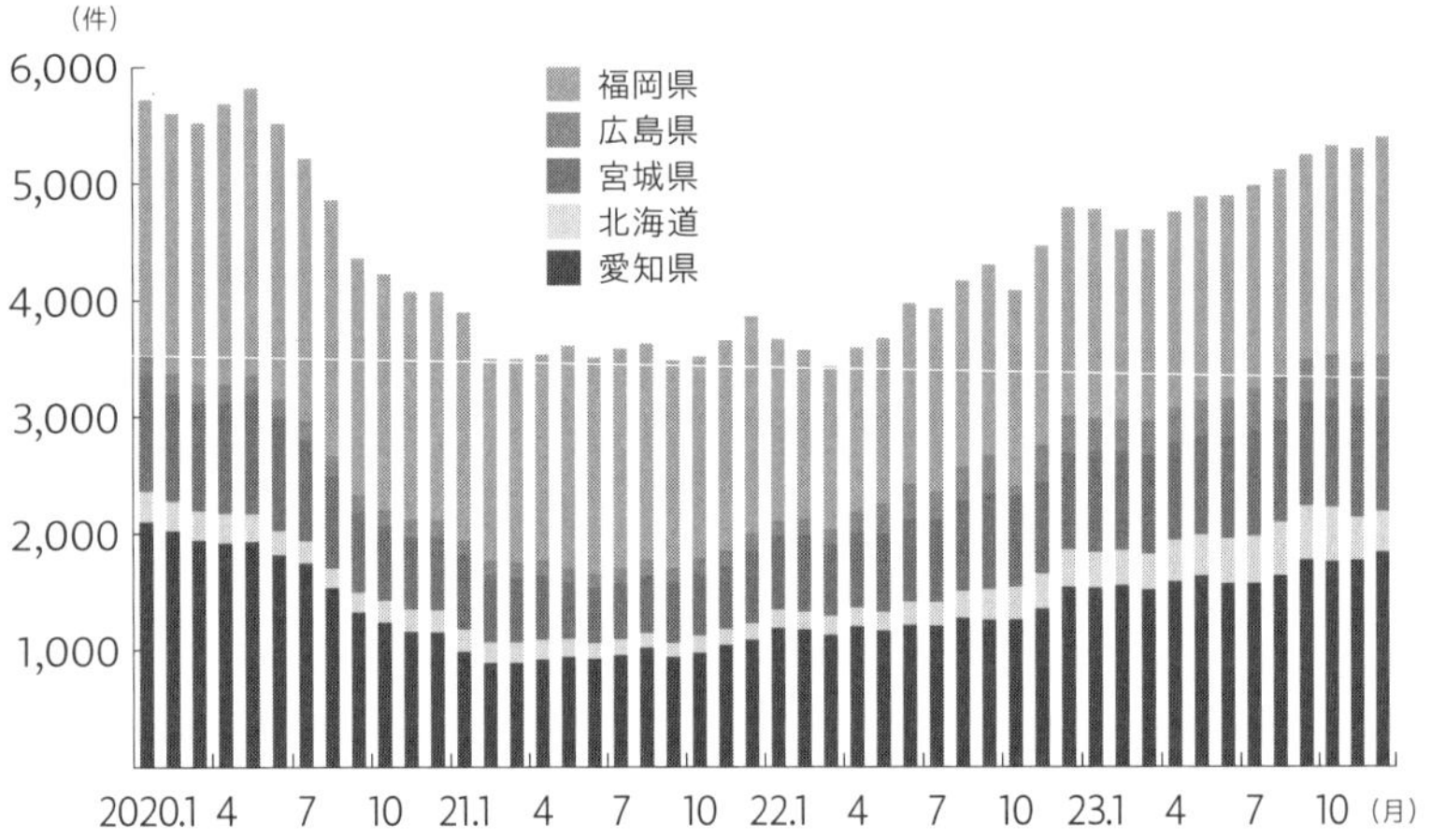


※「不動産流通機構」データより

### 図表2-4　【首都圏・新築マンション】分譲戸数・完成在庫・完成在庫比率の推移

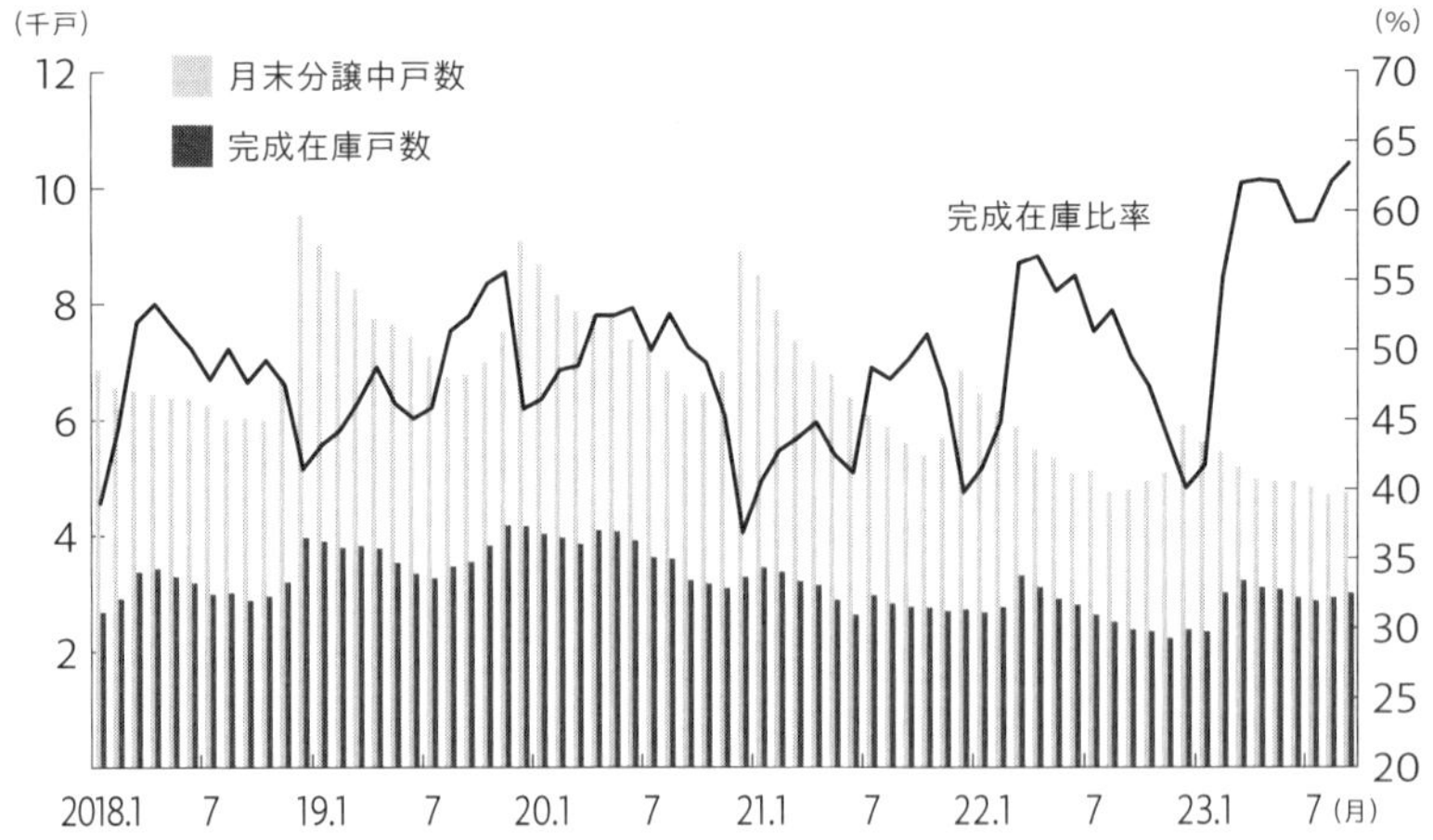


※「不動産流通機構」「不動産経済研究所」データより

**図表2-5　【関西圏・新築マンション】分譲戸数・完成在庫・完成在庫比率の推移**

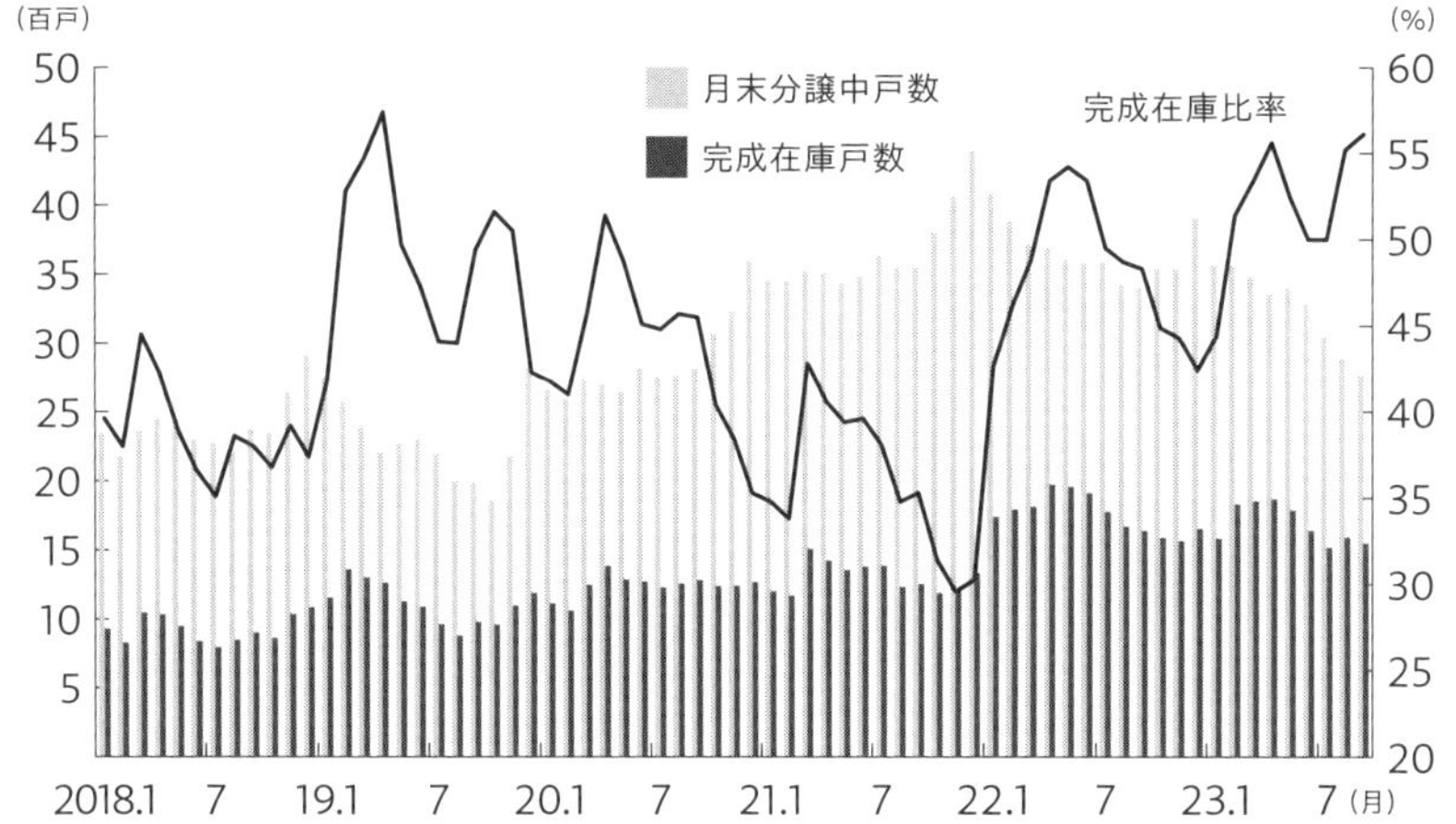


※「不動産流通機構」「不動産経済研究所」データより

をする動きは少ないが、その動きはこれからと言える。

中古流通市場における中古マンションと流通戸建て住宅（中古戸建てが中心）の売り出し中の物件（在庫）の推移を見ると、新築と同様に、2021年を底にして、その後は増加傾向が強まっている。さらに、地域差はあるが、インフレの進行で家計が圧迫されている地域では、購買意欲が低下し、取り引きが低迷し、在庫が急増している（図表2-6、7、8）。

ここまで、新築と中古住宅の在庫数が、徐々に減少から増加傾向に転じていることを確認することができた。明らかな市況の大変化がすでに始まっている証である。

次に、在庫の内訳を首都圏の価格帯別で見

### 図表2-6　【首都圏】中古マンション・中古戸建て　在庫件数の推移

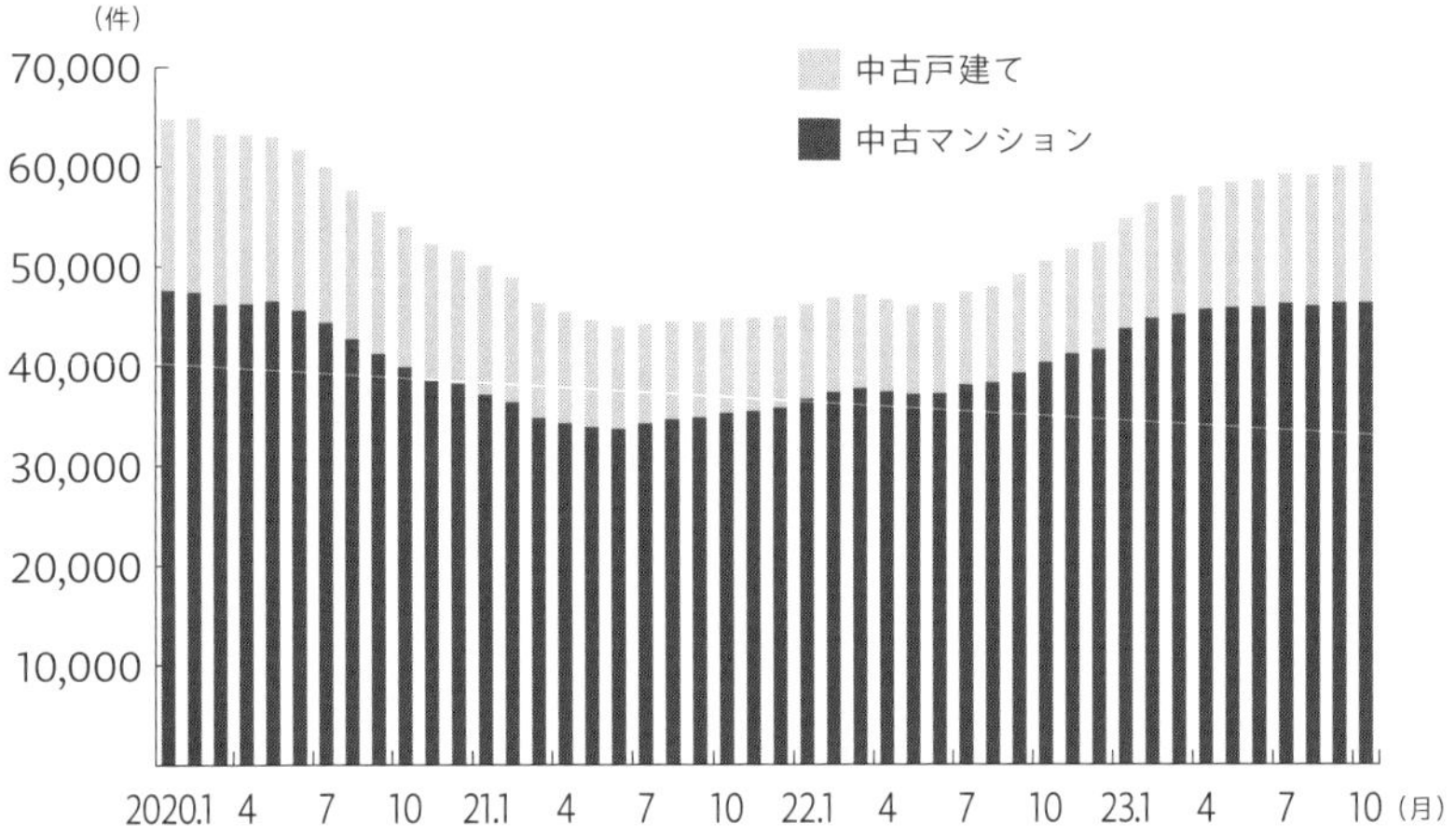


※「不動産流通機構」データより

### 図表2-7　【関西圏】中古マンション・中古戸建て　在庫件数の推移

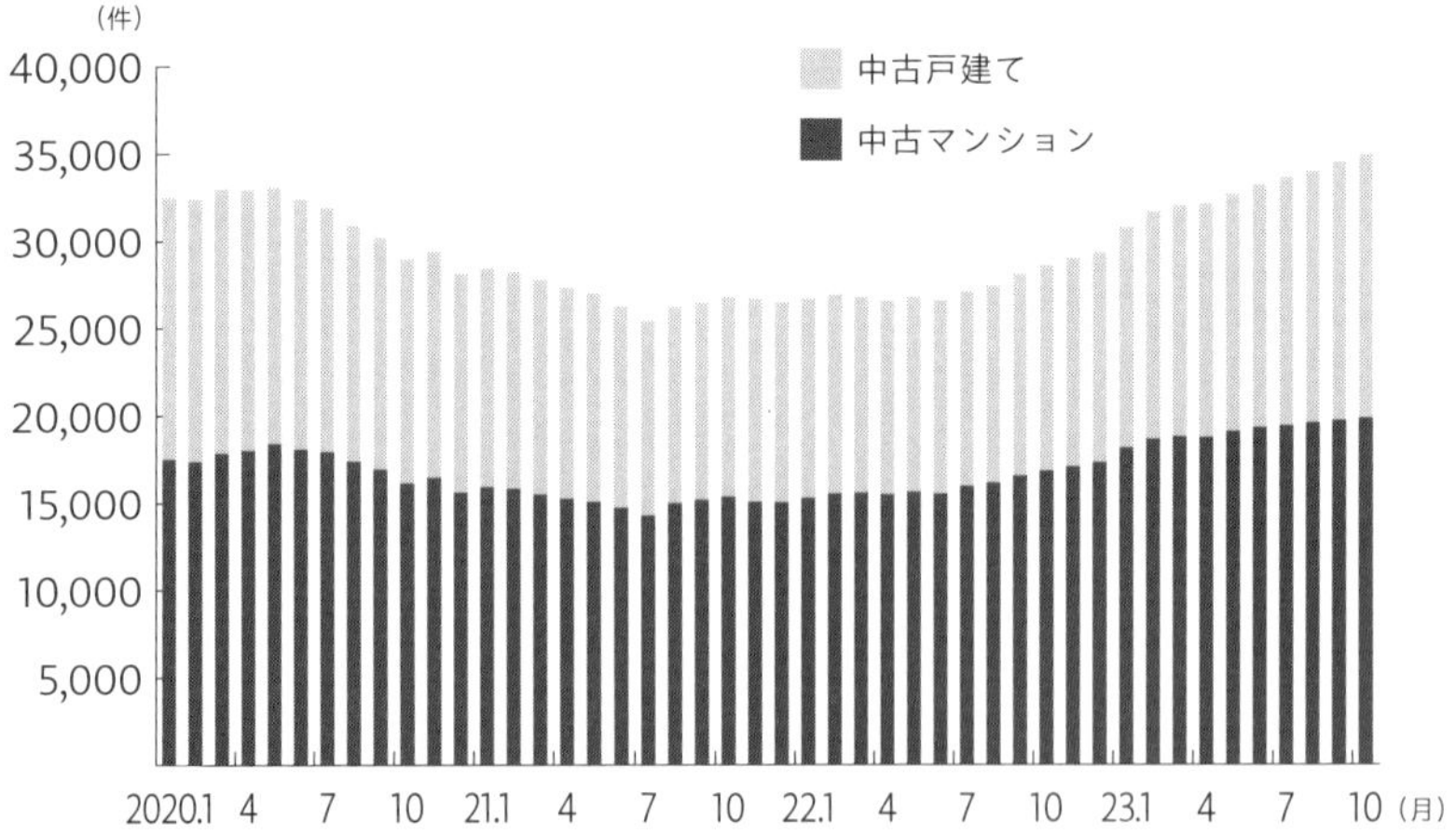


※「不動産流通機構」データより

**図表2-8　【愛知県】中古マンション・中古戸建て　在庫件数の推移**

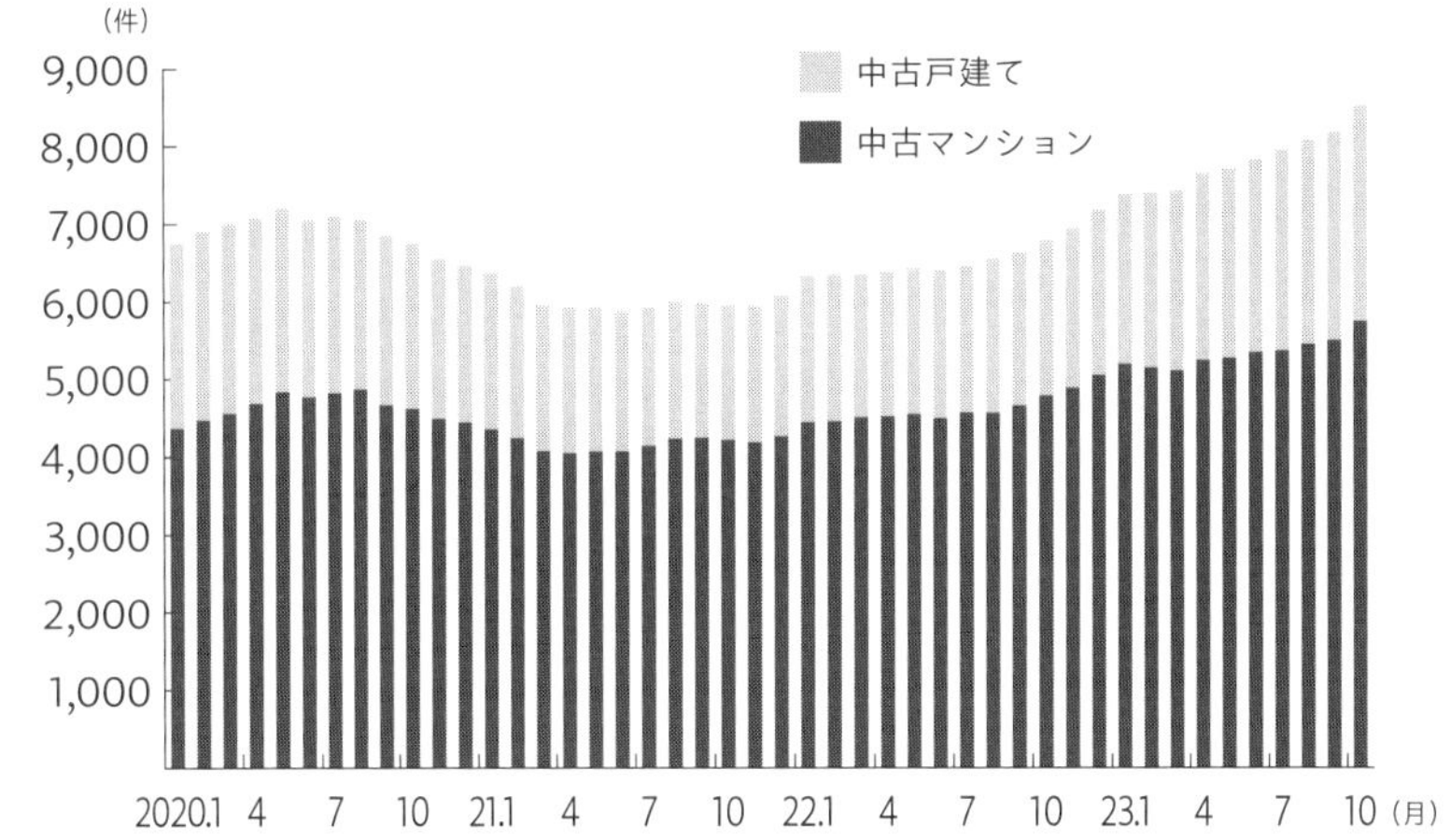


※「不動産流通機構」データより

る。

新築戸建てについては、３０００万円以下の在庫数の増加は見られず、それ以上の高価格帯では増加している。４０００万円台、５０００万円以上の在庫数は大幅に急増している。この価格帯での値下げ処分も出ている（図表２-９）。

中古マンションについても、高価格帯の在庫数は、すでに２０２１年夏以降から急増しているが、５０００万円から７０００万円の中途半端な高価格帯の物件の増加が目立っている。居住面積が狭く、立地条件も劣る物件と思われる（図表２-10）。

住宅全体の在庫が、首都圏ではすでに増加に転じている。特に、図表２-11のような高額物件の売れ行きが鈍化していることが明白になっ

## 図表2-9　【首都圏・新築戸建て】価格帯別・在庫推移

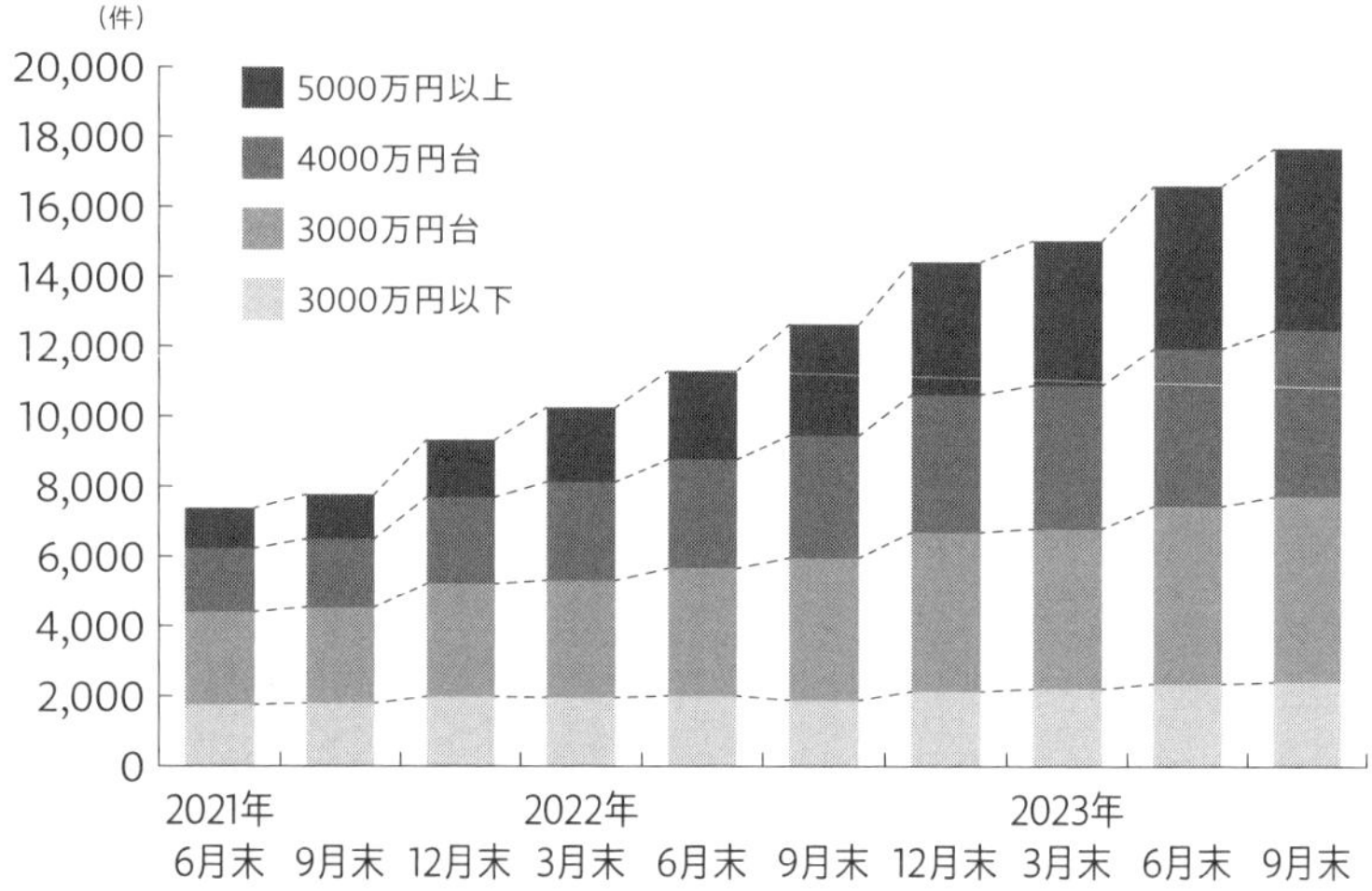


※「不動産流通機構」データより

## 図表2-10　【首都圏・中古マンション】高価格帯の在庫推移

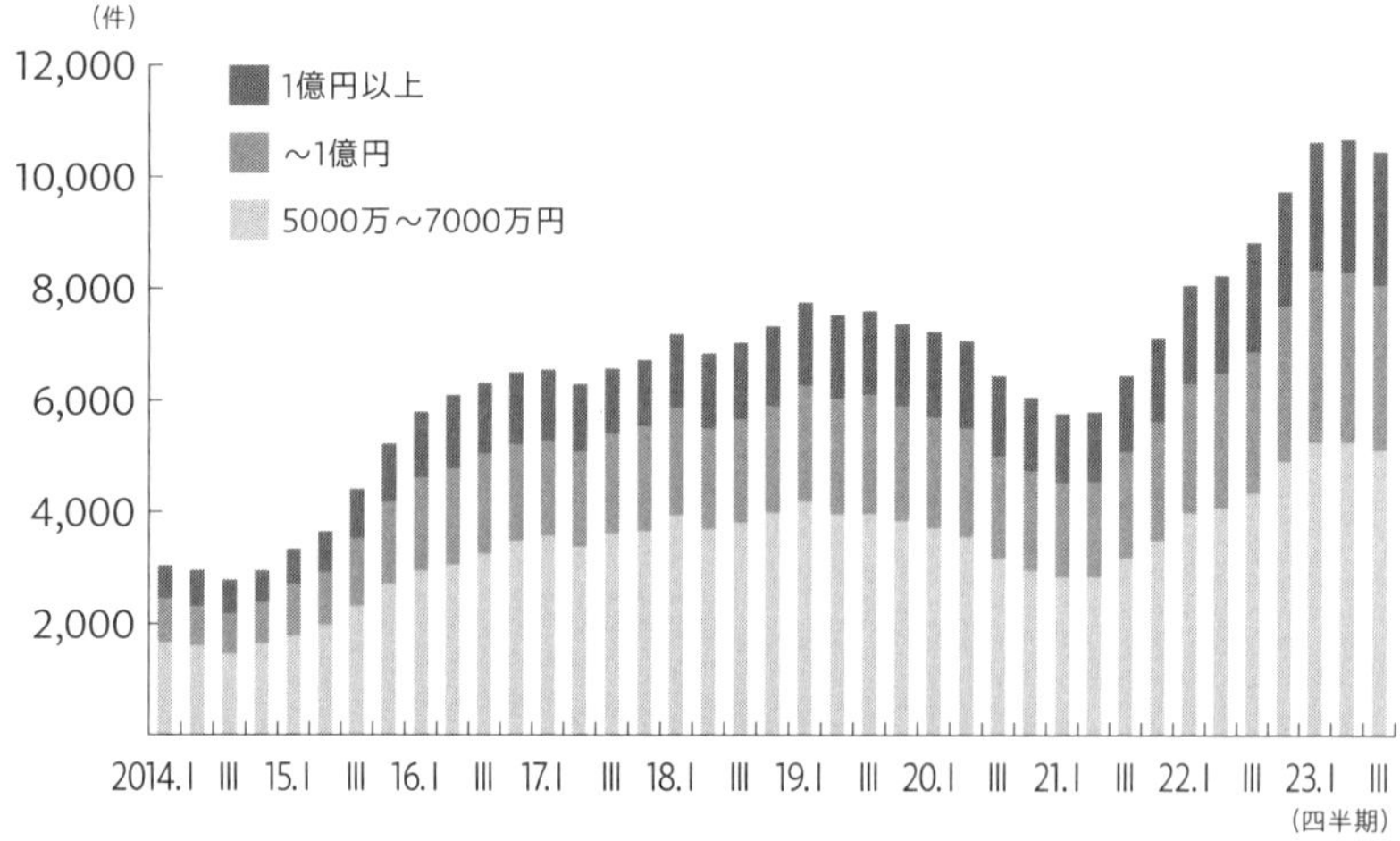


※「不動産流通機構」データより

### 図表2-11　東京都心の高額中古マンション・売出事例

| マンション名 | 価格 | 専有面積 | 坪単価 |
|---|---|---|---|
| 港区白金（2023年2月完成） | 14,970万円 | 51㎡ | 1,518万円 |
| 港区白金（2023年2月完成） | 24,900万円 | 73㎡ | 1,394万円 |
| 港区高輪（2020年3月完成） | 35,000万円 | 100㎡ | 1,258万円 |
| 渋谷区神山町 | 94,800万円 | 220㎡ | 1,104万円 |

資料：新聞折込チラシより筆者作成

ている。

最後に、「土地」の市場在庫の推移も確認してみよう。土地は、大企業の設備投資意欲が旺盛で、工場・倉庫・本社ビル用地など、全般にわたって需要は強まっている。最近では、中国の政治・経済両面への将来不安から、拠点を国内に回帰するメーカーの動きが多く見られる。とりわけ、工場用地の需要は強く、品不足が常態化している（図表2-12）。

主に住宅用地についての市場在庫について検証してみると、首都圏・関西圏など多くの地域では、現在（2023年）でも住宅用地・マンションやホテル用地について引き合いは多く、適地は品不足の状態である。

しかし、それぞれの用途・事業計画に適した土地がないということで成約が少なく、条件に合わない土地の売り物件数の増加傾向が続いている。最近では、デベロッパー、ホテル事業者などの中には、事業用地として「取得済み」の土地を、建築コストの高

**図表2-12　2023年地価公示・年間変動率上位地点**

（単位：%）

| | 工業地 | | |
|---|---|---|---|
| | 標準地番号 | 所在 | 変動率 |
| 1 | 糸満9－1 | 糸満市西崎町5丁目8番7外 | 25.9 |
| 2 | 柏9－3 | 柏市青田新田飛地字元割220番1 | 21.2 |
| 3 | 柏9－1 | 柏市新十余二2番1外 | 20.7 |
| 4 | 市川9－1 | 市川市塩浜3丁目17番12 | 20.0 |
| 5 | 市川9－4 | 市川市二俣717番73 | 20.0 |
| 6 | 船橋9－2 | 船橋市日の出2丁目11番<br>『日の出2－17－1』 | 20.0 |
| 7 | 市川9－2 | 市川市二俣新町17番9外 | 19.9 |
| 8 | 市川9－3 | 市川市高浜町3番3 | 19.7 |
| 9 | 柏9－4 | 柏市風早1丁目7番1外 | 19.5 |
| 10 | 福岡東9－5 | 福岡市東区二又瀬新町940番1外<br>『二又瀬新町14－18』 | 18.1 |

資料：国土交通省「地価公示」データより

騰を理由に、そのまま売却する例も出ている。

この図（図表2-13）では、首都圏を見ると、2022年夏を底にして在庫は増加に転じ、その後は一段と増加傾向が加速しているように見える。

関西圏・名古屋市も同様の増加トレンドになっていることがわかる（図表2-13、14）。

地方圏での土地の在庫件数の推移を北海道と福岡県で見ると、増加傾向が2022年の後半から急速に見られる（図表2-15）。

ここまで、いずれも、需要の一巡と価格の高騰で、在庫数は減少

### 図表2-13　土地・在庫件数の推移

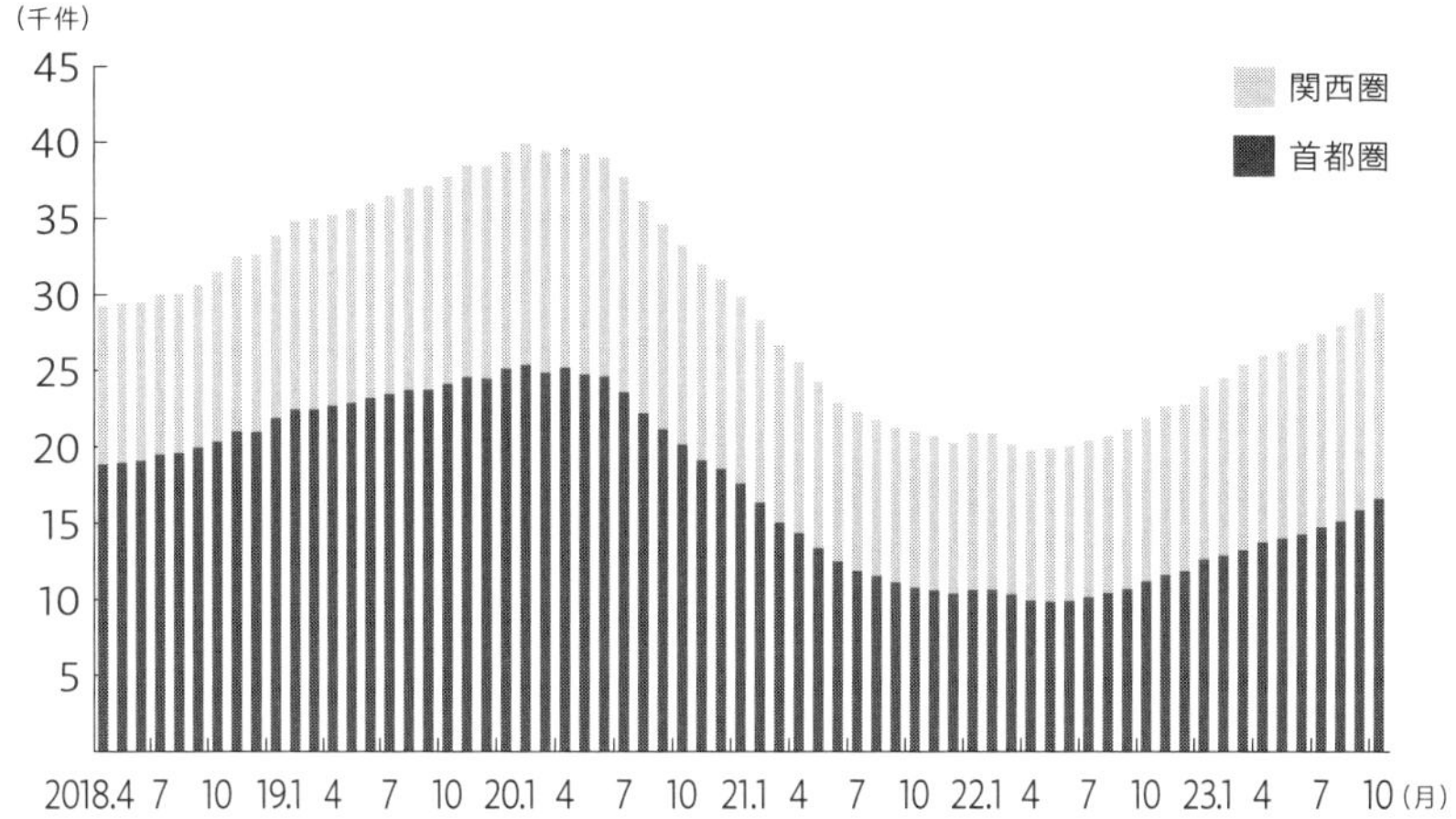


※「不動産流通機構」データより

### 図表2-14　【名古屋市】土地・在庫件数の推移

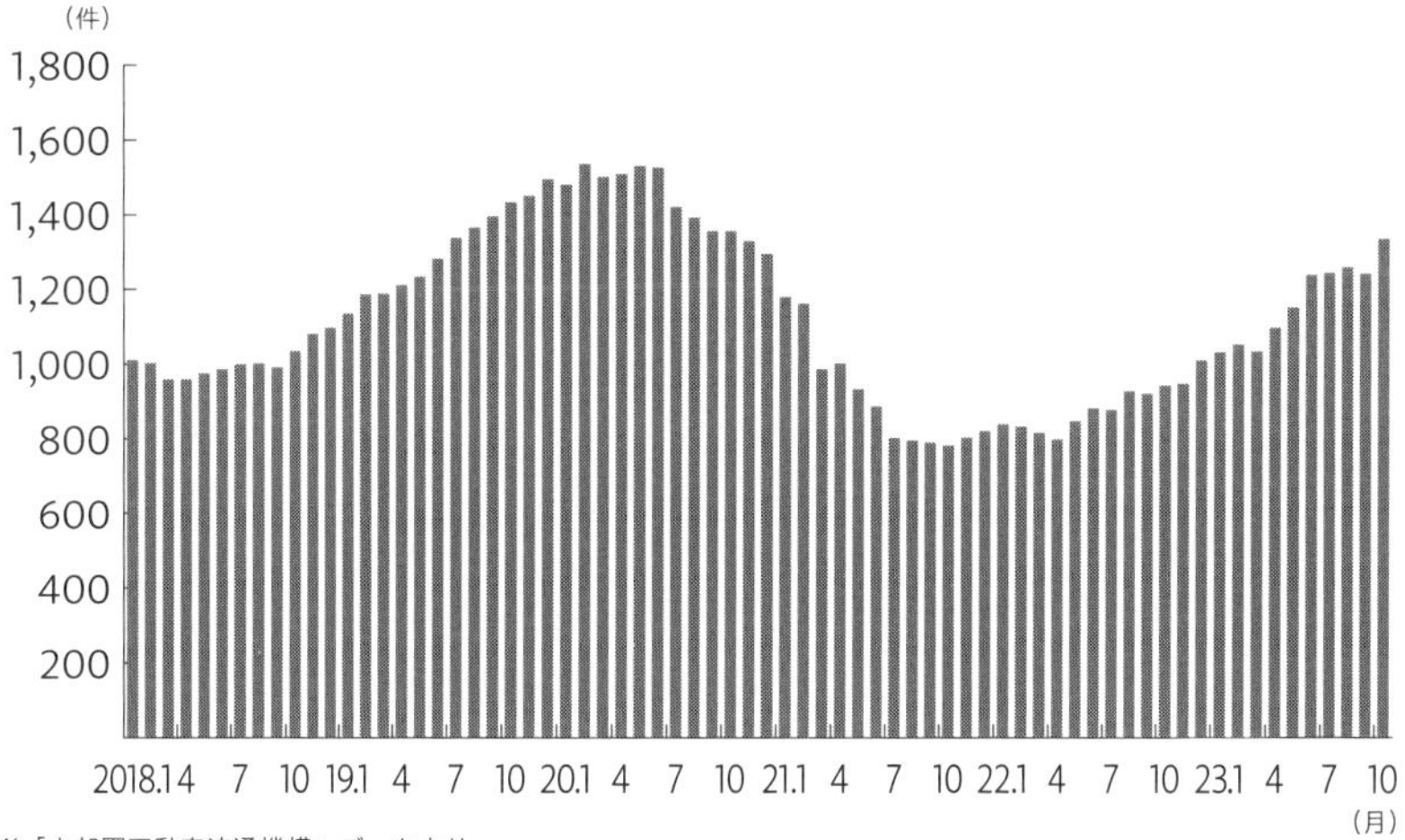


※「中部圏不動産流通機構」データより

## 図表2-15　【地方】土地・在庫件数の推移

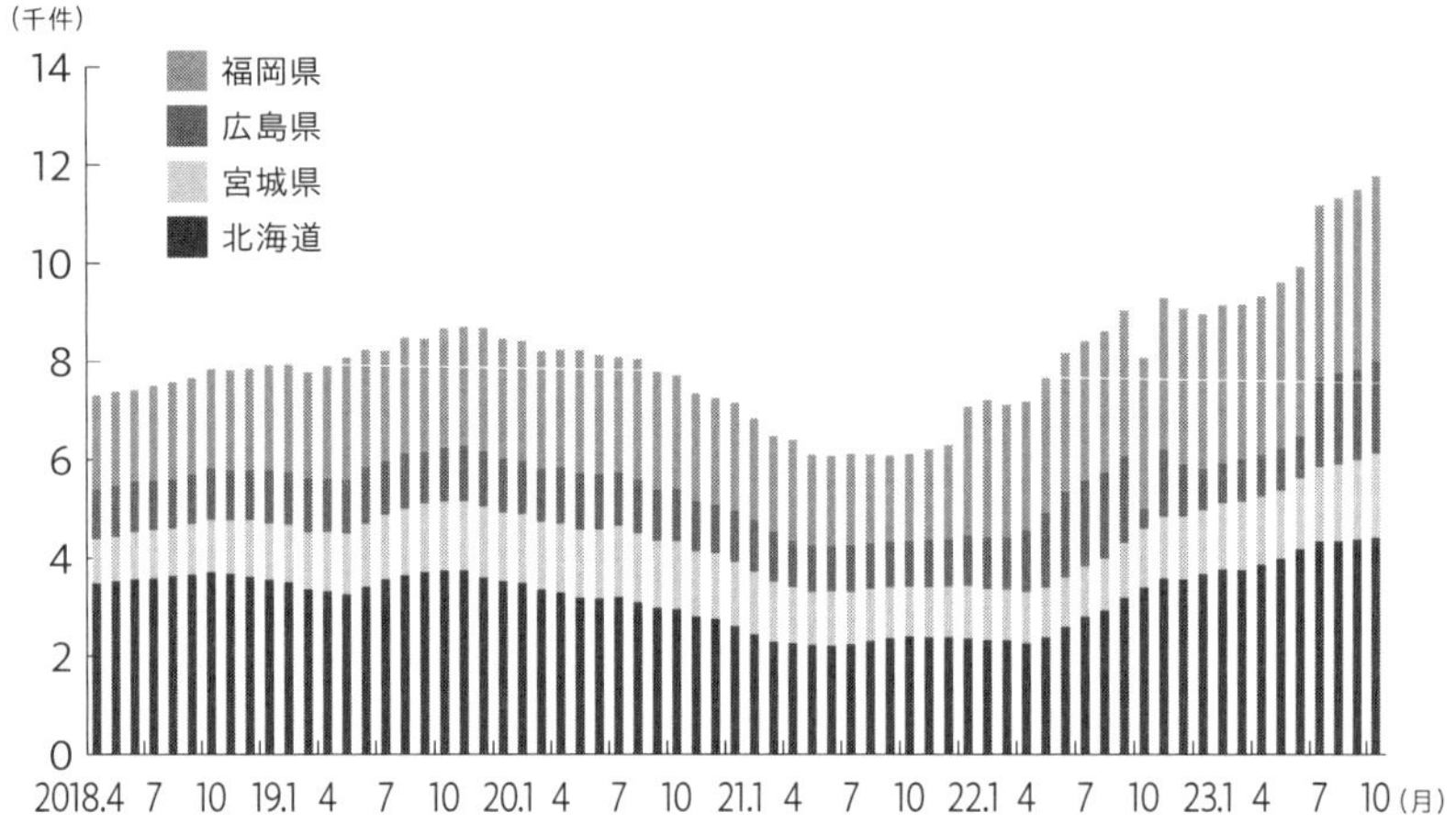


※「不動産流通機構」データより

から増加へと転じている。金融政策による住宅需要の拡大が終焉したことを物語っている。

「住宅バブル」が崩壊に向かっていることは、住宅・土地などの在庫の増加が続いていることで確認できる。

### リーマンショックを超えた在庫

図表2-16は、住宅業界が抱える中古マンション、中古戸建て、土地などの首都圏における手持ちの在庫量の推移を示したものである。2022年夏以降に急増している。2023年10月現在で、リーマンショック直後の在庫量を超えてしまった。

2008年9月のリーマンショック時には、不動産業界は大量の在庫を抱え、数多くのマンションデベロッパーは苦境に立ち、倒産も多数

図表2-16　【首都圏】売り主・代理物件の推移

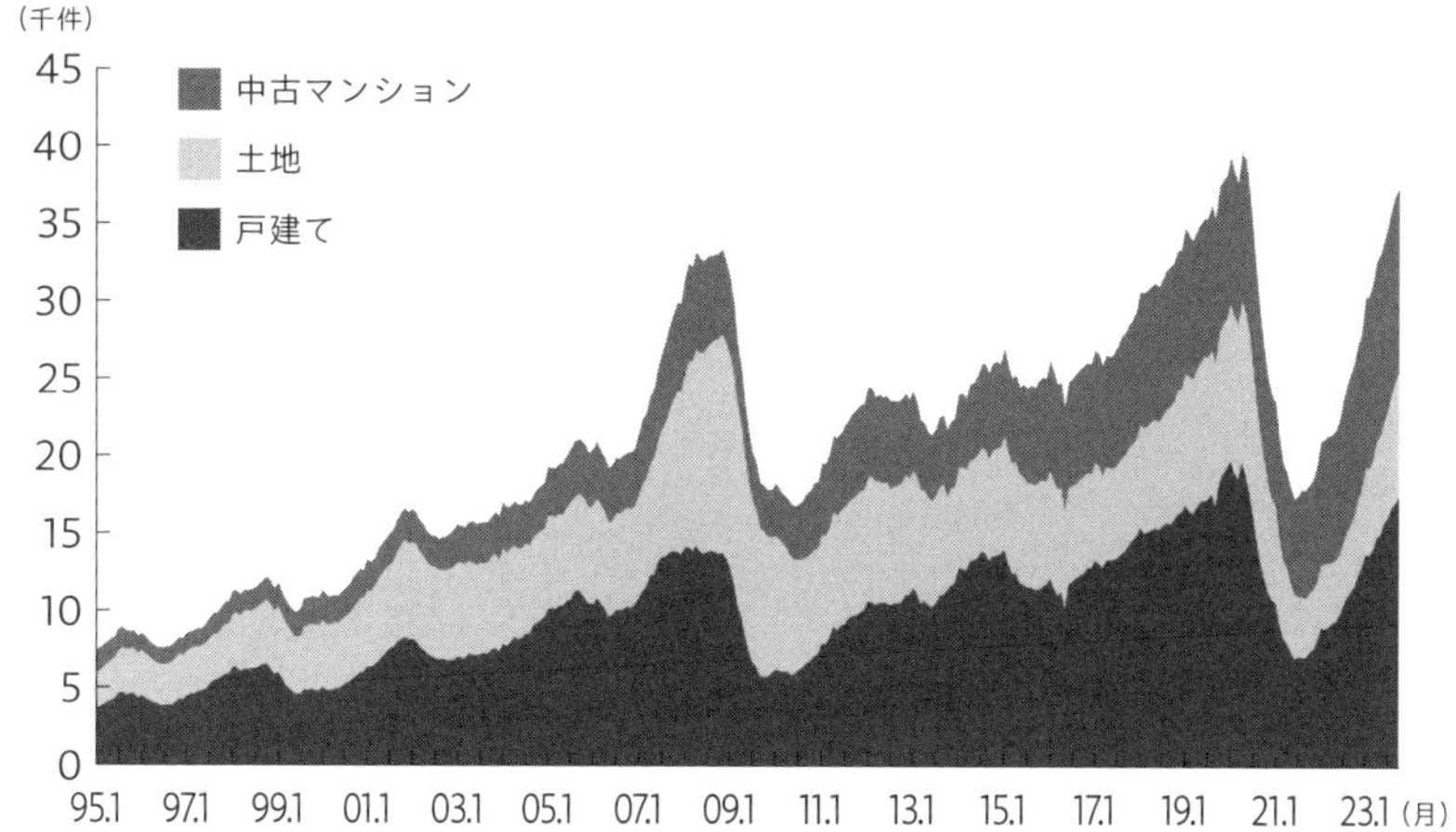


※「不動産流通機構」データより

あった。

金融などの不動産を取り巻く事業環境は、リーマンショックの時と違いはあるが、高水準の手持ち在庫量はさらに急増傾向にあり、すでに、業界のリスクが高まりつつあることを示している。今後、資金繰りに窮する不動産事業者が増加していくことは避けられない。

## 在庫減が続いた「収益物件」も在庫増に転じている

長期にわたる超低金利と余裕資金の流入で、全国的に品不足が続いた「収益物件」の増加が、2023年夏頃から鮮明になってきた。

最近、大手の不動産仲介業者や金融機関系列の不動産会社の新聞広告や折込チラシ広告に、投資用の不動産物件が多数掲載されるようにな

図表2-17　【首都圏】一棟物の事業用売り物件数（マンション・アパート）

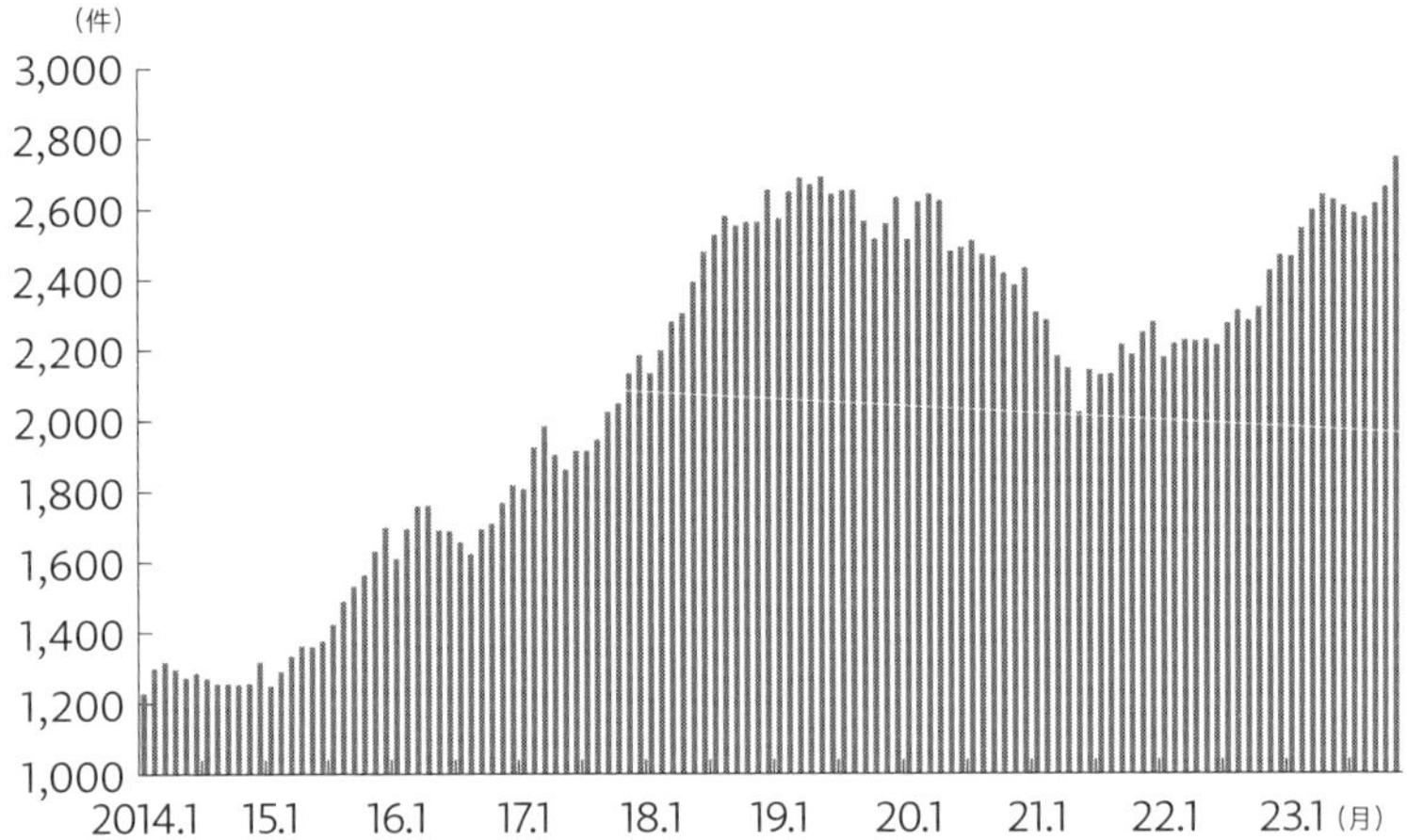


※「不動産流通機構」データより

った。

多くの物件は、想定利回りが記されているが、魅力的な水準のものはほとんどなく、価格が数億円から数十億円を超えるものも珍しくない。中古物件が大半だが、新築竣工済みや建設中のものも出ている。これまでは、おそらく広告するまでもなく、水面下で取り引きが活発に行われていたのだろう。

図表2-17〜22は、各地域の一棟物（マンション・アパート）の売り物件数の推移を示したものである。

これまで「一棟物」は、安定した家賃収入が見込める収益物件として個人の投資家が購入していた。また、相続・節税対策として富裕層に人気があり、この数年間、全国各地で品不足の状態が続いている。今でも、立地条件や価格設

## 図表2-18 【関西】一棟物の事業用売り物件数（マンション・アパート）

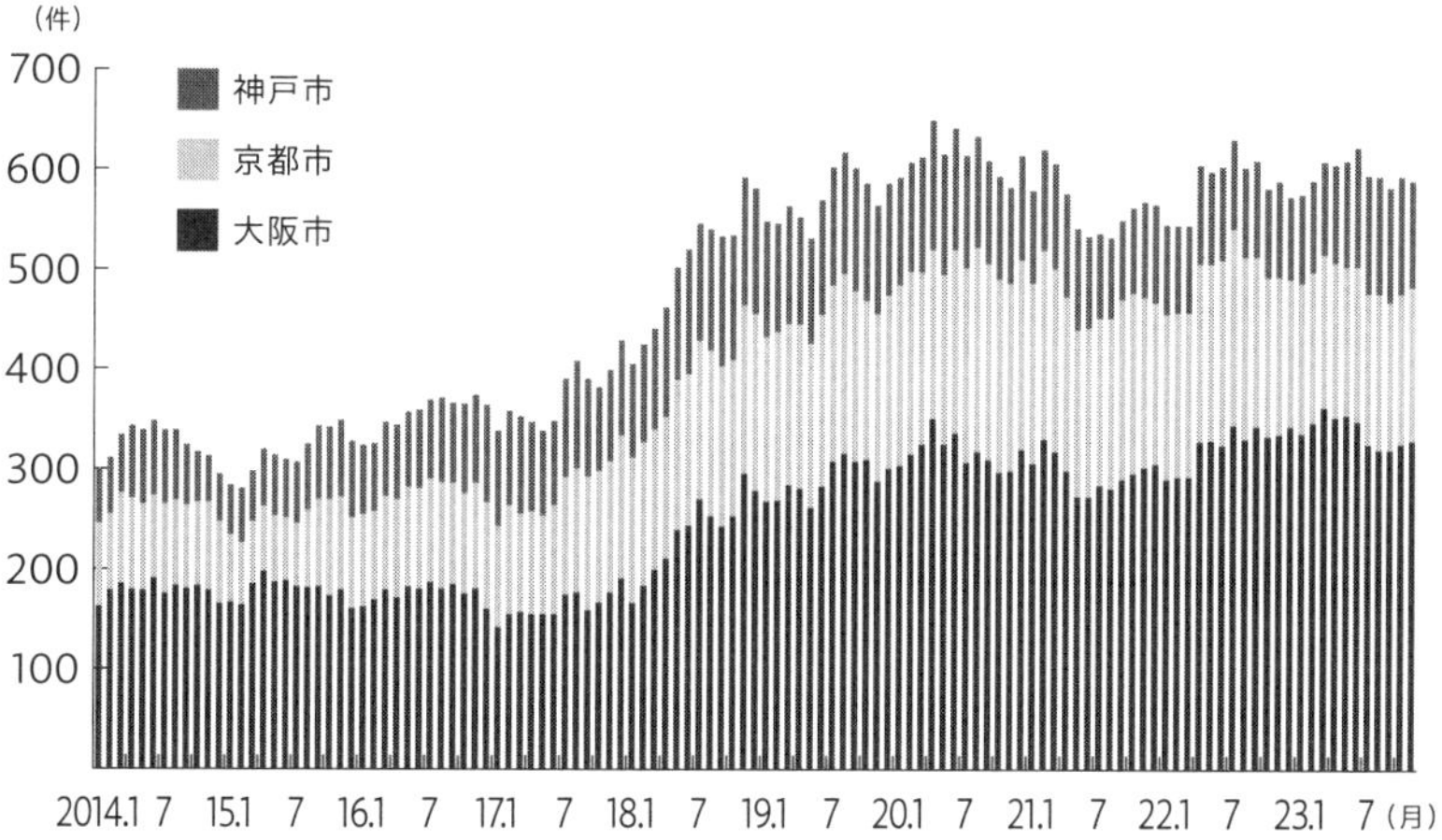


※「不動産流通機構」データより

## 図表2-19 【札幌市】一棟物の事業用売り物件数（マンション・アパート）

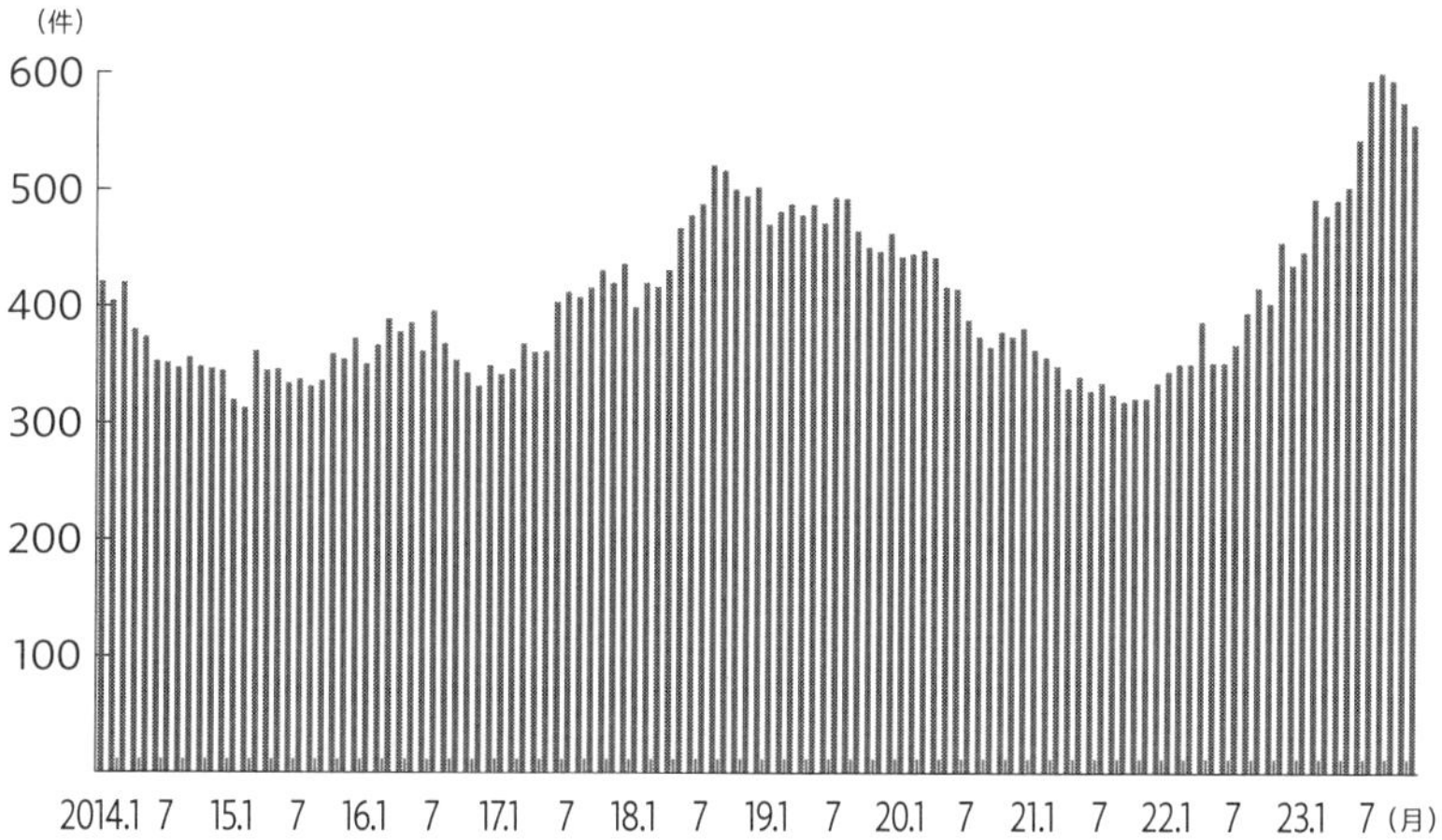


※「不動産流通機構」データより

## 図表2-20　【仙台市】一棟物の事業用売り物件数（マンション・アパート）

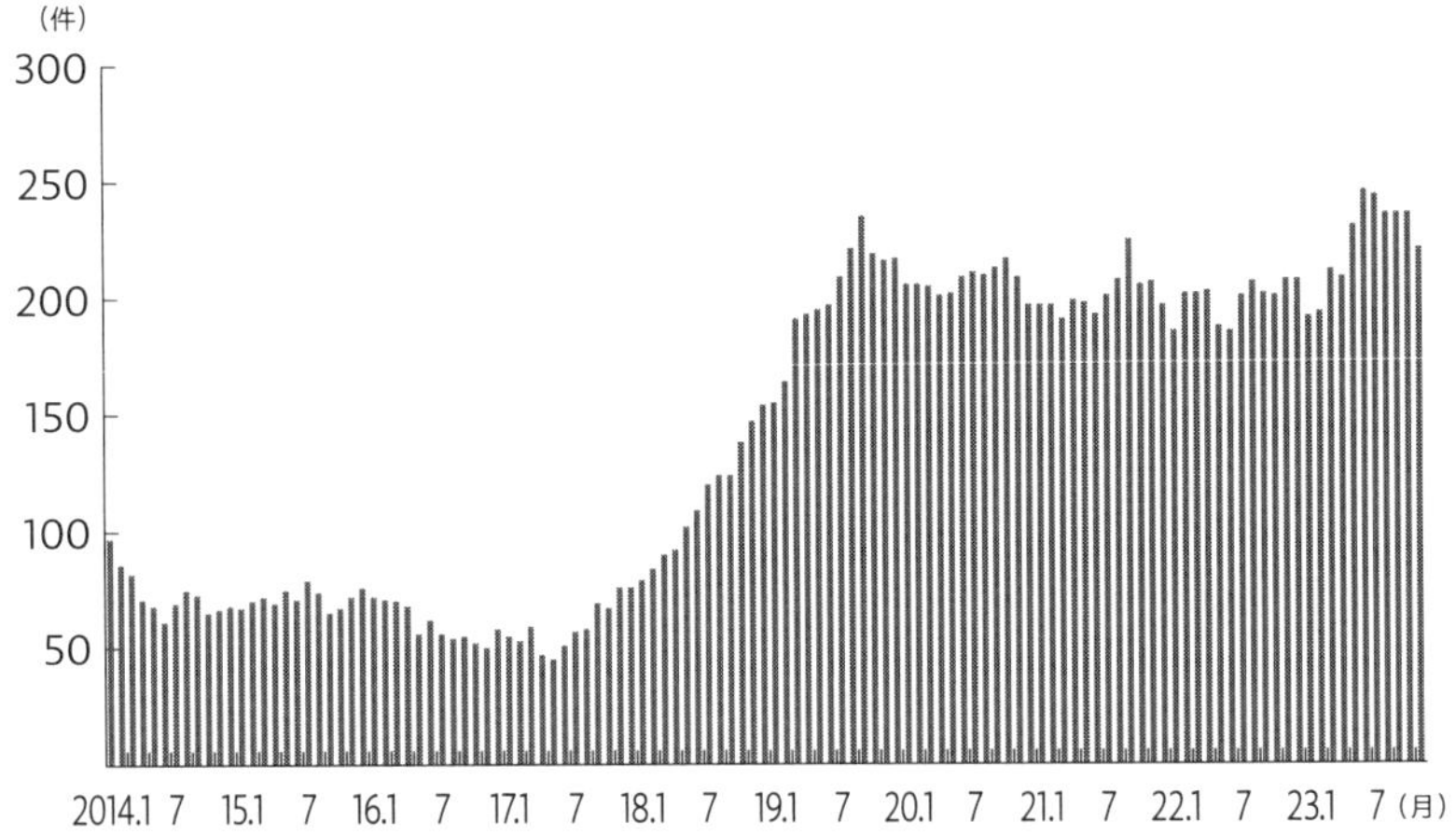


※「不動産流通機構」データより

## 図表2-21　【広島市】一棟物の事業用売り物件数（マンション・アパート）

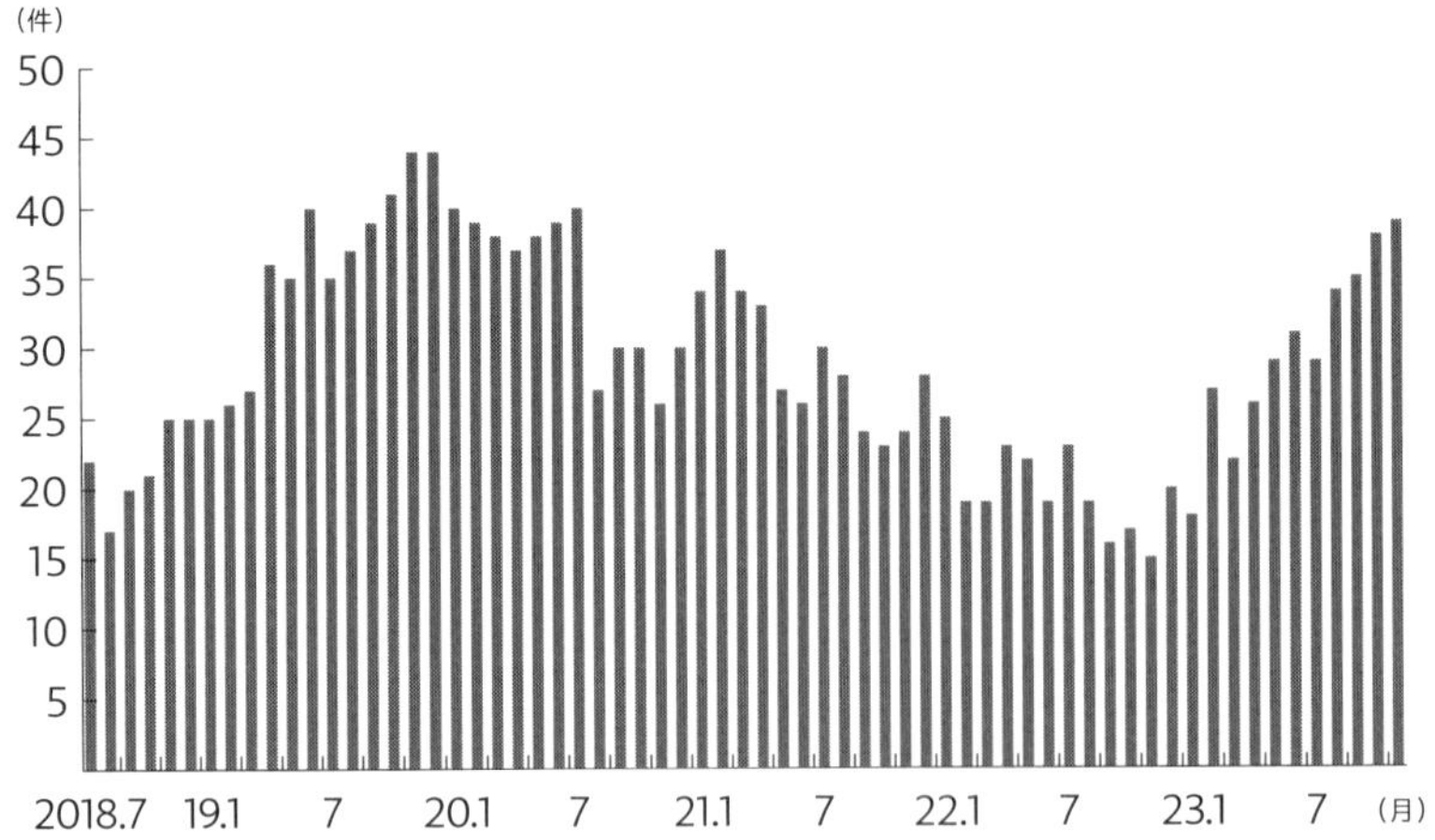


※「不動産流通機構」データより

図表2-22　【福岡市】一棟物の事業用売り物件数（マンション・アパート）

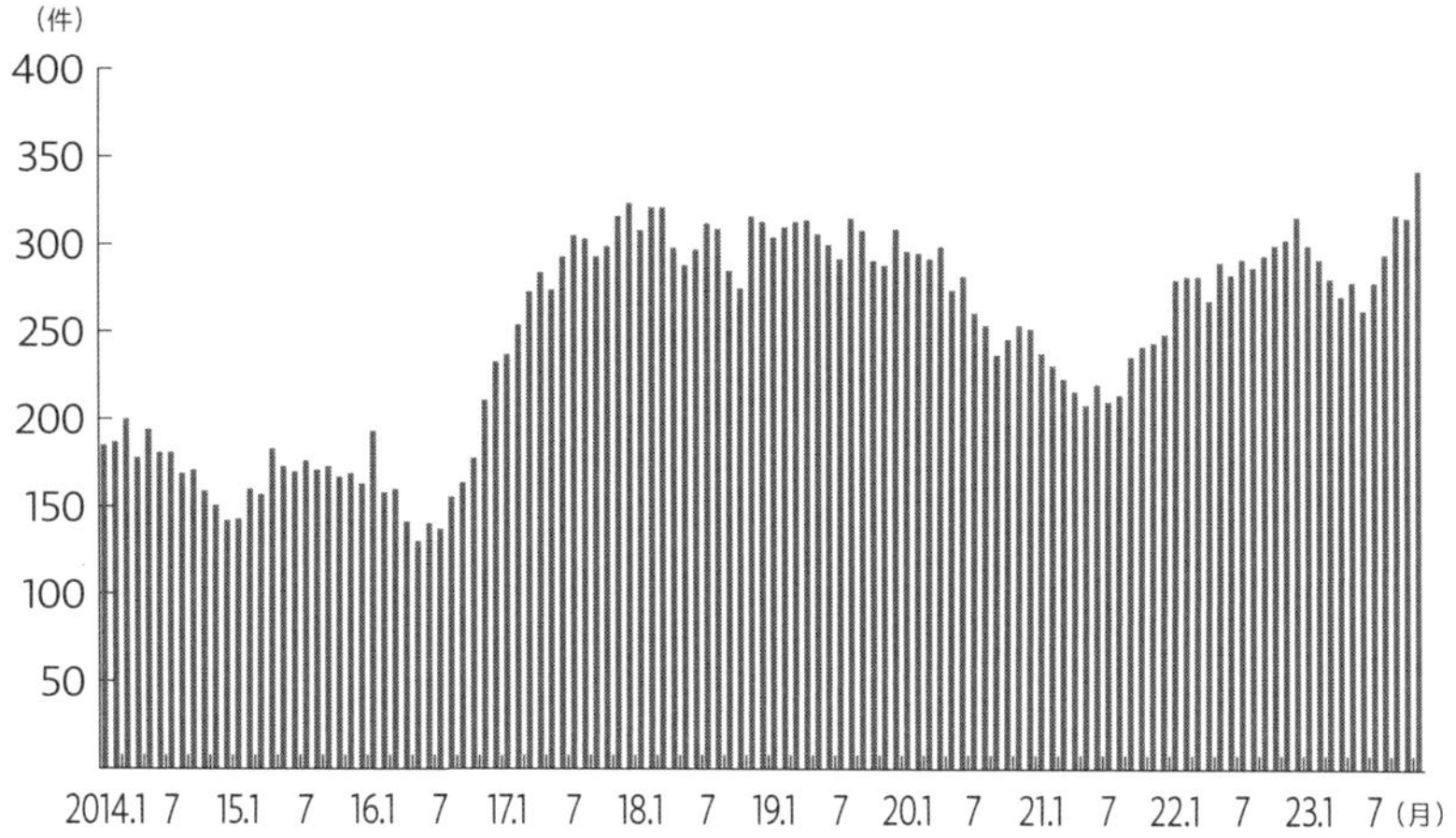


※「不動産流通機構」データより

定が良ければ需要はまだ強いが、条件に合う物件は少ない。

また、投資物件について金融機関の融資姿勢は明らかに変わった。

これまでの「誰にでも貸す」という姿勢から、「選別融資」へと転じている。担保評価も厳しく、2～3割の自己資金が要求されるようになっている。その結果、「サラリーマン投資家」は、数年前には投資市場から消えてしまった。

現在は、高額所得者や資産家による「買い増し」の動きが多くなっている。

賃貸住宅の収益物件数については、首都圏で、住宅市場と同じく2021年夏頃を底にして、市場の在庫は増加に転じている。関西圏では、在庫は高水準のまま推移している。札幌市、福岡市も増加傾向が強まっている。

この現象が強まっている理由は二つある。

一つは相続の発生による換金処分を目的とした売りが多くなっていること。

もう一つが、「空き家数の増加」による家賃収入の減少と、保有する物件の維持・管理に関する「コスト負担」の増加も加わり、収益が悪化しているという経済的理由が挙げられる。

収益物件の増加は、高齢化社会の進行という日本社会の実像を反映した動きである。

## 賃貸オフィス市場の在庫も増加傾向に

賃貸オフィス市場についての在庫状況も検証してみたい。

賃貸市場の在庫とは、「空室数や空室率」を指しているが、その数字は、それぞれの不動産の価値を示す。

リモート方式で仕事ができるようになって、米国の賃貸オフィス市場の需給関係は大幅に悪化した。オフィスの空室率は高水準となり収益が低下、空室率の上昇が解消されなければ、不動産としての価値が下がり続け、取引価格の下落を招くことになる。

現在、米国では、賃貸オフィス市況の悪化が金融市場に及ぶことが懸念されるようになり、米国経済全体の問題となりつつあるという。

図表2-23　【主要都市】ビジネス地区・オフィスビル空室率の推移

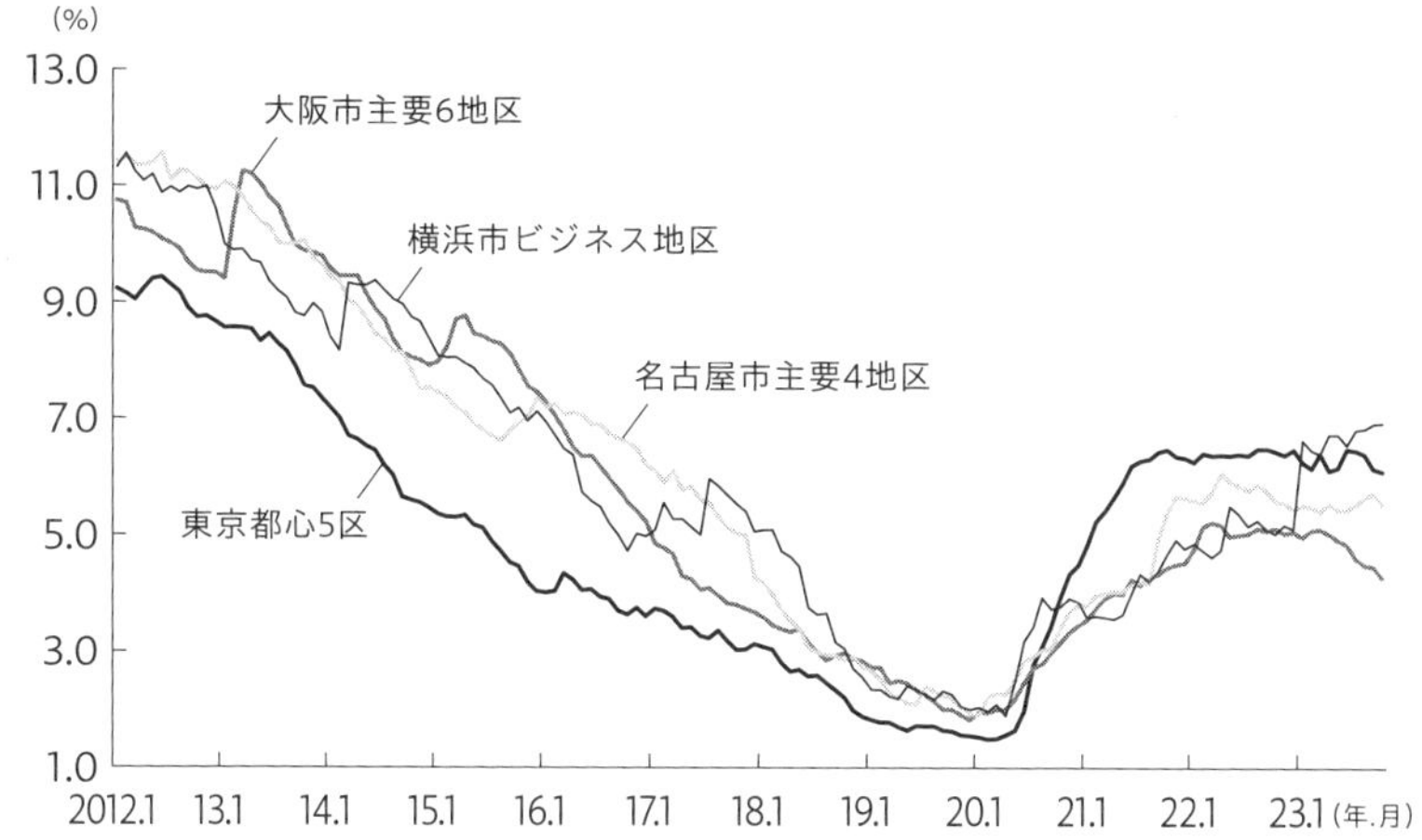


※三鬼商事「オフィスマーケットデータ」より

すでに、米国のシェアオフィスのウィーワークが2023年11月に、事実上、破綻した。2010年代に急成長し、2021年に株式上場したが、コロナ禍でオフィス需要が急減し、会員の解約が続いていた。そこに、急激な金利上昇も加わり資金繰りが悪化したという。

さて、米国の事例はさておき、日本の賃貸オフィス市場の実態について見てみよう。

図表2-23、24は、全国主要都市のビジネス地区のオフィスビルの空室率の推移を示したものだが、コロナ禍前までは、空室率は極めて低水準で推移していた。

オフィスビル業界では、空室率が5%を超えると、テナント料が弱含みになるとも言われるが、コロナ禍前の水準は、オフィスビルのオー

図表2-24　【主要都市】ビジネス地区・オフィスビル空室率の推移

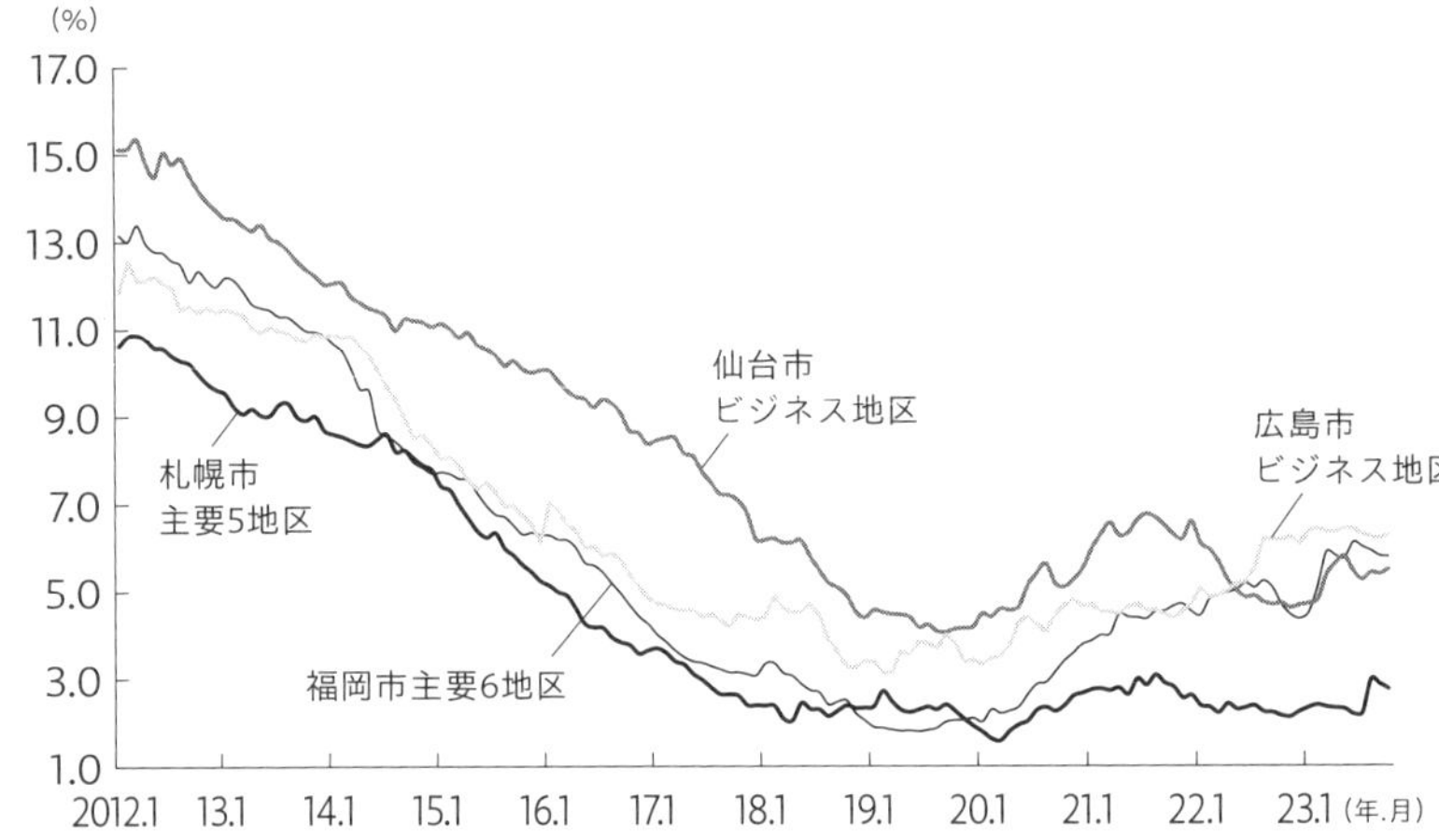


※三鬼商事「オフィスマーケットデータ」より

ナーにとっては、収益性の高い事業だった。

ビル建設のための借入も金融緩和で容易だった。加えて、金利は超々低金利であり、経営は順風満帆だった。

最近、ある大手ビル会社の経営トップは、「今までが好調すぎたので、反動はある」と語っている。その反動は、すでに見られるようになった。

日本でもテレワークが大手企業を中心に広まったことで、オフィスの需要は縮小した。現在では、テレワーク実施率は徐々に低下しているが、東京都・神奈川県では、今でも3〜4割を維持している。すでに、テレワークが根付いた企業も珍しくない（図表2-25）。

オフィスビルの需要縮小で空室となったオフィスは、賃貸市場に放出され、供給増となっ

**図表2-25 【企業規模別】テレワーク実施率の推移**

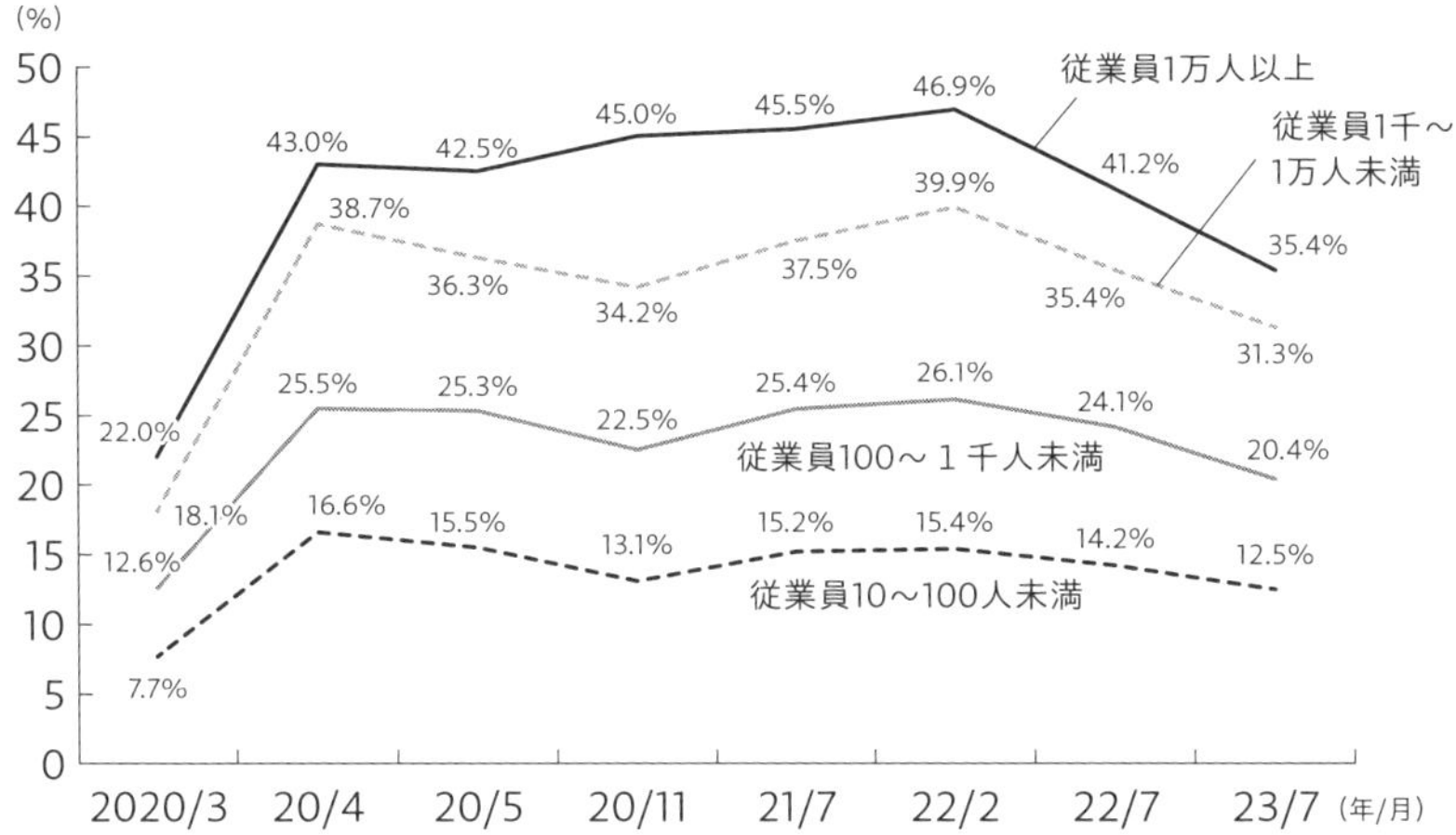


※パーソル総合研究所：「新型コロナウイルス対策によるテレワークへの影響に関する緊急調査」結果より

て、テナント料の低下を促す。オフィスビルの経営は追い風から逆風となっている。

## フリーレント物件も目につく

現在の（空室という）在庫量の増加は、需要の縮小に加えて、デベロッパーによる供給過多という面もある。超々低金利の借り入れが容易にできたことから、地域のオフィスの需給状況を考慮することなく、まず「供給ありき」の姿勢を強めていったものと推測される。

3大都市・地方中核都市への人口集中は続いているが、働き方が変化し、少子化によって将来の就業者数の減少は不可避なのに、オフィスビルの供給を続けている。

足元を見ても、新築された大規模ビルのテナントの空室は多く、長期化しているビルも少な

図表2-26　【主要都市】ビジネス地区・オフィスビル空室率の推移

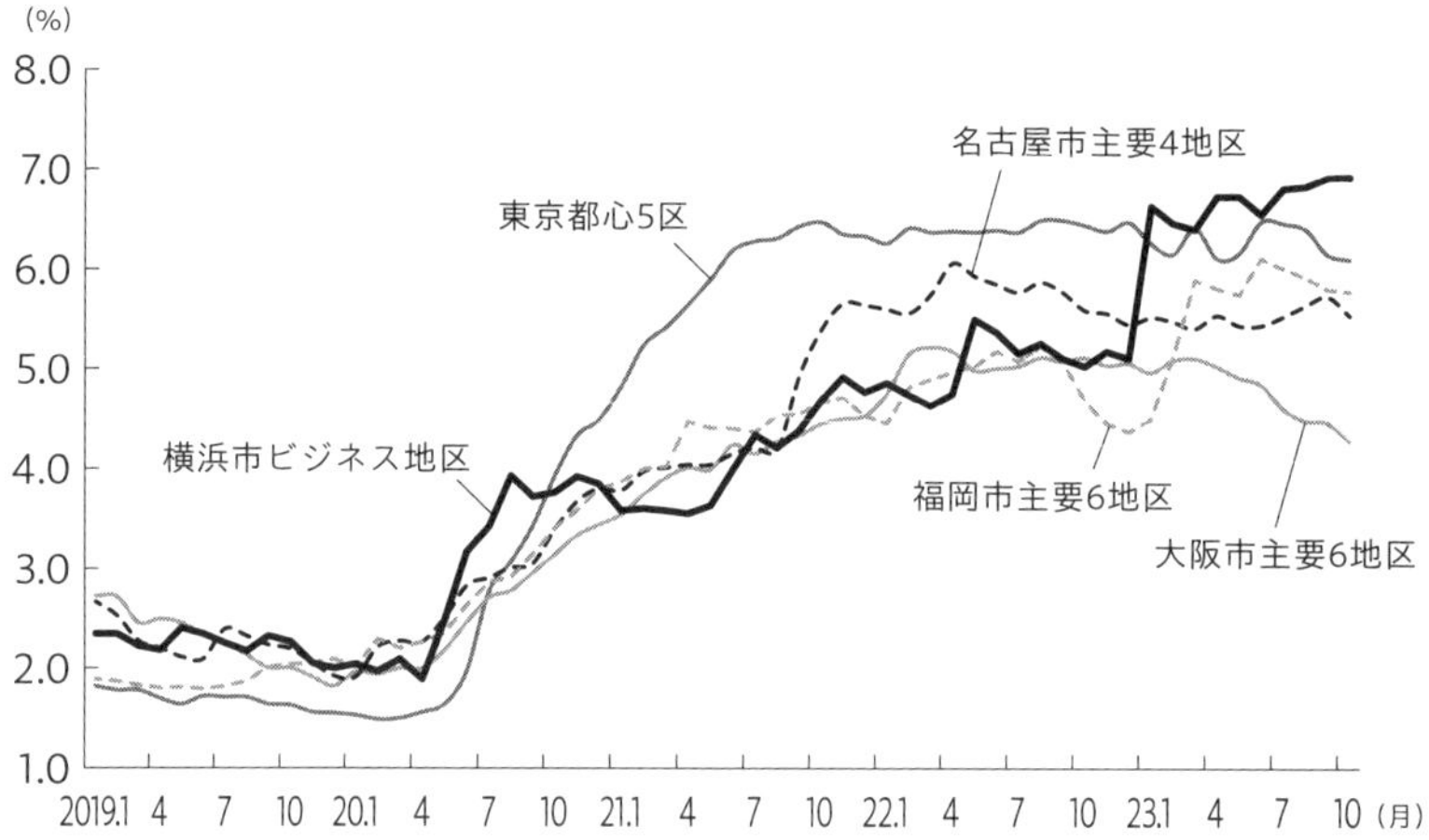


※三鬼商事「オフィスマーケットデータ」より

くない。数カ月から1年間のフリーレントの例も見られる。

オフィスビル市場も、ピークアウトし、静かに、緩やかに厳しさが増している。「供給のバブル」が需給関係を悪化させ、不動産バブルを崩壊に導き始めている。

大量供給による空室率の悪化は、それぞれの都市のビジネス地区の賃料低下を招き、商業地価の下落を暗示している（図表2-26）。

ネットショッピングなど、無店舗による事業方式が登場したことで、貸店舗の需要も減少傾向にある。全国的に小売業を中心に、テナントの退去が続いている。コロナ禍が収束に向かっても空き店舗は増加し、テナント料は弱含みとなっている（図表2-27）。

空き店舗の長期化も数多く見られるようにな

### 図表2-27　【東京都】店舗の募集傾向（2023年10月1日現在）

| 個別分析 | 3ヶ月以内 | 6ヶ月以内 | 9ヶ月以内 | 12ヶ月以内 | 12ヶ月以上 |
|---|---|---|---|---|---|

**1位 渋谷区**

募集期間［総賃料］

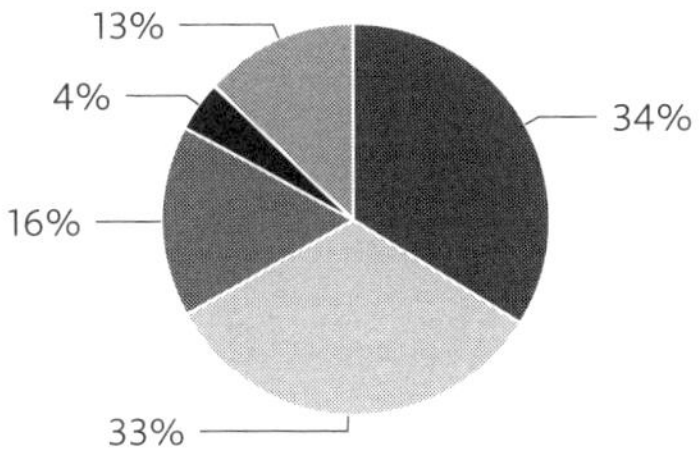


募集期間［総面積］

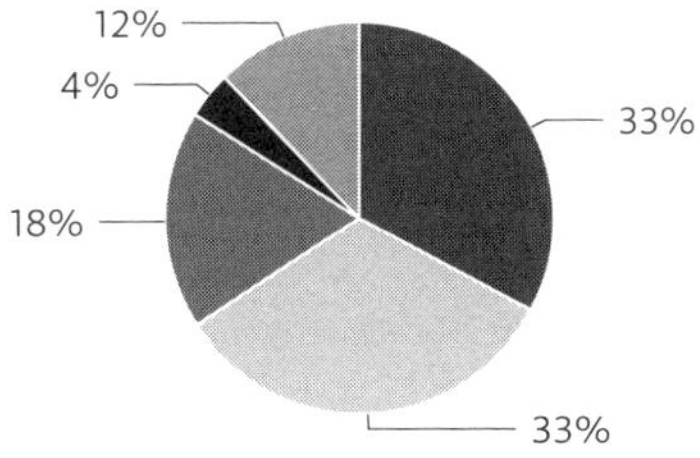


| 総賃料 | 478,067千円 | 総面積（㎡） | 42,038㎡ | 総面積（坪） | 12,728坪 |
|---|---|---|---|---|---|

**2位 港区**

募集期間［総賃料］

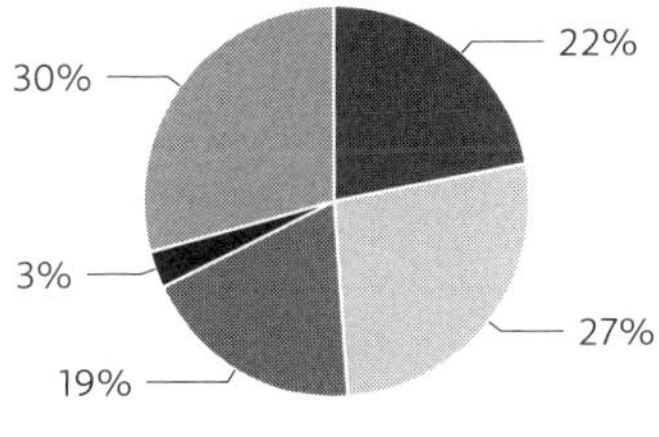


募集期間［総面積］

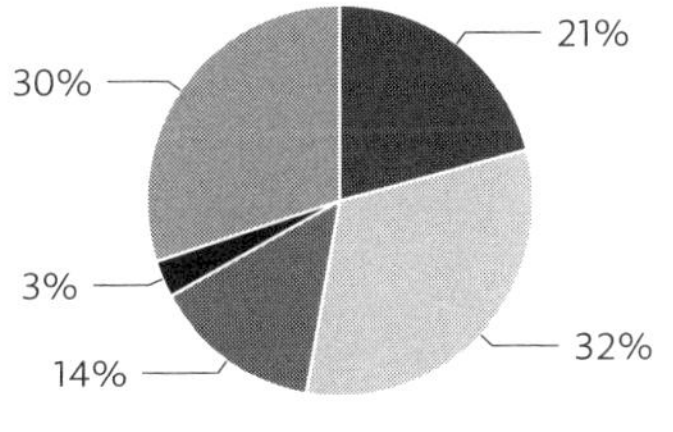


| 総賃料 | 389,700千円 | 総面積（㎡） | 41,295㎡ | 総面積（坪） | 12,497坪 |
|---|---|---|---|---|---|

※店舗相場TOWN「首都圏・市区別募集傾向」より

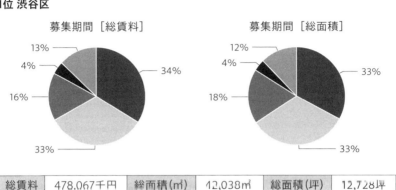

図表2-28　入居者募集中の居住用物件数

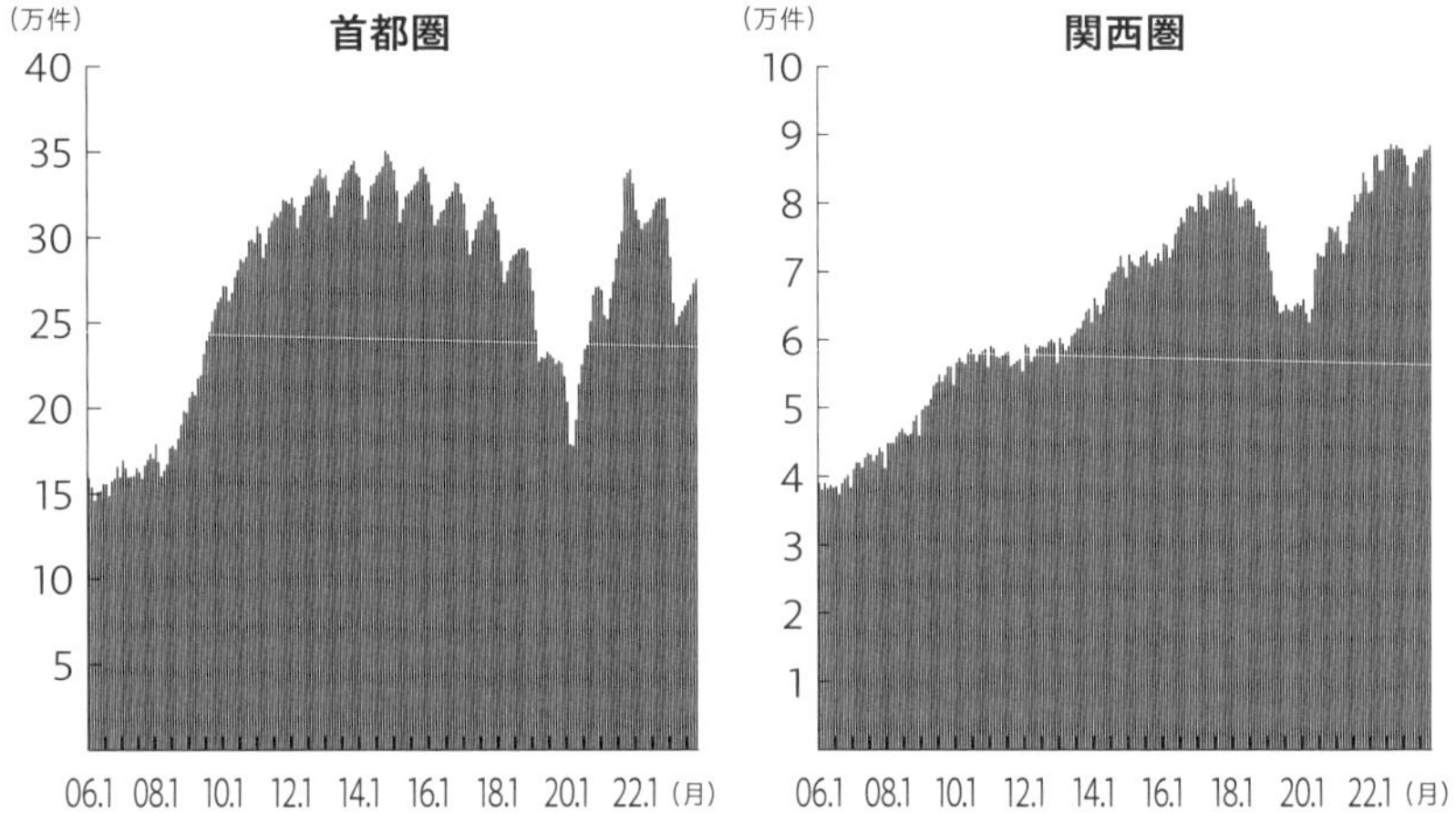


※「不動産流通機構」データより

った。オーナーからの長期のフリーレントの提案・申し出も珍しくなくなっている。

オフィス同様に、金融緩和による大規模な商業施設の供給で、需給は悪化している。今後についても、インフレの進行で個人消費は落ち込んでいく可能性は高い。

いずれにせよ、これから個人消費に期待は難しく、今後、店舗のオーナーの収益環境は厳しさが増していくことが想定される。貸店舗の空室＝在庫の増加は必至だろう。

次に賃貸住宅市場の空室（在庫動向）について、２大都市圏の状況を見ると、この市場も空室（在庫）は高水準にあって、増加傾向にある（図表２-28）。

新型コロナが２０２３年５月、「感染症５類」

に移行し、東京への人口流入という回帰現象も見られるなど、地域による空室の増減はあるが、全国的に、賃貸住宅の空室増加が年々顕著になっていて、家賃は弱含みに推移している。賃貸アパートなどの賃貸経営は、インフレによる保守・修繕などのコスト負担が増加している。さらに地価上昇による「税負担も」重くなっている。一方で、空室増加による収益力の低下で、賃貸アパートなどの資産評価は厳しくなっている。

今後、若年層の大幅な減少は確定していることから、需要が減り、立地、広さ、設備などの質がより問われるようになる。しかし、低水準ではあるが、相続対策の目的もあって、現在でも供給は続き、賃貸住宅の在庫の増加が止まらない状況になっている。

賃貸物流施設の空室状況も、大きな転換期を迎えている。次々と大型物流施設が建設されてきたが、ここにきて空室（在庫）が増加に転じている。特に、首都圏の在庫増加が著しくなっている（図表2-29）。

コロナ禍中に大量に建設されても、賃料は上昇し続けてきたが、最近では、需給緩和の兆しもあり、立地による賃料格差が拡大している。

また、デベロッパーやファンドによる用地取得の競争激化で、地価を大幅に上昇させる場面が多く見られたが、首都圏でも、その動きは消えている。

図表2-29　【首都圏】賃貸物流施設のマーケット動向

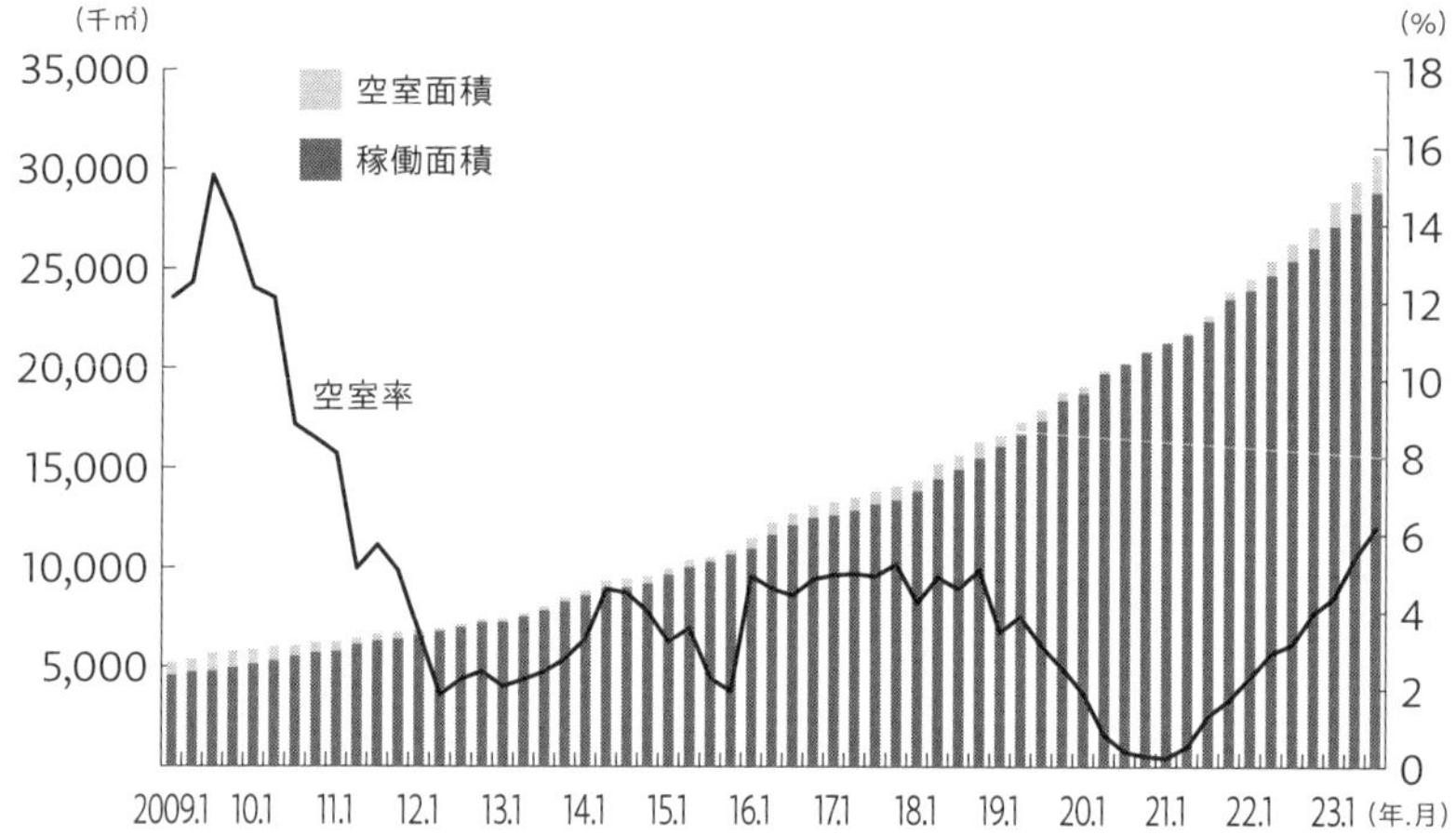


※一五不動産情報サービス「物流施設の賃貸マーケットに関する調査」より

逆に、インフレにより建築費が大幅に上昇する中、賃料は上がらず、事業採算が合わなくなっている。

そのため、高値で取得した事業用地を売却する例も出ている。土地をそのまま塩漬けにして、様子見をするデベロッパーもある。

賃貸物流施設についても、需給ギャップが著しく、転換期を迎えている。これまでの需要の拡大・価格上昇・賃料上昇という図式が崩れてきた。首都圏の物流施設の最近の空室率が、7年ぶりの高い水準になっているとのレポートもある。竣工後、数カ月経過しても、半分以下の埋まり具合のところも出ている。

まさに、この分野のバブル現象が消失しつつあることを証明している。

## 「土地」の在庫も増加に転じている

不動産の基礎素材は土地であり、土地の「取引件数と価格」の動向には、絶えず関心を持つことは大切である。ここでは、「在庫」と「地価」の推移を見て、バブルがすでに「崩壊の局面」にあることを確認したい。

2023年の都道府県地価調査（図表2-30）による住宅地の対前年値上がり率ランキングを見ると、以前に比して上昇している地域は多くなっている。

しかし、上昇率が高いのは、3大都市圏や地方中核都市のある都道府県となっている。つまり、金融緩和による大量の資金が流入した地域である。

その中でも、それぞれの都市で人気の高い高級住宅地価の上昇が目立っている。富裕層が希望する特定の地点や、中心部のエリアである（図表2-31）。

住宅地価の上昇が、公示地価・基準地価で示されているが、不動産の流通市場では、土地の在庫はすでに増加に転じている。「コロナ特需」によって、住宅需要が急拡大し、土地の在庫が2021年の年初頃から減少していたが、2022年の夏以降、増加傾向に転じている（地域によるタイムラグはあるが）。

2023年に発表された公示地価・路線価・基準地価の上昇が、新聞・テレビなどマスコミで報道されたことで、まだまだ上昇すると思っている人は多い。2023年9月の日本銀行の調査

| | 都道府県 | 住宅地 | | |
|---|---|---|---|---|
| | | 2021年 | 2022年 | 2023年 |
| 31 | 鳥取県 | ▲0.8 | ▲0.5 | ▲0.3 |
| 32 | 奈良県 | ▲0.8 | ▲0.7 | ▲0.4 |
| 33 | 島根県 | ▲0.7 | ▲0.5 | ▲0.4 |
| 34 | 静岡県 | ▲1.5 | ▲0.8 | ▲0.5 |
| 35 | 香川県 | ▲0.8 | ▲0.7 | ▲0.5 |
| 36 | 高知県 | ▲0.8 | ▲0.6 | ▲0.5 |
| 37 | 栃木県 | ▲1.2 | ▲0.7 | ▲0.6 |
| 38 | 新潟県 | ▲0.9 | ▲0.8 | ▲0.6 |
| 39 | 山梨県 | ▲0.9 | ▲0.7 | ▲0.6 |
| 40 | 岐阜県 | ▲1.3 | ▲0.9 | ▲0.6 |
| 41 | 滋賀県 | ▲1.3 | ▲0.9 | ▲0.6 |
| 42 | 徳島県 | ▲0.9 | ▲0.6 | ▲0.6 |
| 43 | 福井県 | ▲1.1 | ▲0.9 | ▲0.7 |
| 44 | 群馬県 | ▲1.0 | ▲0.9 | ▲0.8 |
| 45 | 鹿児島県 | ▲1.1 | ▲1.0 | ▲0.8 |
| 46 | 愛媛県 | ▲1.1 | ▲1.1 | ▲1.0 |
| 47 | 和歌山県 | ▲1.3 | ▲1.3 | ▲1.2 |

| | 都道府県 | 商業地 | | |
|---|---|---|---|---|
| | | 2021年 | 2022年 | 2023年 |
| 31 | 山梨県 | ▲0.8 | ▲0.6 | ▲0.4 |
| 32 | 栃木県 | ▲1.1 | ▲0.6 | ▲0.5 |
| 33 | 長野県 | ▲1.1 | ▲0.9 | ▲0.5 |
| 34 | 香川県 | ▲1.0 | ▲0.8 | ▲0.5 |
| 35 | 青森県 | ▲1.2 | ▲0.9 | ▲0.6 |
| 36 | 福井県 | ▲0.9 | ▲0.9 | ▲0.6 |
| 37 | 宮崎県 | ▲0.9 | ▲0.8 | ▲0.7 |
| 38 | 徳島県 | ▲1.4 | ▲1.0 | ▲0.8 |
| 39 | 愛媛県 | ▲1.0 | ▲1.0 | ▲0.8 |
| 40 | 高知県 | ▲1.2 | ▲1.0 | ▲0.8 |
| 41 | 岩手県 | ▲1.7 | ▲1.0 | ▲0.9 |
| 42 | 群馬県 | ▲1.1 | ▲1.1 | ▲0.9 |
| 43 | 和歌山県 | ▲1.1 | ▲1.2 | ▲1.0 |
| 44 | 島根県 | ▲1.3 | ▲1.2 | ▲1.0 |
| 45 | 新潟県 | ▲1.5 | ▲1.2 | ▲1.1 |
| 46 | 鹿児島県 | ▲1.4 | ▲1.3 | ▲1.1 |
| 47 | 鳥取県 | ▲1.6 | ▲1.7 | ▲1.4 |

資料：国土交通省「地価公示」データより

でも、「地価は上がる」と予想している（図表2-32）。昨今のインフレによる物価上昇を受けて、地価の値上がりを連想しているのかもしれない。

しかし、足元では、土地の需要は、価格の高騰（一部では暴騰）によって購入できなくなったり、インフレによる建築コストの上昇も重なり、事業採算上、用地の取得を断念する例も珍しくなくなっている。

また、すでに仕入れ済みの手持ちの土地を手放す例も散見されるようになり、在庫の増加傾向が続いている。土地市場で

## 図表2-30　地価公示・都道府県別値上がり率ランキング

(%)

| | 都道府県 | 住宅地 | | |
|---|---|---|---|---|
| | | 2021年 | 2022年 | 2023年 |
| | 全国 | ▲0.4 | 0.5 | 1.4 |
| 1 | 北海道 | 1.5 | 4.6 | 7.6 |
| 2 | 福岡県 | 1.5 | 3.2 | 4.2 |
| 3 | 宮城県 | 1.0 | 2.8 | 4.0 |
| 4 | 沖縄県 | 1.0 | 2.0 | 3.6 |
| 5 | 東京都 | ▲0.6 | 1.0 | 2.6 |
| 6 | 千葉県 | 0.1 | 0.7 | 2.3 |
| 7 | 愛知県 | ▲1.0 | 1.0 | 2.3 |
| 8 | 熊本県 | 0.4 | 0.9 | 1.9 |
| 9 | 埼玉県 | ▲0.6 | 0.5 | 1.6 |
| 10 | 神奈川県 | ▲0.6 | 0.2 | 1.4 |
| 11 | 大分県 | 0.6 | 1.0 | 1.4 |
| 12 | 石川県 | ▲0.3 | 0.6 | 1.2 |
| 13 | 佐賀県 | 0.3 | 0.9 | [illegible] |
| 14 | 京都府 | ▲0.6 | 0.1 | 0.7 |
| 15 | 大阪府 | ▲0.5 | 0.1 | 0.7 |
| 16 | 兵庫県 | ▲0.6 | ▲0.1 | 0.7 |
| 17 | 広島県 | ▲0.4 | 0.2 | 0.6 |
| 18 | 長崎県 | ▲0.4 | 0.1 | 0.6 |
| 19 | 福島県 | ▲0.1 | 0.3 | 0.5 |
| 20 | 山形県 | 0.0 | 0.1 | 0.4 |
| 21 | 岡山県 | ▲0.6 | ▲0.3 | 0.4 |
| 22 | 山口県 | ▲0.1 | 0.2 | 0.4 |
| 23 | 岩手県 | ▲0.4 | ▲0.1 | 0.1 |
| 24 | 長野県 | ▲0.4 | ▲0.2 | 0.1 |
| 25 | 茨城県 | ▲0.6 | ▲0.4 | 0.0 |
| 26 | 秋田県 | ▲0.9 | ▲0.7 | ▲0.1 |
| 27 | 富山県 | ▲0.4 | ▲0.2 | ▲0.1 |
| 28 | 宮崎県 | ▲0.3 | ▲0.2 | ▲0.1 |
| 29 | 三重県 | ▲1.1 | ▲0.7 | ▲0.2 |
| 30 | 青森県 | ▲0.8 | ▲0.5 | ▲0.3 |

| | 都道府県 | 商業地 | | |
|---|---|---|---|---|
| | | 2021年 | 2022年 | 2023年 |
| | 全国 | ▲0.8 | 0.4 | 1.8 |
| 1 | 福岡県 | 2.4 | 4.1 | 5.3 |
| 2 | 北海道 | 0.6 | 2.5 | 4.9 |
| 3 | 宮城県 | 1.2 | 2.2 | 3.6 |
| 4 | 愛知県 | ▲1.7 | 1.7 | 3.4 |
| 5 | 東京都 | ▲1.9 | 0.6 | 3.3 |
| 6 | 千葉県 | 0.5 | 1.2 | 2.9 |
| 7 | 神奈川県 | 0.1 | 1.0 | 2.9 |
| 8 | 沖縄県 | 0.2 | 0.7 | 2.7 |
| 9 | 京都府 | ▲1.8 | 0.5 | 2.5 |
| 10 | 大阪府 | ▲2.1 | ▲0.2 | 2.5 |
| 11 | 熊本県 | 0.2 | 0.8 | 1.9 |
| 12 | 広島県 | ▲0.9 | 0.8 | 1.7 |
| 13 | 埼玉県 | ▲0.9 | 0.2 | 1.6 |
| 14 | 岡山県 | ▲0.2 | 0.2 | 1.6 |
| 15 | 佐賀県 | 0.0 | 0.3 | 1.6 |
| 16 | 兵庫県 | ▲0.8 | 0.0 | 1.3 |
| 17 | 長崎県 | ▲0.4 | 0.4 | 0.8 |
| 18 | 滋賀県 | ▲0.7 | 0.0 | 0.7 |
| 19 | 福島県 | ▲0.6 | 0.0 | 0.5 |
| 20 | 石川県 | ▲1.9 | ▲0.8 | 0.3 |
| 21 | 大分県 | ▲0.4 | ▲0.2 | 0.3 |
| 22 | 奈良県 | ▲1.8 | ▲0.8 | 0.2 |
| 23 | 茨城県 | ▲0.6 | ▲0.3 | 0.1 |
| 24 | 山口県 | ▲0.4 | ▲0.3 | 0.0 |
| 25 | 山形県 | ▲0.7 | ▲0.5 | ▲0.1 |
| 26 | 秋田県 | ▲1.0 | ▲0.9 | ▲0.2 |
| 27 | 静岡県 | ▲1.8 | ▲0.8 | ▲0.2 |
| 28 | 富山県 | ▲0.8 | ▲0.7 | ▲0.3 |
| 29 | 岐阜県 | ▲1.6 | ▲0.9 | ▲0.3 |
| 30 | 三重県 | ▲1.2 | ▲0.8 | ▲0.3 |

## 図表2-31　地価公示・住宅地価の推移

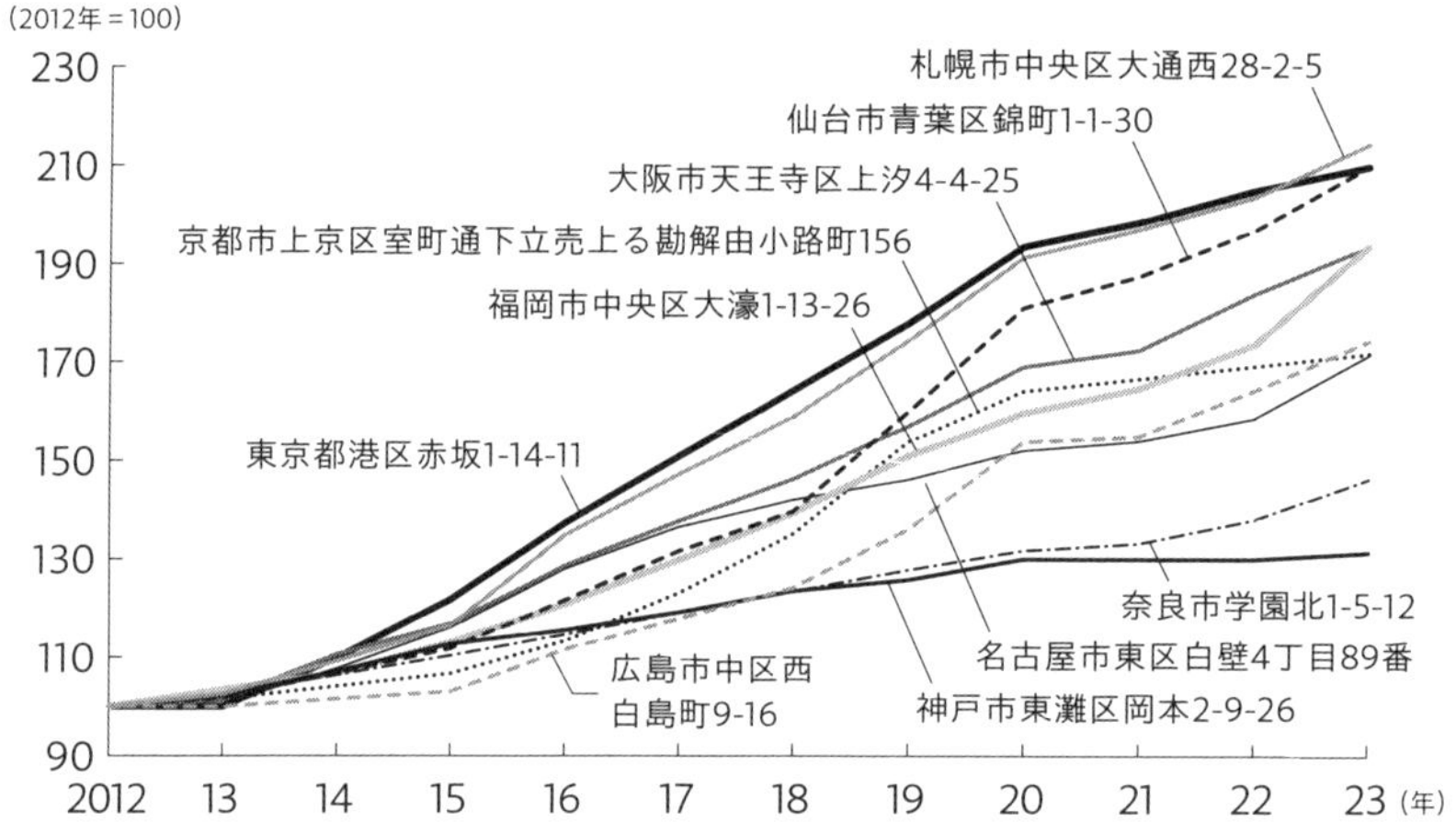


※国土交通省「地価公示」データより

## 図表2-32　今後の地価動向に対する見方

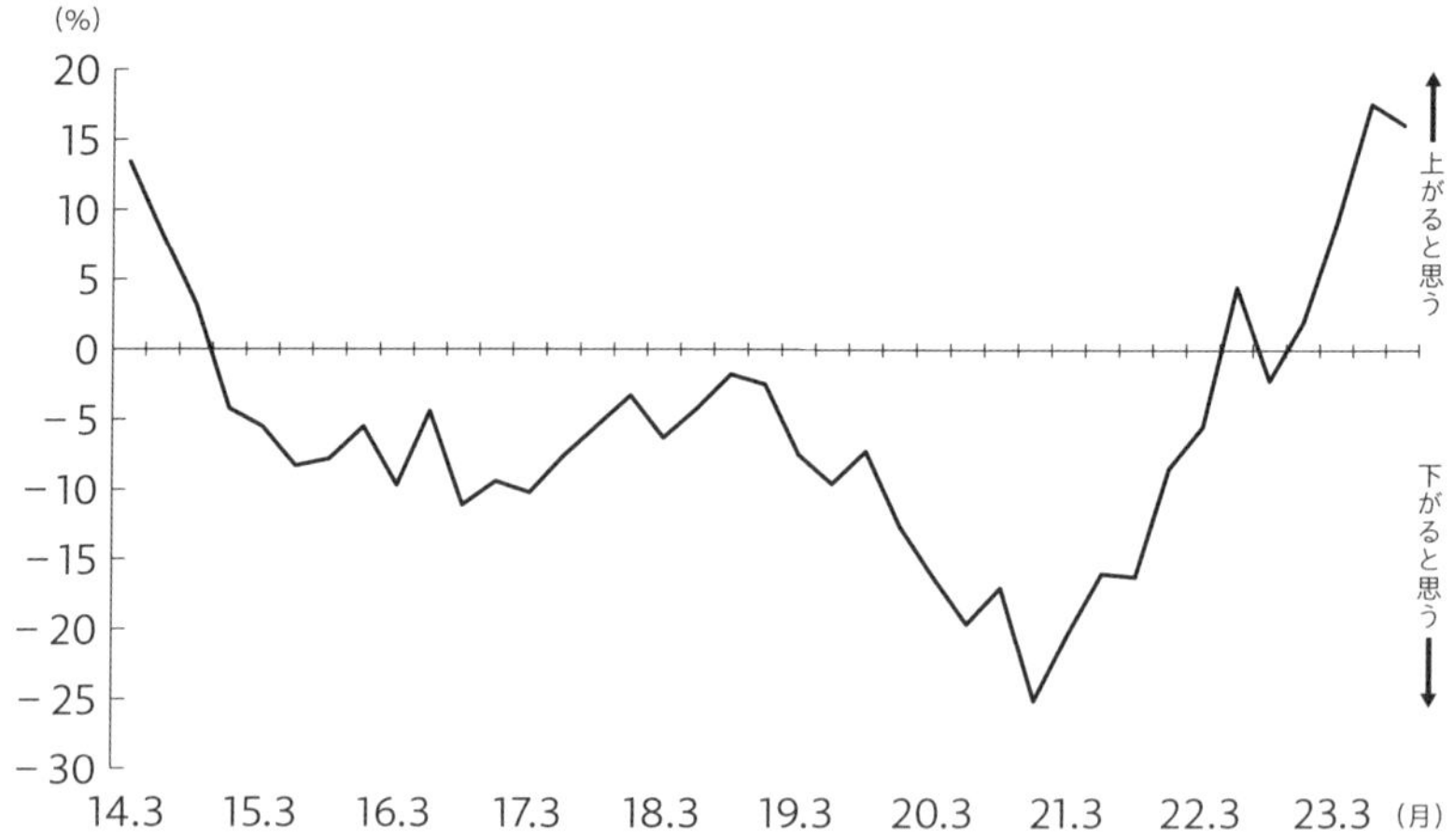


※日本銀行「生活意識に関するアンケート調査」より

も、売却件数が増加し、価格が調整局面に入ったと考えられる。

## すでに地価はピークアウトしている

ここからは、すでに地価下落が始まっていることをデータから検証しよう。

図表2-33は、都道府県庁所在地の最高路線化（坪単価）のランキングを示したものだ。注目したいのは、各都市の最高価格の年である。

2012年の安倍政権誕生後、大規模な金融緩和が行われたことで、大都市で地価の上昇が強まった時からの推移を示している。

東京都の中央区銀座5丁目は、2020年が最高値となっていて、それ以降、1億5154万円を一度も超えていない。また大阪市の北区角田町、神戸市の中央区三宮町1丁目も銀座と同じ、2020年が最高値となっている。

この表で見ると、2020年が今回のバブルのピークであったことがわかる。2大都市の超一等地の価格は高騰しすぎて、すでに経済的合理性がないように考えられる。ただ、異次元の金融緩和による「金余り」がつくった価格と言える。

その他の主要都市の価格を見ても、いずれの地点も2023年の価格は、経済的合理性からは逸脱している。今後、調整局面に向かう可能性は極めて高い。

| | | 2012 | 2014 | 2016 | 2018 | 2020 | 2021 | 2022 | 2023 | 前年比 |
|---|---|---|---|---|---|---|---|---|---|---|
| 長野 | 大字南長野 | 106 | 94 | 94 | 94 | 97 | 94 | 92 | 92 | 0.0% |
| 大津 | 春日町 | 74 | 78 | 83 | 87 | 91 | 89 | 91 | 92 | 1.8% |
| 甲府 | 丸の内1丁目 | 86 | 81 | 83 | 87 | 91 | 87 | 86 | 86 | 0.0% |
| 宮崎 | 橘通西3丁目 | 89 | 79 | 76 | 76 | 76 | 76 | 76 | 76 | 0.0% |
| 盛岡 | 大通り2丁目 | 84 | 78 | 78 | 79 | 83 | 76 | 74 | 73 | ▲2.2% |
| 水戸 | 宮町1丁目 | 99 | 86 | 79 | 76 | 74 | 74 | 73 | 73 | 0.0% |
| 高知 | 帯屋町1丁目 | 74 | 69 | 68 | 68 | 71 | 69 | 69 | 69 | 0.0% |
| 佐賀 | 駅前中央1丁目 | 58 | 53 | 53 | 58 | 64 | 66 | 68 | 69 | 2.4% |
| 福島 | 栄町 | 53 | 50 | 53 | 56 | 64 | 63 | 64 | 66 | 2.6% |
| 津 | 羽所町 | 66 | 64 | 64 | 64 | 66 | 64 | 63 | 63 | 0.0% |
| 山形 | 香澄町1丁目 | 59 | 56 | 54 | 56 | 56 | 56 | 58 | 58 | 0.0% |
| 青森 | 新町1丁目 | 58 | 53 | 51 | 51 | 53 | 51 | 51 | 51 | 0.0% |
| 山口 | 小郡黄金町 | 56 | 50 | 48 | 48 | 48 | 48 | 48 | 48 | 0.0% |
| 松江 | 朝日町 | 51 | 45 | 45 | 45 | 46 | 46 | 46 | 46 | 0.0% |
| 秋田 | 中通2丁目 | 50 | 45 | 41 | 40 | 41 | 41 | 41 | 43 | 4.0% |
| 前橋 | 本町2丁目 | 46 | 43 | 43 | 43 | 43 | 43 | 43 | 43 | 0.0% |
| 鳥取 | 栄町 | 46 | 40 | 36 | 36 | 35 | 35 | 33 | 32 | ▲3.0% |

資料：国税庁「最高路線価」データより

次に、図表2-34は、東京都・大阪市の「個別地点」の商業地価の推移を示したグラフである。地点によって多少の差異はあるが、今後、2020年のピークをさらに上回ることは難しいと思われる。

その理由として二つを指摘しておきたい。

一つは、インフレによる建築費の高騰が著しく、地価の押し下げの圧力が強くなっていて、現在の地価水準では、事業計画が成立しないこと。

もう一つは、金融機関の担保評価は、これから先、一段と厳しく

## 図表2-33　都道府県庁所在地・最高路線価（坪単価）ランキング

（単位：万円）

| | | 2012 | 2014 | 2016 | 2018 | 2020 | 2021 | 2022 | 2023 | 前年比 |
|---|---|---|---|---|---|---|---|---|---|---|
| 東京 | 中央区銀座5丁目 | 7,102 | 7,788 | 10,560 | 14,626 | **15,154** | 14,098 | 13,939 | 14,098 | 1.1% |
| 大阪 | 北区角田町 | 2,244 | 2,495 | 3,353 | 4,145 | **7,128** | 6,521 | 6,257 | 6,336 | 1.3% |
| 横浜 | 西区南幸1丁目 | 1,940 | 2,198 | 2,577 | 3,379 | 5,148 | 5,306 | 5,465 | **5,544** | 1.4% |
| 名古屋 | 中村区名駅1丁目 | 1,934 | 2,178 | 2,772 | 3,300 | 4,118 | 4,066 | 4,118 | **4,224** | 2.6% |
| 福岡 | 中央区天神2丁目 | 1,531 | 1,568 | 1,848 | 2,310 | 2,904 | 2,904 | 2,904 | **2,983** | 2.7% |
| 京都 | 下京区四条通寺町東入2丁目御旅町 | 832 | 871 | 1,073 | 1,568 | 2,221 | 2,155 | 2,221 | **2,300** | 3.6% |
| 札幌 | 中央区北5条西3丁目 | 818 | 878 | 1,030 | 1,399 | 1,888 | 1,940 | 2,033 | **2,204** | 8.4% |
| 神戸 | 中央区三宮町1丁目 | 789 | 792 | 924 | 1,294 | **1,901** | 1,716 | 1,617 | 1,650 | 2.0% |
| さいたま | 大宮区桜木町2丁目 | 733 | 795 | 911 | 1,089 | 1,406 | 1,406 | 1,452 | **1,568** | 8.0% |
| 仙台 | 青葉区中央1丁目 | 554 | 554 | 653 | 838 | 1,049 | 1,089 | 1,119 | **1,145** | 2.4% |
| 広島 | 中区基町 | 584 | 614 | 759 | 924 | 1,086 | 1,049 | 1,086 | **1,119** | 3.0% |
| 熊本 | 手取本町 | 396 | 380 | 393 | 495 | **700** | 693 | 680 | 673 | **▲1.0%** |
| 千葉 | 中央区富士見2丁目 | 389 | 366 | 297 | 314 | 376 | 389 | 409 | **640** | 56.5% |
| 岡山 | 北区本町 | 304 | 310 | 366 | 416 | 488 | 488 | 495 | **541** | 9.3% |
| 那覇 | 久茂地3丁目 | 172 | 191 | 208 | 244 | **479** | 472 | 469 | **479** | 2.1% |
| 静岡 | 葵区紺屋町 | 366 | 366 | 376 | 389 | **399** | 383 | 376 | 376 | 0.0% |
| 鹿児島 | 東千石町 | 267 | 267 | 267 | 274 | **304** | 300 | 297 | 300 | 1.1% |
| 金沢 | 堀川新町 | 158 | 178 | 221 | 274 | **317** | 304 | 294 | 297 | 1.1% |
| 長崎 | 浜町 | **257** | 241 | 241 | 244 | 251 | 251 | 251 | 254 | 1.3% |
| 奈良 | 東向中町 | 168 | 172 | 178 | 195 | **264** | 231 | 228 | 241 | 5.8% |
| 松山 | 大街道2丁目 | 208 | 195 | 201 | 211 | 218 | 218 | 218 | **221** | 1.5% |
| 大分 | 末広町1丁目 | 135 | 122 | 125 | 145 | 172 | 175 | 175 | **178** | 1.9% |
| 富山 | 桜町1丁目 | 139 | 139 | 152 | 158 | 162 | 162 | 165 | **168** | 2.0% |
| 岐阜 | 吉野町5丁目 | 135 | 135 | 142 | 152 | 155 | 155 | 155 | **162** | 4.3% |
| 新潟 | 中央区東大通1丁目 | **162** | 152 | 145 | 142 | 149 | 145 | 145 | 149 | 2.3% |
| 和歌山 | 友田町5丁目 | **125** | 119 | 119 | 119 | 119 | 119 | 119 | 119 | 0.0% |
| 高松 | 丸亀町 | 112 | 102 | 102 | 109 | **119** | **119** | 116 | **119** | 2.9% |
| 福井 | 中央1丁目 | 92 | 87 | 87 | 96 | 106 | 109 | 109 | **116** | 6.1% |
| 宇都宮 | 宮みらい | 106 | 96 | 92 | 92 | 96 | 99 | 102 | **106** | 3.2% |
| 徳島 | 一番町3丁目 | **112** | 102 | 97 | 99 | 102 | 97 | 97 | 96 | ▲1.7% |

**図表2-34 〈都道府県地価調査〉東京・大阪の商業地価格の推移**

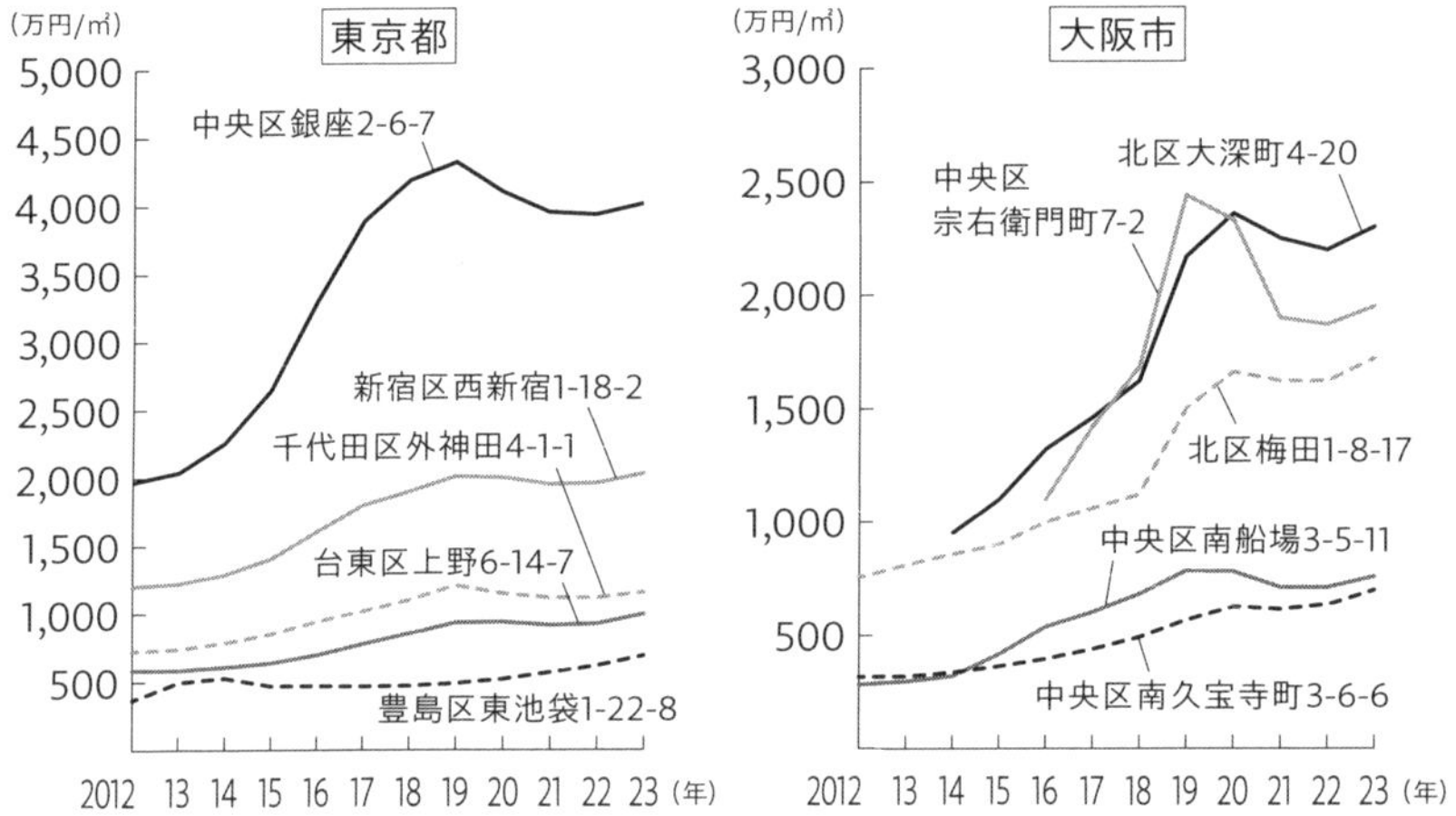


※国土交通省「都道府県地価調査」データ

なっていくという金融の視点からも、これ以上の価格上昇は難しく、むしろ調整局面に向かうことが予想される。

今後は、大量の資金流入により、「高騰しすぎた」地点、地域の見直しが、まず行われることになる。2024年以降、日本銀行による金融政策の変更（金利の見直し＝超々低金利政策の見直しなど）があれば、価格の調整に拍車がかかることになる。

ただ、商業地・住宅地が調整局面に入っていく一方で、工業地価は、逆に当面、値上がりが続く可能性が高い。

これからの景気動向にも左右されるが、コロナ禍を超え、円安の追い風を受けて好調な業績をあげている企業、特に、大企業の中には、工場用地などを積極的に取得する動きが強まっている。

同時に、「円安」や「中国の政治リスク」から、工場を国内に回帰させる動きが活発化している。

また、これから当分の間、半導体関連の工場が全国各地で建設（計画）されることから、工場用地の需要は底堅く推移していくものと思われる。久々の新しい動きとなっている。

現在、工場用地は全国的に品不足の状態にあり、価格は強含みになっている。住宅地・商業地とは対照的な存在になっている。

## 中古市場に見られるバブル崩壊の象徴的な現象

新築住宅市場は、デベロッパー自らの意思で供給量や価格が決定できるが、中古流通市場の動向は、その時の市場の実需の需給状況を反映しているので、実態を正確に把握するのに適している。バブル崩壊を検証するための好例として紹介してみよう。

まず、首都圏の中古マンション市場（図表2-35）で、この約10年間のトレンドを見ると、2012年の安倍政権誕生時は、市況は低迷し、在庫は高水準となっていた（1期）。

しかし、その後の積極的な金融緩和政策によって市況は好転し、拡大を続けて、2015年頃まで一気に在庫は減少した（2期）。

その後、需要の一巡もあって、コロナ禍直前2020年春頃まで在庫の増加が続いた。筆者

図表2-35　【首都圏】中古マンション・在庫数の推移

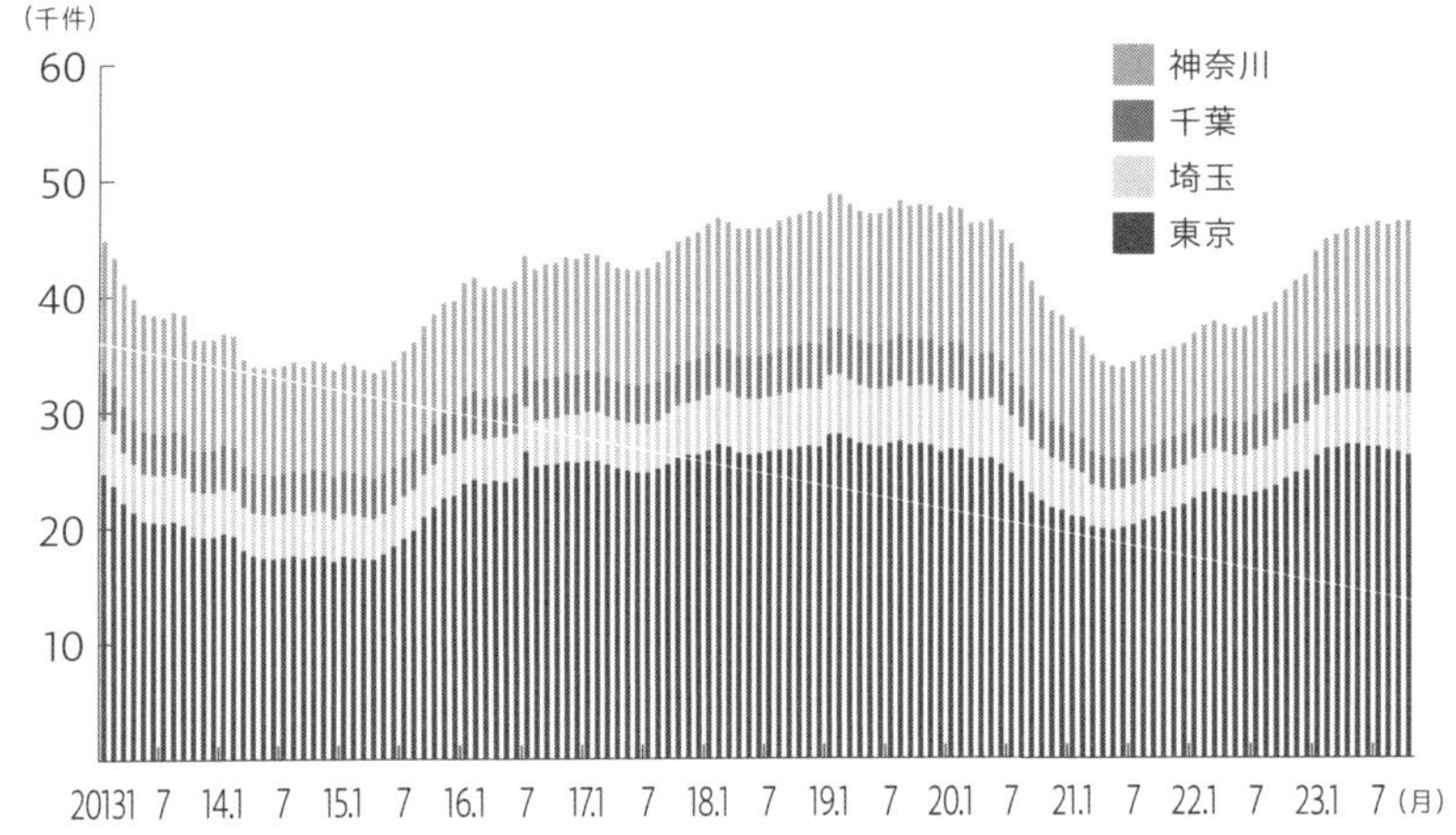


※「不動産流通機構」データより

も、この時点で3回目の住宅バブルの崩壊を指摘した（3期）。

しかし、2019年にパンデミックという想定しないことが起きた。コロナ感染拡大によって、突然、大都市圏を中心として住宅特需が生まれて、住宅市場は大活況が続き、品不足の状態が2022年秋頃まで続き、その間、価格は上昇の一途を辿った（4期）。

その後、2023年、年明け後、売れ行きの悪化が鮮明となり、市場の在庫が急増した。その在庫の中には、不動産事業者の物件も数多く見られるようになった（5期）。

また、図表2-36は、流通戸建て（主に中古市場を示したグラフであるが、在庫件数の推移は、中古マンション市場と相似している。ここ

**図表2-36 【首都圏】中古戸建て在庫数の推移**

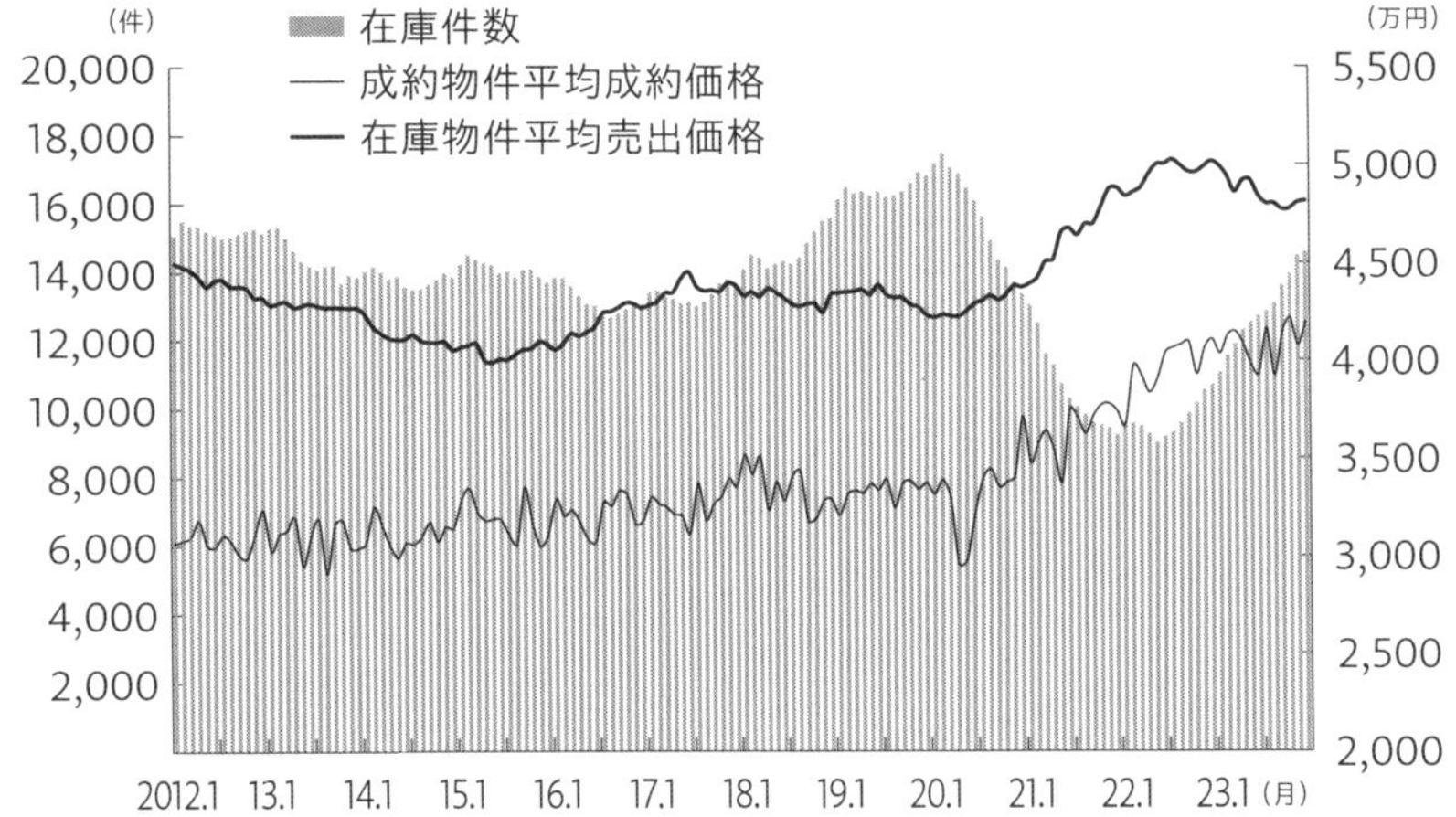


※「不動産流通機構」データより

で注目すべき点は、売り出し価格と成約価格に相当の開きがあることである。売り主と買い主の希望価格に乖離が生まれ、取り引きが成約しない例が多くなったことを示している。

バブルの末期には、しばしば見られる現象であり、割高な物件の在庫増加に拍車をかけている。

首都圏では、2022年以降、この動きが続いているが、全国の主要都市でも、価格の乖離現象が生まれていて、バブル崩壊の兆しが出始めている。

このように、在庫の推移をある程度の期間ごとに見ることで、市況のトレンドを正確に把握できる。

## インフレが追い打ちをかける

不動産市況の動向を予測する時には、他の産業界と同様に、「在庫量」の増減を見ることが最も重要である。

売れているか、価格がどう動いているかという指標よりも、在庫の動きを熟知することで、リスクを回避し、チャンスをつかむことができる。在庫動向は、市場の道標である。

価格の高騰と供給増により在庫が増加に転じていることで、住宅のバブル崩壊が始まっているところに、追い打ちをかける要因がまた生まれている。

それは、住宅の主たる顧客である勤労者の一人当たりの実質賃金の減少傾向が続いていることである。これは住宅の購買力が低下していくことを意味している。

2023年の春闘の賃上げで「名目賃金」は増えているが、物価の伸びに追いついていない。インフレの進行が続く中で、名目賃金が物価の上昇を上回ることは難しく、住宅購買意欲が高まることは期待できない。

日本銀行の「生活意識に関するアンケート調査」（図表2-37）を見ても、「ゆとりがなくなってきた」という人が多くなってきている。現在の物価に対しても、「上がった、今年も上がる」と想定している。

欧米のインフレの進行状況を見ると、その動きを止めることは容易ではなさそうである。欧米

**図表2-37　現在の暮らし向き**

※日本銀行「生活意識に関するアンケート調査」より

図表2-38 【全国】中古マンション・中古戸建て成約価格と年収倍率

| 都道府県 | 2022年度平均年収 | 2023年9月中古マンション平均成約価格 | 平均専有面積 | 2023年年収倍率 | 2017年年収倍率 | 2023年9月中古戸建て平均成約価格 | 平均建物面積 | 2023年年収倍率 | 2017年年収倍率 |
|---|---|---|---|---|---|---|---|---|---|
| 北海道 | 415万円 | 2,227万円 | 76㎡ | 5.37 | 3.98 | 2,066万円 | 126㎡ | 4.98 | 3.98 |
| 宮城 | 454万円 | 2,525万円 | 72㎡ | 5.56 | 4.08 | 2,803万円 | 128㎡ | 6.17 | 5.56 |
| 埼玉 | 480万円 | 2,912万円 | 68㎡ | 6.07 | 4.16 | 2,759万円 | 102㎡ | 5.75 | 4.43 |
| 千葉 | 486万円 | 2,941万円 | 73㎡ | 6.05 | 4.05 | 2,850万円 | 108㎡ | 5.87 | 3.81 |
| 東京 | 599万円 | 5,632万円 | 60㎡ | 9.40 | 6.38 | 5,592万円 | 102㎡ | 9.34 | 7.53 |
| 神奈川 | 539万円 | 3,782万円 | 67㎡ | 7.01 | 5.24 | 4,144万円 | 108㎡ | 7.68 | 5.98 |
| 愛知 | 519万円 | 2,509万円 | 75㎡ | 4.83 | 3.62 | 3,045万円 | 123㎡ | 5.86 | 4.39 |
| 京都 | 479万円 | 2,780万円 | 63㎡ | 5.80 | 4.45 | 2,473万円 | 95㎡ | 5.16 | 4.66 |
| 大阪 | 524万円 | 3,115万円 | 66㎡ | 5.94 | 4.16 | 2,220万円 | 103㎡ | 4.24 | 3.87 |
| 兵庫 | 502万円 | 2,544万円 | 71㎡ | 5.07 | 4.01 | 2,635万円 | 111㎡ | 5.25 | 4.49 |
| 広島 | 482万円 | 2,588万円 | 75㎡ | 5.37 | 4.02 | 2,378万円 | 112㎡ | 4.94 | 4.02 |
| 福岡 | 471万円 | 2,229万円 | 65㎡ | 4.73 | 3.84 | 2,410万円 | 115㎡ | 5.11 | 3.77 |

資料：※年収＝厚生労働省「賃金構造基本統計調査」を基に集計。
※成約価格＝「不動産流通機構」データより

では金利を急ピッチで引き上げているにもかかわらず、物価高が続いている。日本は、依然として超低金利で円安となっていることから、インフレの進行を短期間で止めることは期待できない。

家計は今後もさらに圧迫され、個人消費は停滞し、住宅購入資金の確保はできなくなる。図表2-38で示されているように、住宅購入の年収倍率は以前に比して高くなっていて、もう限界を超えている地域もある。

また、電気・ガス料金、食費、ガソリン価格などに加えて、子供を持つ世帯では塾代などの教育費も増え、購入済みの自宅の住宅ローンの支払いが困

図表2-39 【全国】レギュラーガソリン価格の推移

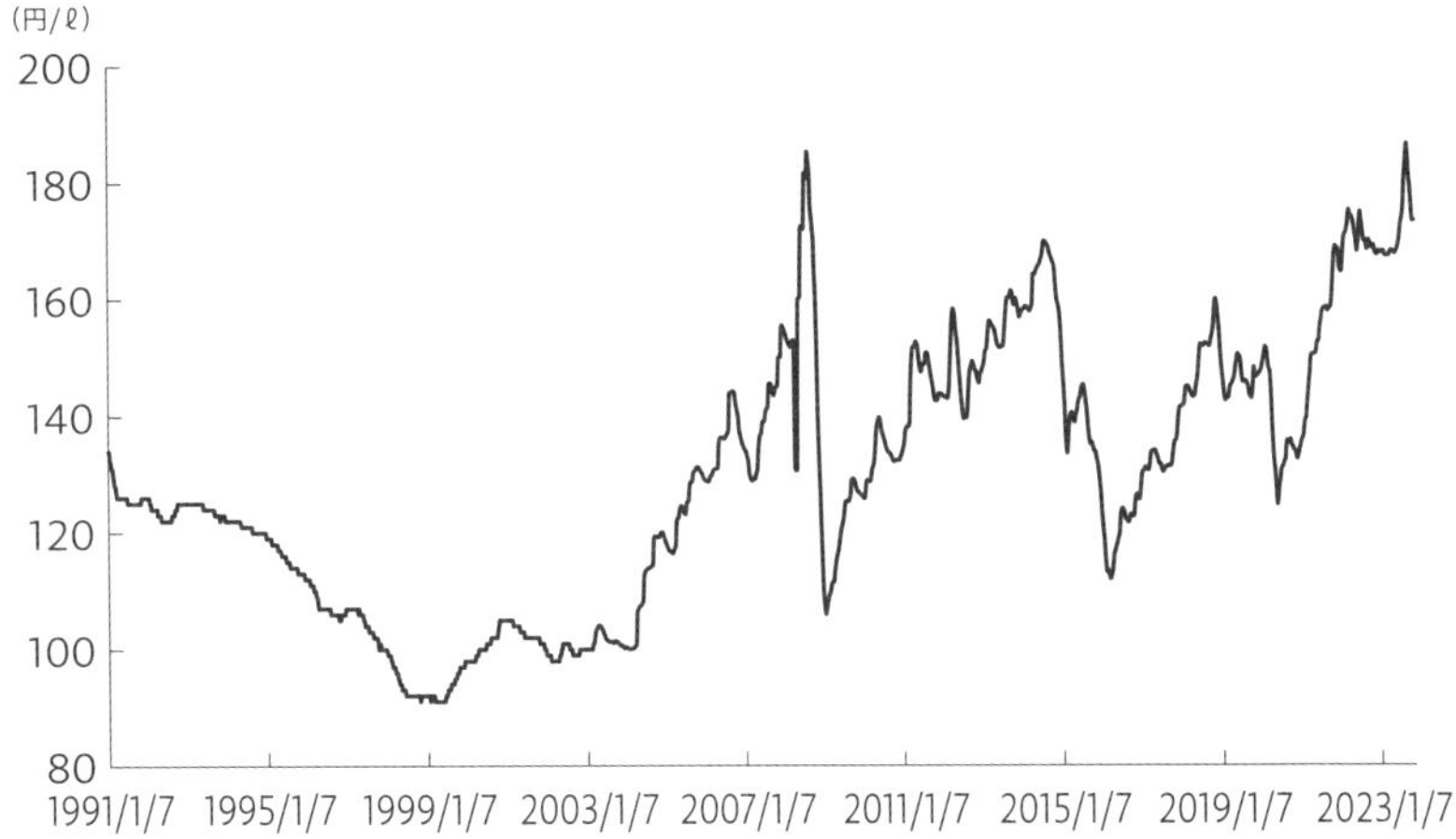


※「資源エネルギー庁」データより

難となり、自宅を手放す人も多くなっている(図表2-39)。

さらに、金融機関の中にも、住宅ローンの審査を厳しくする動きが強まっていて、融資のできない事例や減額融資が多くなっている。

このように、市場の在庫が増加に転じている一方で、インフレによって顧客の購買力が弱まり、購買意欲が低下しつつあることから、今後の市況悪化は、緩やかにではあるが、避けられない状況に来ている。

## 建築資材の高騰と人手不足が「引き金」になった

高騰してきた地価も、すでに調整されつつある。その要因は、建築価格の高騰である。

図表2-40は、企業物価指数の推移を示したものだが、木材・鉄鋼など、建築に関連した価

**図表2-40　企業物価指数の推移（2020年を100とする）**

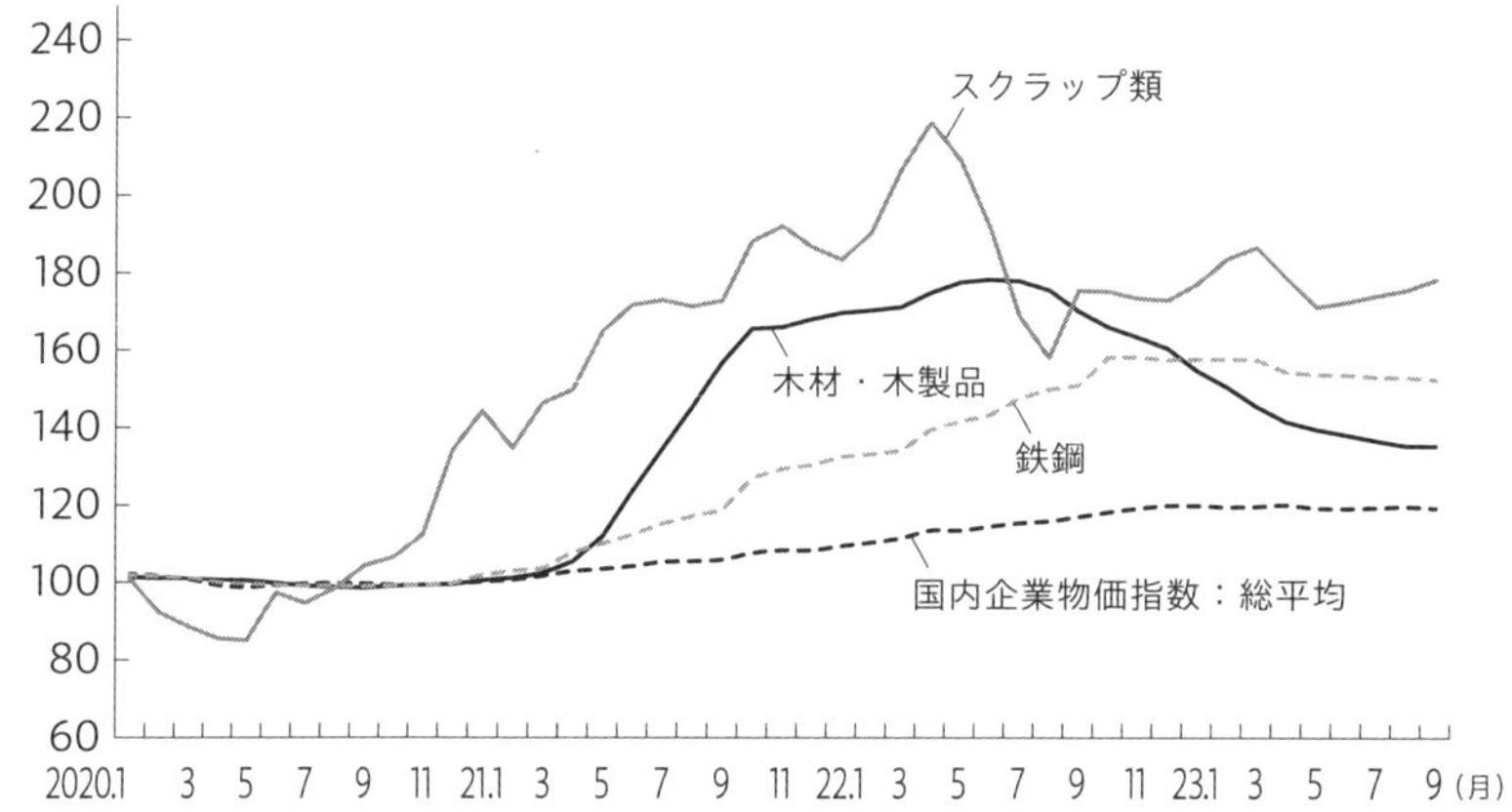


※日本銀行「企業物価指数」データより

格の上昇傾向が続いている。また、大工をはじめとして職人の人手不足も深刻になっている。

人手不足の問題の早期解決は難しく、今後も解消する見通しはない。たとえ建築資材の需要が減少し、価格が下落することはあっても、人手不足は今後も続いていくだろう。

いずれにせよ、住宅、アパート、オフィスビル、商業施設などの建設コストは、高止まりで推移していく可能性は高い。

建設コストの高騰は、土地の「価格の下押し」要因となる。購買力だけでなく、事業計画を考えた時に、「土地と建物」の全体の仕上がり価格で判断することになる。すでに、2023年から建売住宅やハウスメーカー、マンションデベロッパーは、従来の用地仕入れ基準を見直している。

中国の不動産バブルの崩壊は、多くの日本人も認識している。その影響は、今後、中国経済の重荷となるとの見方がある一方で、軽微だろうという専門家もいて、見方が交錯している。

しかし、中国国民の「貯蓄率」が、最近になって急上昇しているとの報道を聞くと、彼らの将来への不安の大きさを表しているようにも見える。

日本の不動産市場も、中国の不動産市場と比べて、規模の大きさ、取り巻く環境の差はあっても、「バブル崩壊は緩やかだが確実に進んでいる」と認識して、将来に備えておきたい。

日本の現状は、高額所得者・資産家などの富裕層と一部の企業の積極的な購買意欲と、異次元の金融緩和によって、辛うじて下支えされているに過ぎない。その下支えをしている「強力な杖」がいつまでもあるという保証は誰もできない。

普通に考えれば、2012年から続いてきた今回の長期にわたる3回目の不動産バブルに、不動産業界だけでなく、金融業やその他の多くの国民も、この10年間、価格上昇に慣れきってしまい、現状の価格の高さに「違和感」を持っていないようにも思える。

こんな時だからこそ、過熱してきた市場がどこに向かうのか、一度立ち止まって、データを冷静に見てみたい。

# 第3章

# 「格差社会」が市場の二極化を加速させた

不動産バブル
―
静かな崩壊

## 格差拡大が進行するのは、バブルと不況の時代

過去の不動産バブルは、不動産価格の急騰が起き、金融の引き締めが実行されたことで、一気に崩壊した。現在のバブルが静かに、緩やかに崩壊している主因は、超低金利と異次元の金融緩和の継続である。

それ以外にも理由はある。「富裕層」の資金が価格を押し上げ（下支えし）ているのだ。すでに、低中所得者層が主たる顧客となる住宅市場では、価格の調整が先行している。

この章では、格差拡大が不動産市場に何をもたらし、どのような現象を生んでいるのかを解説したい。

これまでも、さまざまな分野で「平均値の時代は終わった」と表現されてきた。特に、個人間の所得・資産の格差拡大は、日本でも著しくなっている。

資本主義体制は、そもそも格差を拡大させるものである。現在の日本の格差は、その当然の帰結である。しかし、経済的な格差のない社会の実現を目指した社会主義の国々でも貧富の差が広がっている。全世界が格差拡大の時代を迎えているようだ。

長く「一億、総中流社会」と評された日本でも、所得・資産の格差が一段と拡大している。

個人間、企業間の所得や業績の格差拡大は、今では不動産市場にも強く反映されている。特

に、取引価格には大きな影響を与えるようになってきた。格差社会では、収益還元法などの旧来の単純な数字だけでは、不動産価格を説明できなくなってきている。

かつて日本では、1988年頃の地価の高騰が社会問題化した。この時には、あらゆる土地が高騰した。北海道の原野も投資対象となり、国中が地価高騰に酔いしれた。全国の長者番付で、土地所有者が上位に並んだ。土地などの不動産を所有する人と所有していない人で資産の格差が拡大した。

その直後に金融の総量規制があり、不動産バブルは崩壊し、価格は暴落、多くの「富裕層」が借金を抱えたまま保有資産の価値を大きく下げた。

そして、アベノミクスにより、急速な格差拡大が再び始まった。この政策が発表された際に、一部の経済専門家から次のような指摘がされた。「アベノミクスは、富裕層と特定の企業に利するものである」

結果はその通りになった。格差は、経済だけでなく、政治の問題にもなっている。

前著『アフターコロナ時代の不動産の公式』でも述べたが、所得や資産の格差拡大が進行するのは、「バブルと不況」の時である。ここからは、個人間の格差の実態を確認してみる。

**図表3-1　物価に関する実感：現在を1年前と比べると**

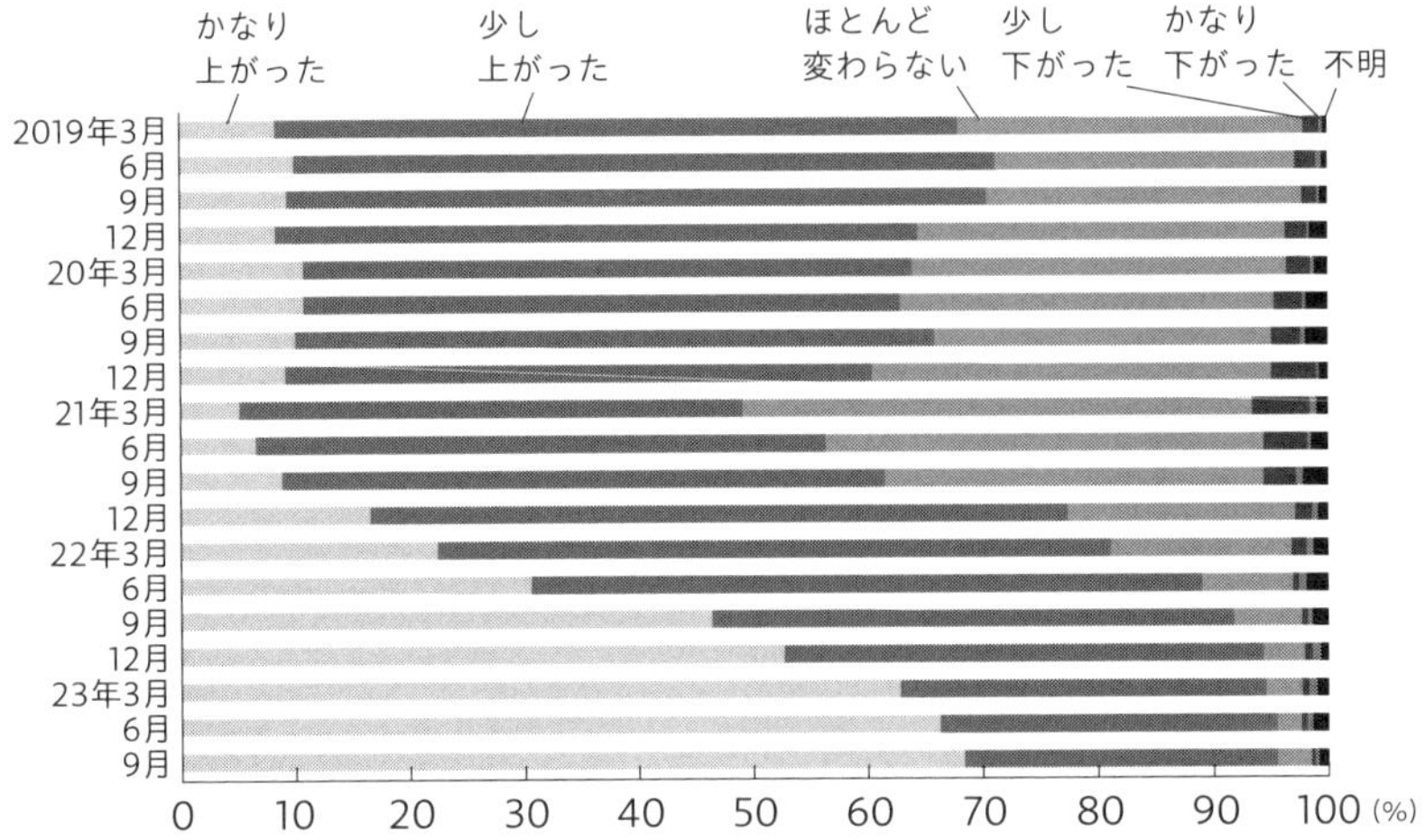


※日本銀行「生活意識に関するアンケート調査」より

## インフレで生活に困窮する人が増えている

図表3－1は、2022年から本格化してきた「諸物価」の値上がりを反映している。2023年になって、物価上昇に拍車がかかっている。この影響を受けて、暮らし向きは、日々、悪くなっている。

今回のインフレは、ウクライナ紛争などもあり、世界的な規模となっていて、長期化も想定される。

一方、個人の給与所得については、2023年は大企業を中心に賃上げが実現したが、物価の上昇には及ばず、社会保険料・所得税などの負担も重く、実質所得の増加の実感はない（図表3－2）。

政府は、実質所得の増加を図るため、低所得者向けの給付金や所得税減税の実現を目指して

**図表3-2　給与総額及び税額割合の推移**

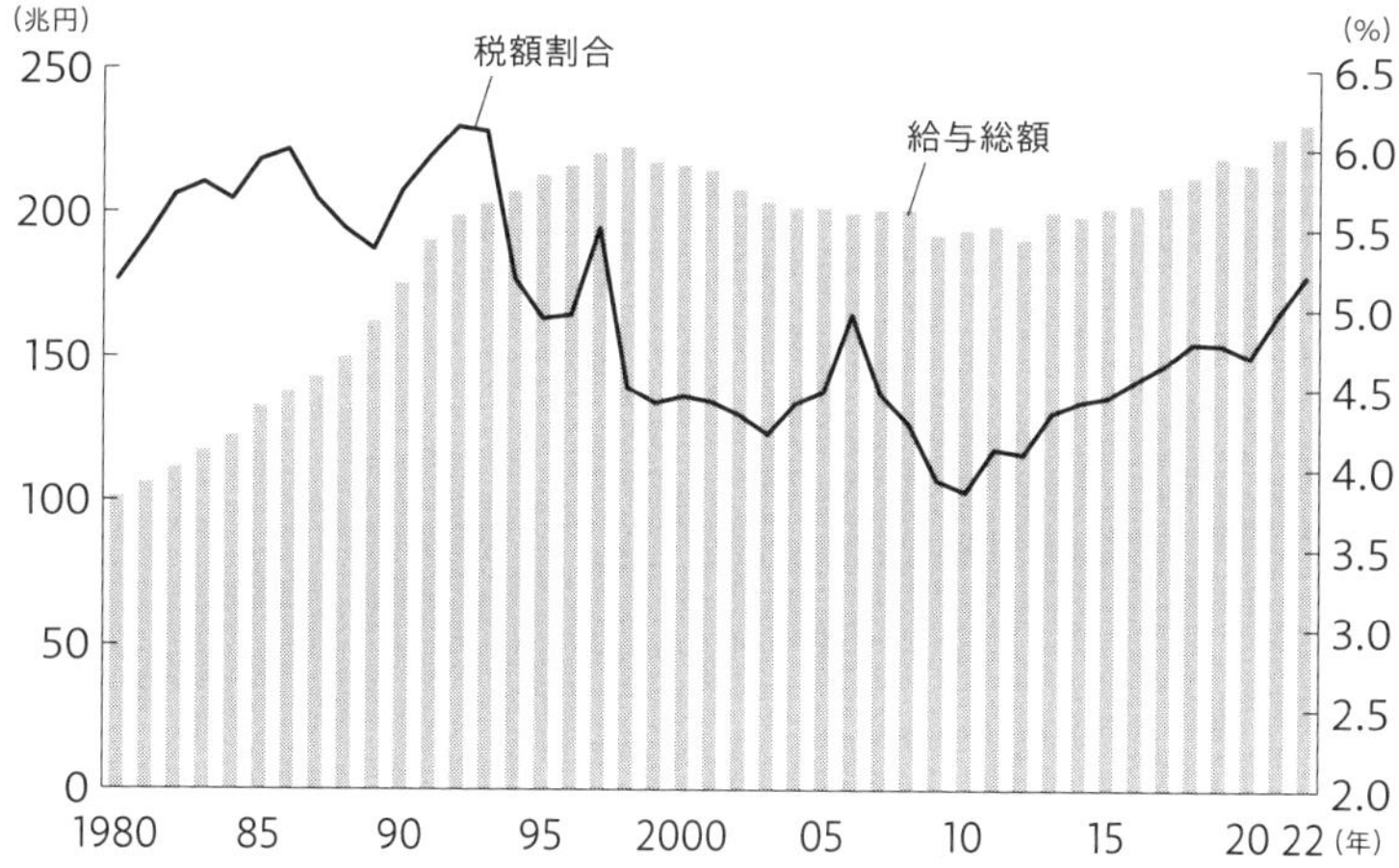


※国税庁「民間給与実態調査結果」より

いるが、インフレの勢いは強く、家計の厳しさは続きそうである。最新の「エンゲル係数」は、過去43年間で最高水準になっている。

今後も、給与所得の伸びは期待できない。図表3-3で示されているように、雇用はあっても非正規労働者数が多いため、所得の増加を実感しにくく、生活防衛の姿勢はむしろ強まっていく可能性が高い。

図表3-4は、住宅ローンの借入者が当初の「貸付条件の変更」を申し込んだ件数の推移を示したものだが、コロナ禍が拡大するにつれて、増加が続いている。最近では、インフレの進行に伴って、住宅ローンの返済が困難となり、自宅を手放す人が散見されるようになった。また、経済に起因した離婚による自宅の売却も多くなっている。

## 図表3-3 【全国】非正規労働者数と正規労働者数の推移

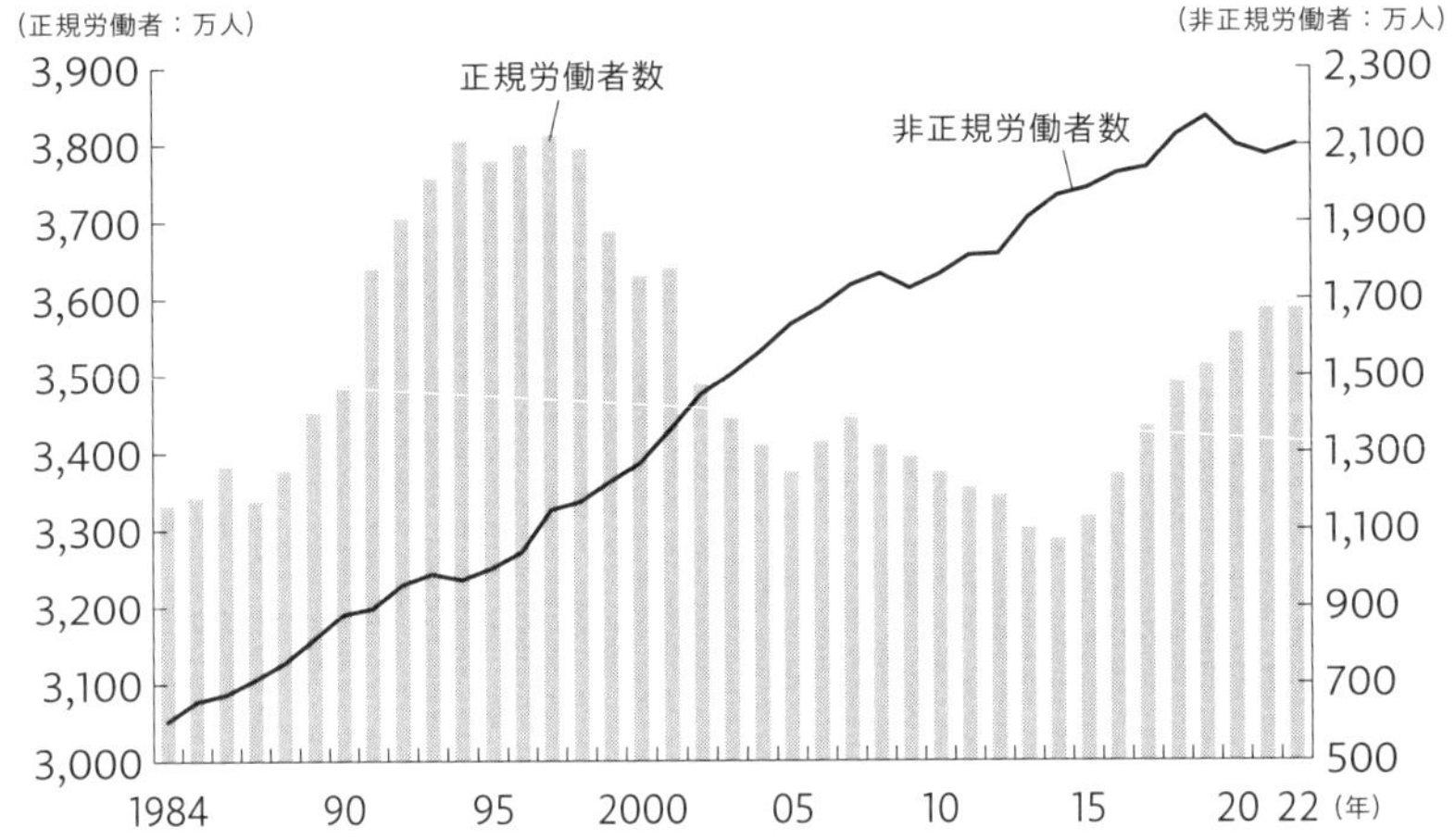


※総務省「労働力調査」より

## 図表3-4 〈住宅資金借入者〉貸付条件の変更申し込み件数の推移

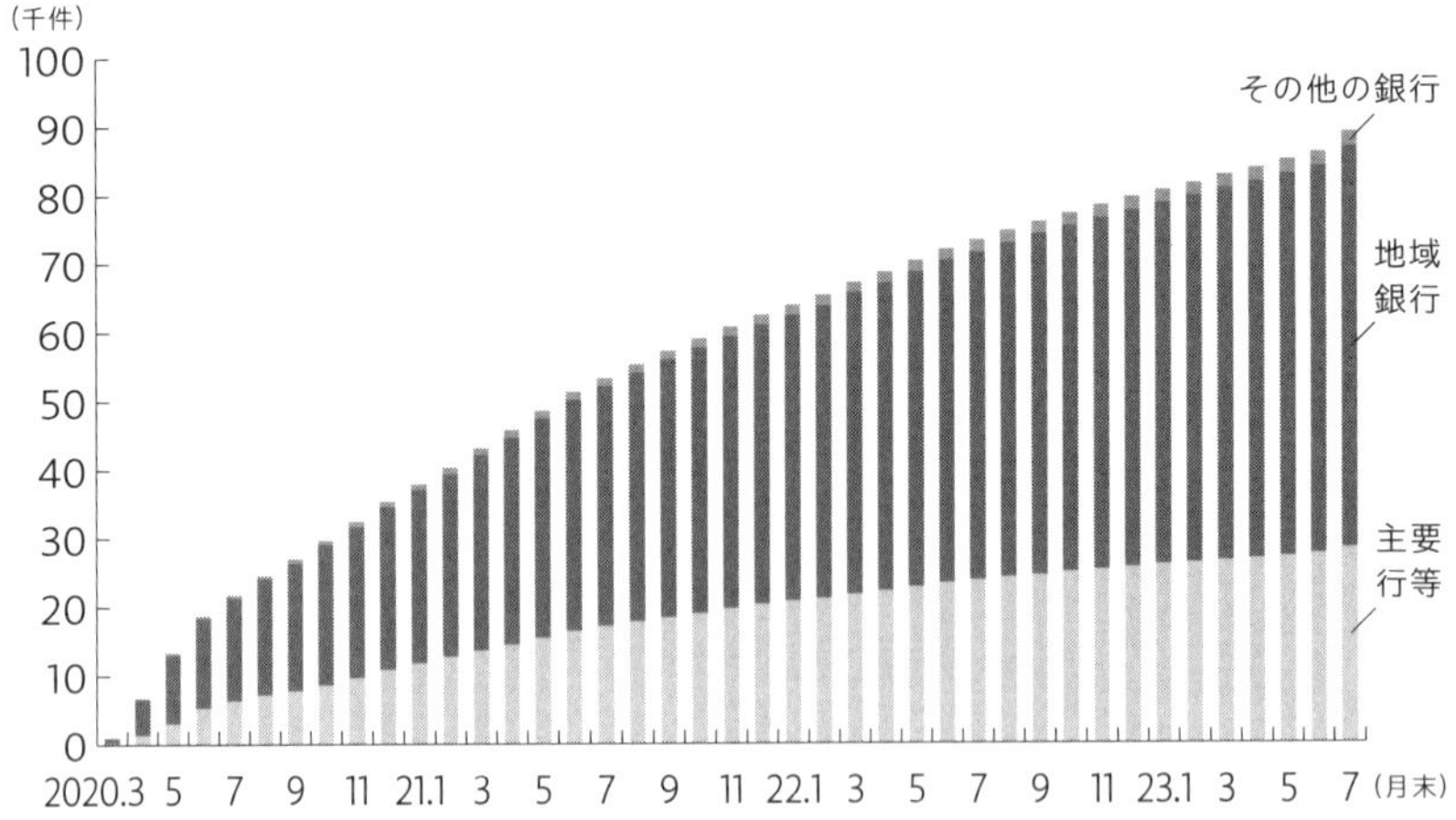


※金融庁「金融機関における貸付条件の変更等の状況について」より

図表3-5　【全国】生活保護受給世帯数・受給者数の推移

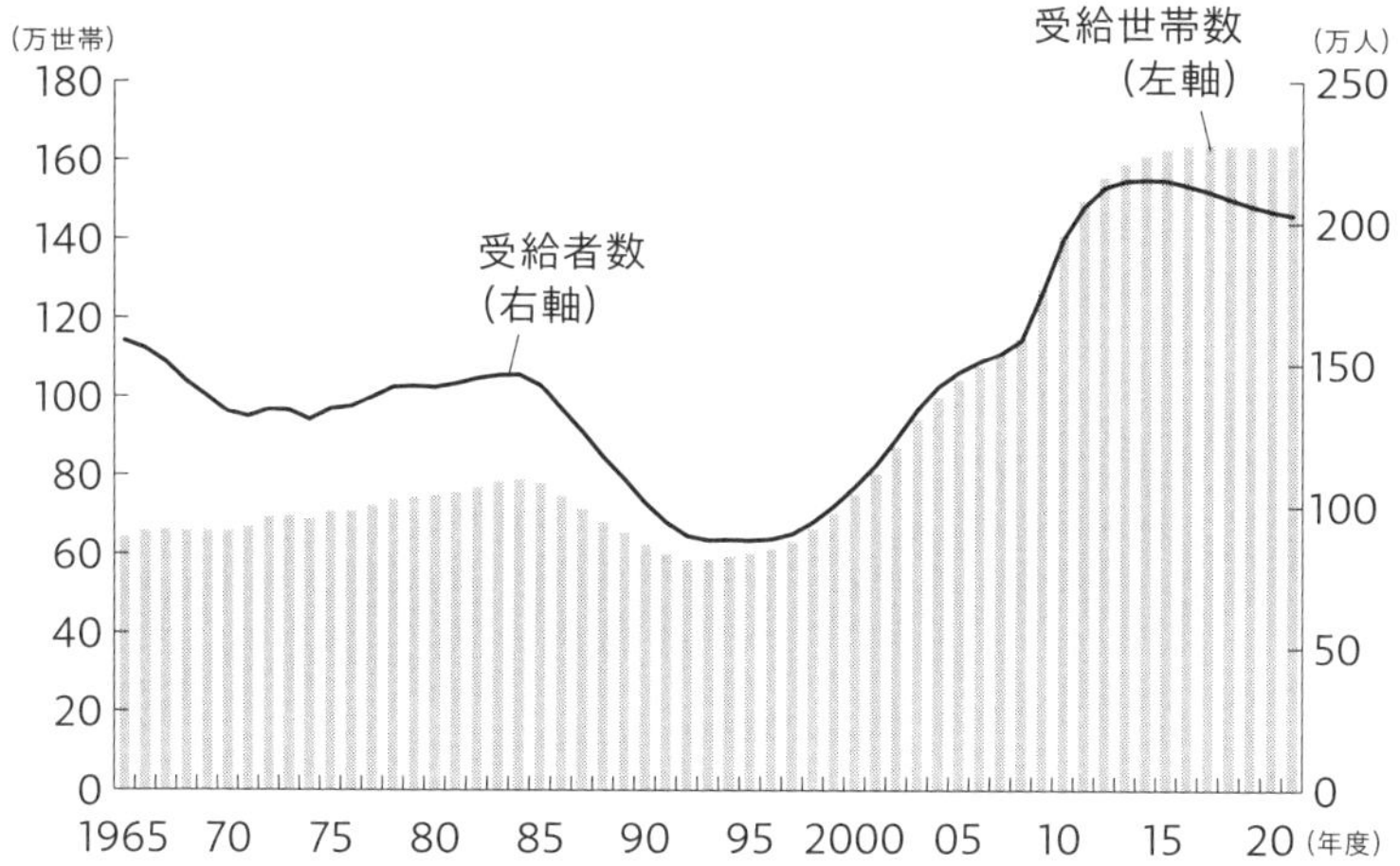


※厚生労働省「社会福祉行政業務報告（福祉行政報告例）」より

図表3−5は、生活保護の受給世帯数と受給者数の推移を示す。1990年代に比べて倍増している。

**高額所得者数も増加し、不動産の取得に意欲的**

2023年も、住宅市場で驚くような取引事例が多発し、不動産事業者間でも話題になっている。

兵庫県の西宮市のタワーマンションが総額2億6800万円、坪単価が708万円で成約した。

また、東京・渋谷駅まで徒歩15分の超高級住宅地では、敷地面積42坪、延床面積74坪、木造3階建ての新築建売住宅を発売。見学会は2日間で来場予約は埋まったという。

同じ分譲業者の都内・目黒区の建売住宅は5

**図表3-6　【沖縄県・長野県】新築分譲マンション平均価格の推移**

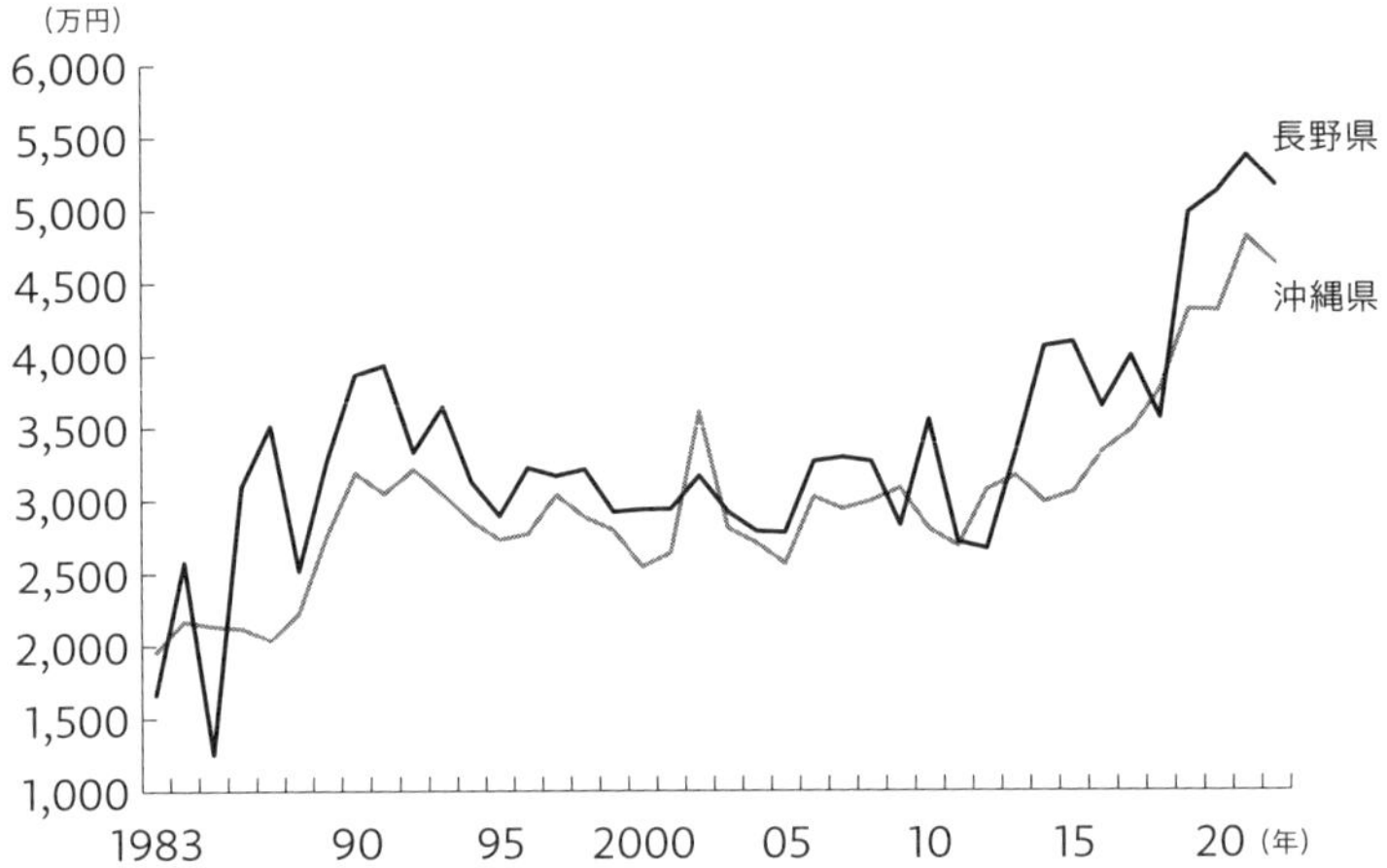


資料：不動産経済研究所「全国マンション市場動向」データより

億円超の販売価格だったが、すでに成約済みという。大手ハウスメーカーでも、1億円超の注文住宅、また富裕な高齢者の動きも活発で、80歳超の建て替え需要も珍しくないという。

富裕層の資金が住宅などの不動産に流入して、価格の高止まり現象をもたらしている。

都内の大手百貨店の2024年3月期の営業利益が最高益に迫る勢いだと発表された。その要因は、「外商部門」で、富裕層向けを重視した戦略強化によるものであった。高級路線を選択し、集中していくことに迷いはないという。

また、高級リゾート地・軽井沢でも、1億円超の土地、億ションも、富裕層の人気を集めて、売れ行きは好調に推移している。

このような動き、現象が数多く見られるようになった背景には、富裕層の増加が挙げられる。

図表3-7　【全国】年収1億円以上の人の年推移

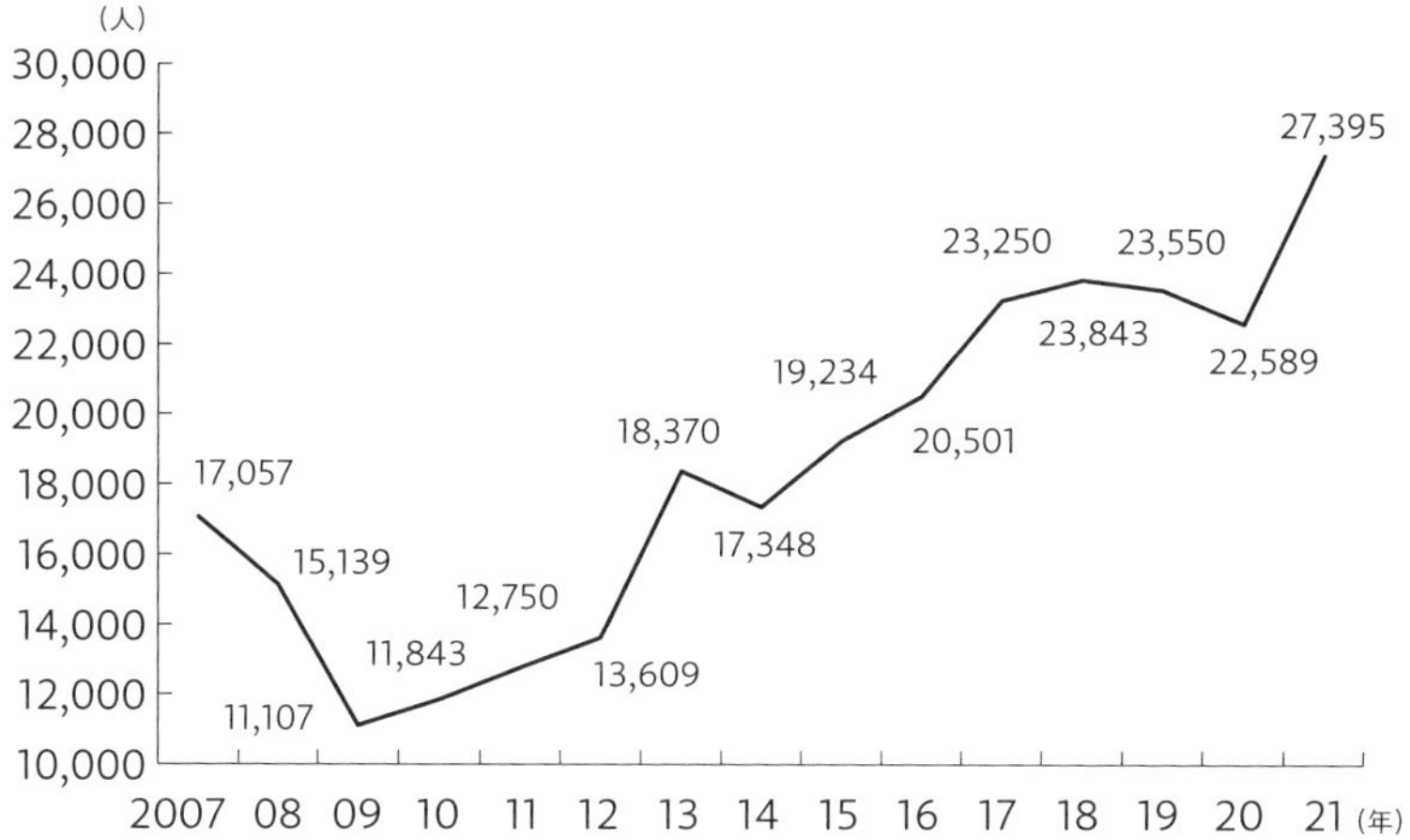


※「国税庁」データより

図表3－7によれば、年収1億円以上の人は、その2009年のリーマンショックを底にして、その後は着実に増加し続けている。コロナ禍で一時的に減少に転じたが、現在は再び増加している。

また、図表3－8を見ると、地域差はあるが、地方圏でも年収1億円超の人は少なくない。地方都市で供給が始まっている1億円超のタワーマンションが完売しているのも納得できる。

富裕層が増え、彼らがますます「純金融資産」を増加させている姿を示したものが図表3－9で、上位層ほど資産の増加額が大きくなっている。

貧富の差の拡大現象は、株価の上昇、株式の配当、また、高騰した不動産の売却益などによるものと推定される（図表3－10、11）。ここでも、アベノミクス効果の恩恵を受けたのは富裕層となっ

## 図表3-8 〈都道府県別〉年収1億円以上の人数（2021年）

| | 1～2億円 | 5億以下 | 10億以下 | 20億以下 | 50億以下 | 100億以下 | 100億超 | 合計 |
|---|---|---|---|---|---|---|---|---|
| 東京 | 6,833 | 2,963 | 705 | 246 | 124 | 26 | 17 | 10,914 |
| 神奈川 | 1,625 | 502 | 111 | 40 | 18 | 3 | 1 | 2,300 |
| 大阪 | 1,258 | 406 | 98 | 41 | 10 | 2 | 2 | 1,817 |
| 愛知 | 1,236 | 370 | 83 | 32 | 15 | 3 | 3 | 1,742 |
| 埼玉 | 1,024 | 346 | 49 | 11 | 4 | 0 | 0 | 1,434 |
| 兵庫 | 792 | 275 | 64 | 21 | 12 | 3 | 2 | 1,169 |
| 千葉 | 721 | 255 | 49 | 20 | 5 | 0 | 1 | 1,051 |
| 福岡 | 506 | 186 | 44 | 12 | 5 | 0 | 0 | 753 |
| 北海道 | 391 | 138 | 20 | 6 | 2 | 0 | 0 | 557 |
| 京都 | 367 | 138 | 22 | 14 | 3 | 1 | 0 | 545 |
| 静岡 | 343 | 88 | 22 | 6 | 2 | 0 | 0 | 461 |
| 広島 | 287 | 108 | 17 | 5 | 4 | 3 | 0 | 424 |
| 宮城 | 196 | 76 | 13 | 2 | 0 | 0 | 0 | 287 |
| 茨城 | 205 | 59 | 11 | 3 | 1 | 0 | 0 | 279 |
| 岐阜 | 163 | 64 | 10 | 5 | 4 | 0 | 0 | 246 |
| 群馬 | 168 | 42 | 8 | 5 | 1 | 0 | 0 | 224 |
| 栃木 | 137 | 41 | 12 | 4 | 1 | 0 | 0 | 195 |
| 岡山 | 136 | 42 | 9 | 7 | 1 | 0 | 0 | 195 |
| 奈良 | 135 | 46 | 6 | 0 | 0 | 0 | 0 | 187 |
| 長野 | 123 | 40 | 15 | 4 | 2 | 0 | 0 | 184 |
| 沖縄 | 136 | 36 | 5 | 0 | 2 | 0 | 0 | 179 |
| 三重 | 137 | 19 | 6 | 5 | 1 | 1 | 0 | 169 |
| 新潟 | 110 | 34 | 3 | 2 | 3 | 0 | 0 | 152 |
| 福島 | 108 | 33 | 4 | 6 | 0 | 0 | 0 | 151 |
| 滋賀 | 96 | 25 | 7 | 4 | 3 | 0 | 3 | 138 |
| 熊本 | 95 | 23 | 5 | 3 | 2 | 0 | 0 | 128 |
| 石川 | 83 | 24 | 6 | 4 | 3 | 0 | 0 | 120 |
| 愛媛 | 71 | 23 | 1 | 2 | 0 | 1 | 0 | 98 |
| 富山 | 68 | 16 | 4 | 4 | 0 | 1 | 0 | 93 |
| 山口 | 68 | 18 | 4 | 2 | 0 | 0 | 1 | 93 |
| 鹿児島 | 69 | 15 | 6 | 2 | 0 | 0 | 0 | 92 |
| 香川 | 67 | 15 | 3 | 3 | 1 | 0 | 0 | 89 |
| 長崎 | 64 | 16 | 4 | 0 | 1 | 0 | 0 | 85 |
| 宮崎 | 61 | 7 | 6 | 2 | 0 | 0 | 0 | 76 |
| 山梨 | 44 | 26 | 2 | 0 | 1 | 0 | 0 | 73 |
| 和歌山 | 48 | 17 | 5 | 2 | 0 | 0 | 0 | 72 |
| 大分 | 51 | 19 | 0 | 2 | 0 | 0 | 0 | 72 |
| 青森 | 61 | 6 | 1 | 1 | 0 | 0 | 0 | 69 |
| 岩手 | 55 | 12 | 1 | 0 | 0 | 0 | 0 | 68 |
| 福井 | 45 | 13 | 4 | 0 | 1 | 0 | 0 | 63 |
| 山形 | 46 | 12 | 3 | 0 | 0 | 0 | 0 | 61 |
| 佐賀 | 47 | 10 | 1 | 1 | 0 | 0 | 0 | 59 |
| 徳島 | 40 | 12 | 4 | 0 | 1 | 0 | 0 | 57 |
| 高知 | 35 | 11 | 2 | 2 | 1 | 0 | 0 | 51 |
| 秋田 | 39 | 8 | 3 | 0 | 0 | 0 | 0 | 50 |
| 島根 | 36 | 10 | 0 | 0 | 0 | 0 | 0 | 46 |
| 鳥取 | 19 | 7 | 0 | 1 | 0 | 0 | 0 | 27 |
| 全国 | 18,445 | 6,652 | 1,458 | 532 | 234 | 44 | 30 | 27,395 |

※「国税庁」データより

## 図表3-9　純金融資産保有額の階層別にみた保有資産規模と世帯数の推移（2005年〜2021年の推計結果）

| 〈分類〉 | | 2005年 | 2007年 | 2009年 | 2011年 | 2013年 | 2015年 | 2017年 | 2019年 | 2021年 |
|---|---|---|---|---|---|---|---|---|---|---|
| 超富裕層 | 純金融資産（兆円） | 46 | 65 | 45 | 44 | 73 | 75 | 84 | 97 | 105 |
| | 世帯数（万世帯） | 5.2 | 6.1 | 5.0 | 5.0 | 5.4 | 7.3 | 8.4 | 8.7 | 9.0 |
| 富裕層 | 純金融資産（兆円） | 167 | 189 | 150 | 144 | 168 | 197 | 215 | 236 | 259 |
| | 世帯数（万世帯） | 81.3 | 84.2 | 79.5 | 76.0 | 95.3 | 114.4 | 118.3 | 124.0 | 139.5 |
| 準富裕層 | 純金融資産（兆円） | 182 | 195 | 181 | 196 | 242 | 245 | 247 | 255 | 258 |
| | 世帯数（万世帯） | 280.4 | 271.1 | 269.8 | 268.7 | 315.2 | 314.9 | 322.2 | 341.8 | 325.4 |
| アッパーマス層 | 純金融資産（兆円） | 246 | 254 | 225 | 254 | 264 | 282 | 320 | 310 | 332 |
| | 世帯数（万世帯） | 701.9 | 659.8 | 639.2 | 638.4 | 651.7 | 680.8 | 720.3 | 712.1 | 726.3 |
| マス層 | 純金融資産（兆円） | 512 | 470 | 480 | 500 | 539 | 603 | 673 | 656 | 678 |
| | 世帯数（万世帯） | 3,831.5 | 3,940.0 | 4,015.8 | 4,048.2 | 4,182.7 | 4,173.0 | 4,203.1 | 4,215.7 | 4,213.2 |

野村総研「NRI富裕層アンケート調査」より

た。

では、なぜ富裕層は資金を不動産の購入に充てたのだろうか。

現在の富裕層の関心は、明らかに昔と違っている。「モノ」がない時代から、溢れかえる時代になった。これまで、高額所得者、資産家は「モノ」の購入の実現を目指す人が多かった。

しかし、その目的をすでに達成した富裕層の関心は、「資産形成」に移っている。個人消費が日本では伸びない理由の一つだろう。

**図表3-10　株式時価総額の推移**

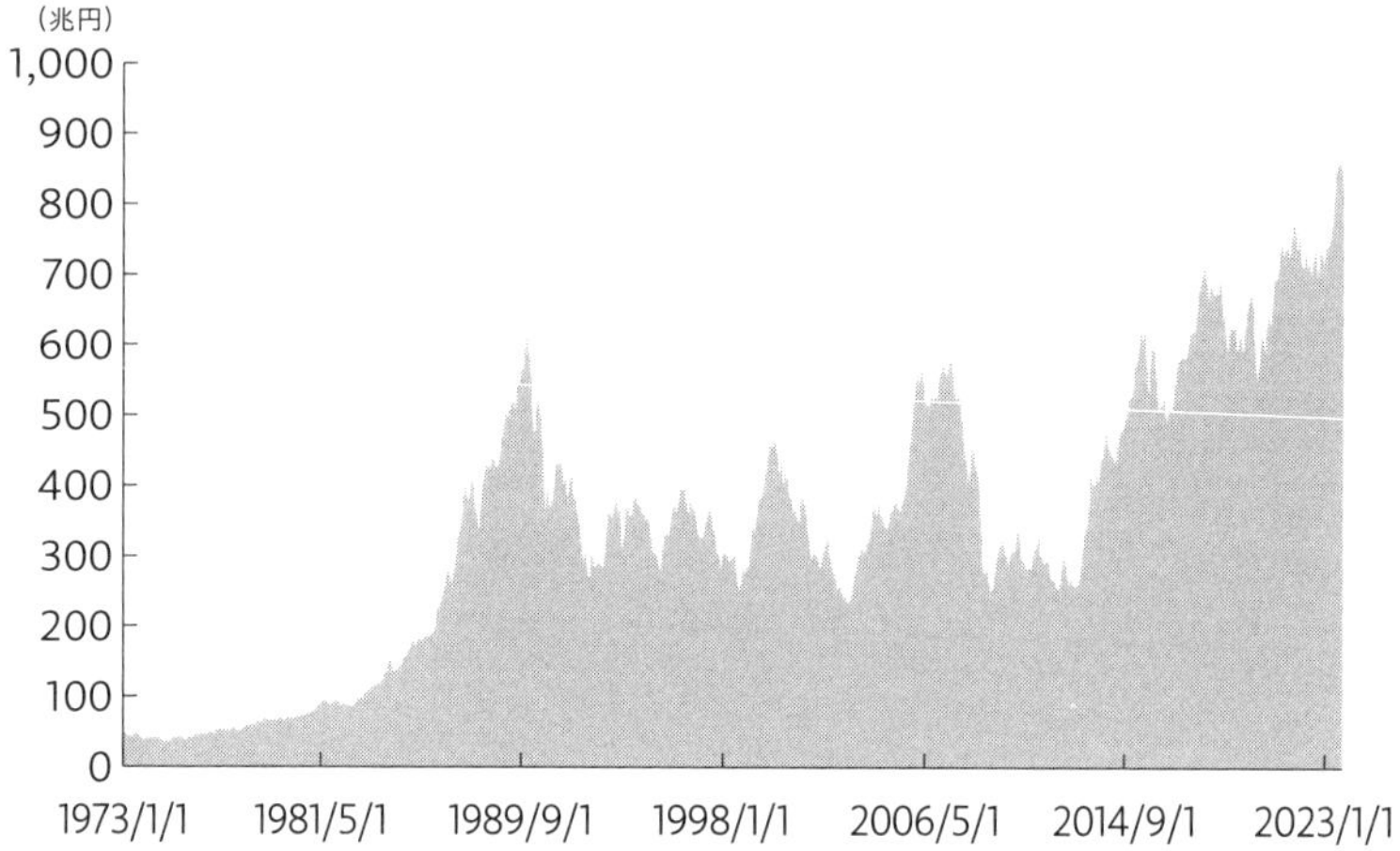


資料：「日本取引所グループ」データより

**図表3-11　【申告所得】個人の配当所得の推移**

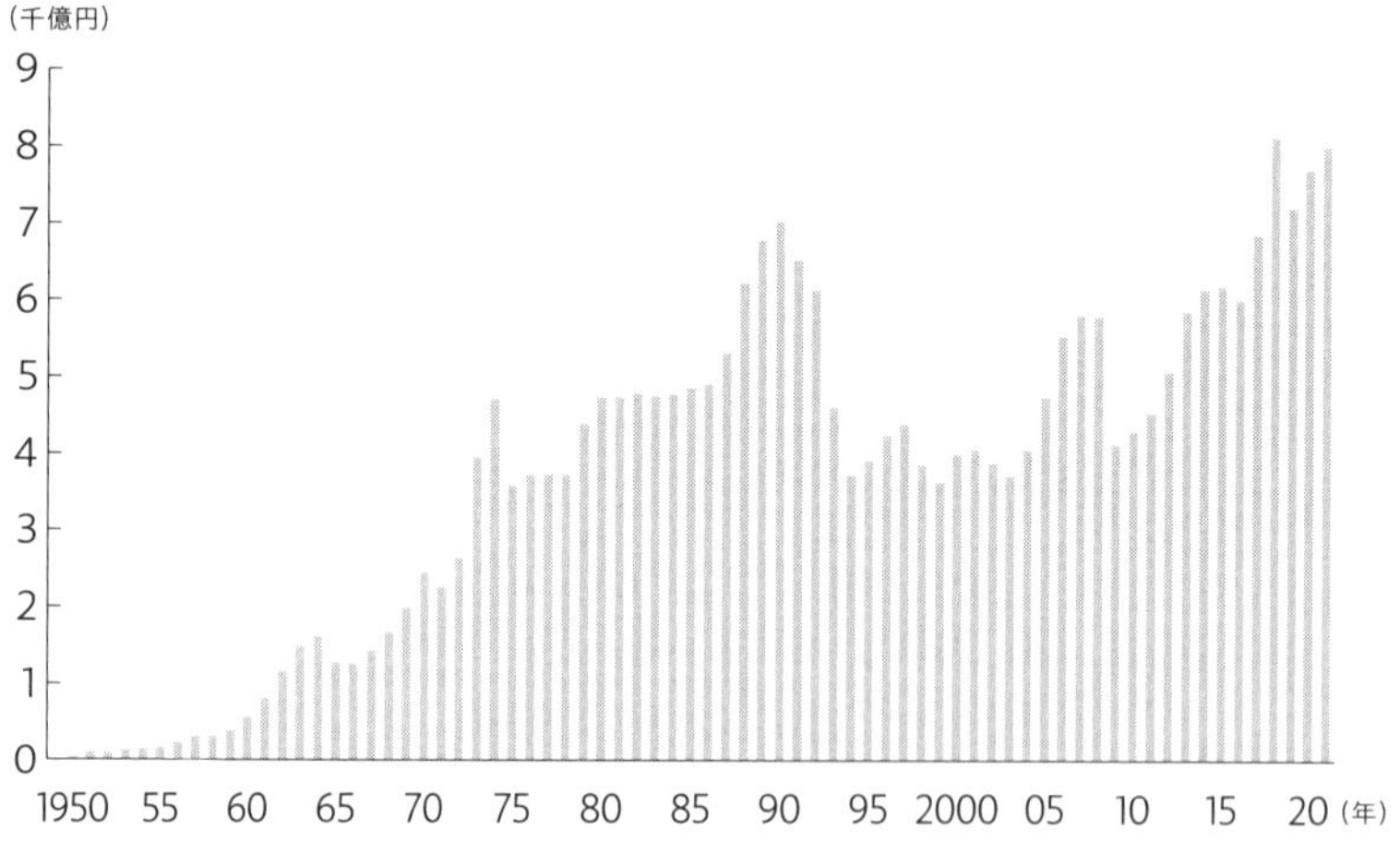


※国税庁「税務統計」データより

この数年間、個人消費の停滞を尻目に、不動産市場では、富裕層が、次々と不動産を「買い増し」している。彼らの最大の関心事は、「資産を増やす」「資産を残す」ことにある。

ここで、個人間の所得格差の一例を、東京23区内で検証してみる。

図表３-12は、東京の区別に見た「２０２２年・年収ランキング」を示したもので、第１位は港区で１４７１万円。最下位の足立区は３６７万円で、その差は１１０４万円と、大きな差が見ら

**図表3-12　東京23区「平均給与」ランキング**

| | 都道府県名 | 2022年（万円） | 2021年（万円） | 対前年比 |
|---|---|---|---|---|
| 1 | 港区 | 1,471 | 1,185 | 124.2% |
| 2 | 千代田区 | 1,077 | 985 | 109.3% |
| 3 | 渋谷区 | 1,000 | 912 | 109.7% |
| 4 | 中央区 | 761 | 712 | 106.8% |
| 5 | 目黒区 | 684 | 639 | 107.1% |
| 6 | 文京区 | 668 | 624 | 107.0% |
| 7 | 世田谷区 | 603 | 572 | 105.4% |
| 8 | 新宿区 | 599 | 561 | 106.7% |
| 9 | 品川区 | 551 | 517 | 106.6% |
| 10 | 杉並区 | 501 | 478 | 104.8% |
| 11 | 豊島区 | 485 | 466 | 104.1% |
| 12 | 江東区 | 482 | 462 | 104.3% |
| 13 | 台東区 | 473 | 446 | 106.1% |
| 14 | 中野区 | 463 | 432 | 107.3% |
| 15 | 大田区 | 452 | 445 | 101.7% |
| 16 | 練馬区 | 442 | 430 | 102.9% |
| 17 | 墨田区 | 417 | 405 | 103.0% |
| 18 | 北区 | 408 | 390 | 104.8% |
| 19 | 荒川区 | 405 | 388 | 104.4% |
| 20 | 江戸川区 | 393 | 378 | 104.0% |
| 21 | 板橋区 | 391 | 377 | 103.5% |
| 22 | 葛飾区 | 372 | 357 | 104.1% |
| 23 | 足立区 | 367 | 357 | 102.8% |

※総務省「課税標準額段階別所得割額等に関する調」より算出

**図表3-13　〈東京23区〉住宅地・公示地価平均価格**

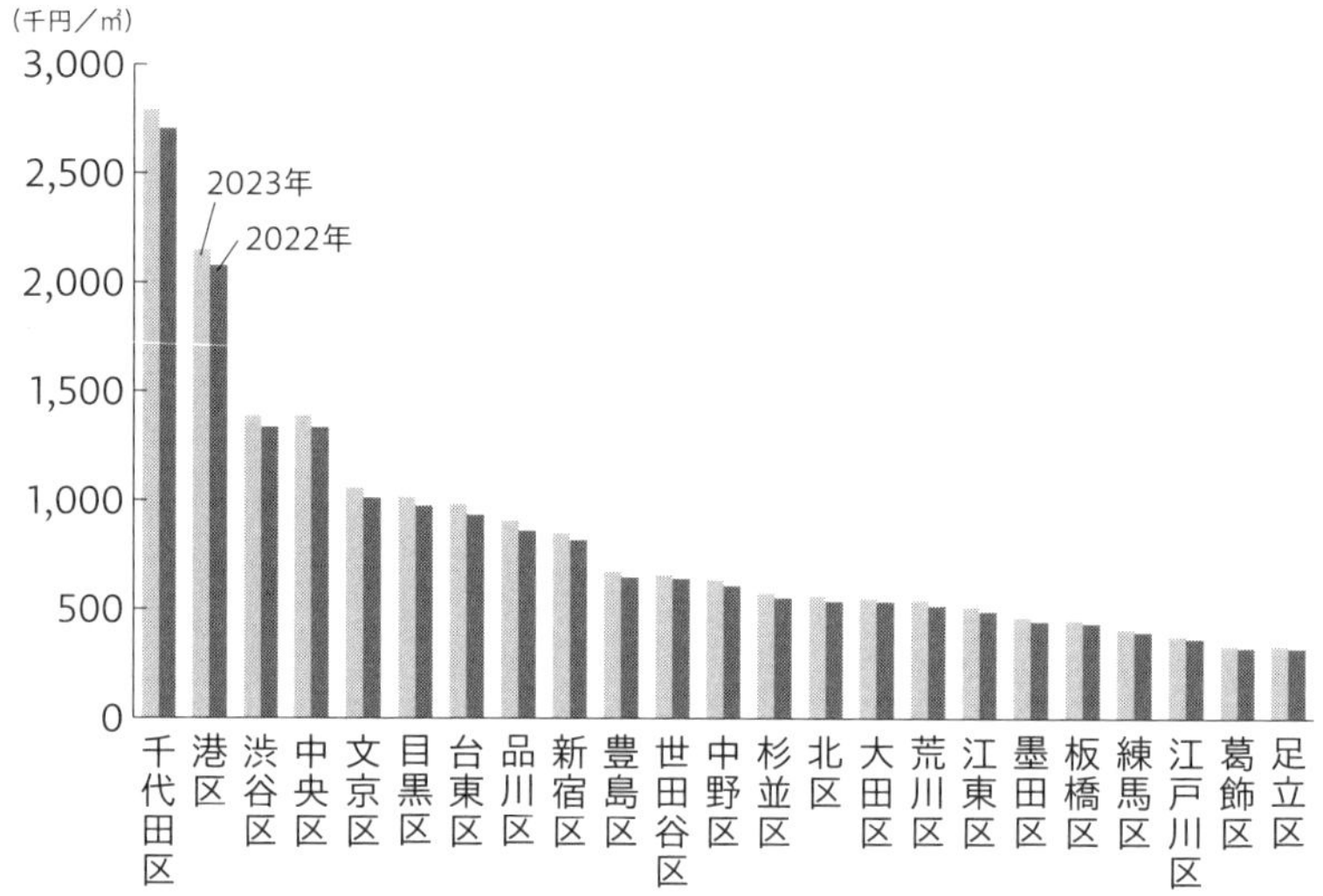


※国土交通省「地価公示」より

れる。

港区は、白金台、高輪、麻布、六本木、南青山など由緒ある高級住宅街が点在し、近くには魅力的な店舗が数多く、活気のある街並みとなっている。赤坂は「社長が住む街」の全国トップで、港区の社長比率は約14%で、住民の「7人に1人は社長」となっている。

図表3-13は、23区ごとの住宅地価を示したものであるが、年収ランキングを反映している。（図表3-14から19は大阪市・名古屋市・札幌市・仙台市・広島市・福岡市）。

所得格差が地価や住宅価格に反映され、不動産価格の二極化を鮮明にしている。昔から、「お金持ちが住みたいところの土地は高い」と言われてきたが、現在もこの言

**図表3-14　〈大阪市24区〉住宅地・公示地価平均価格**

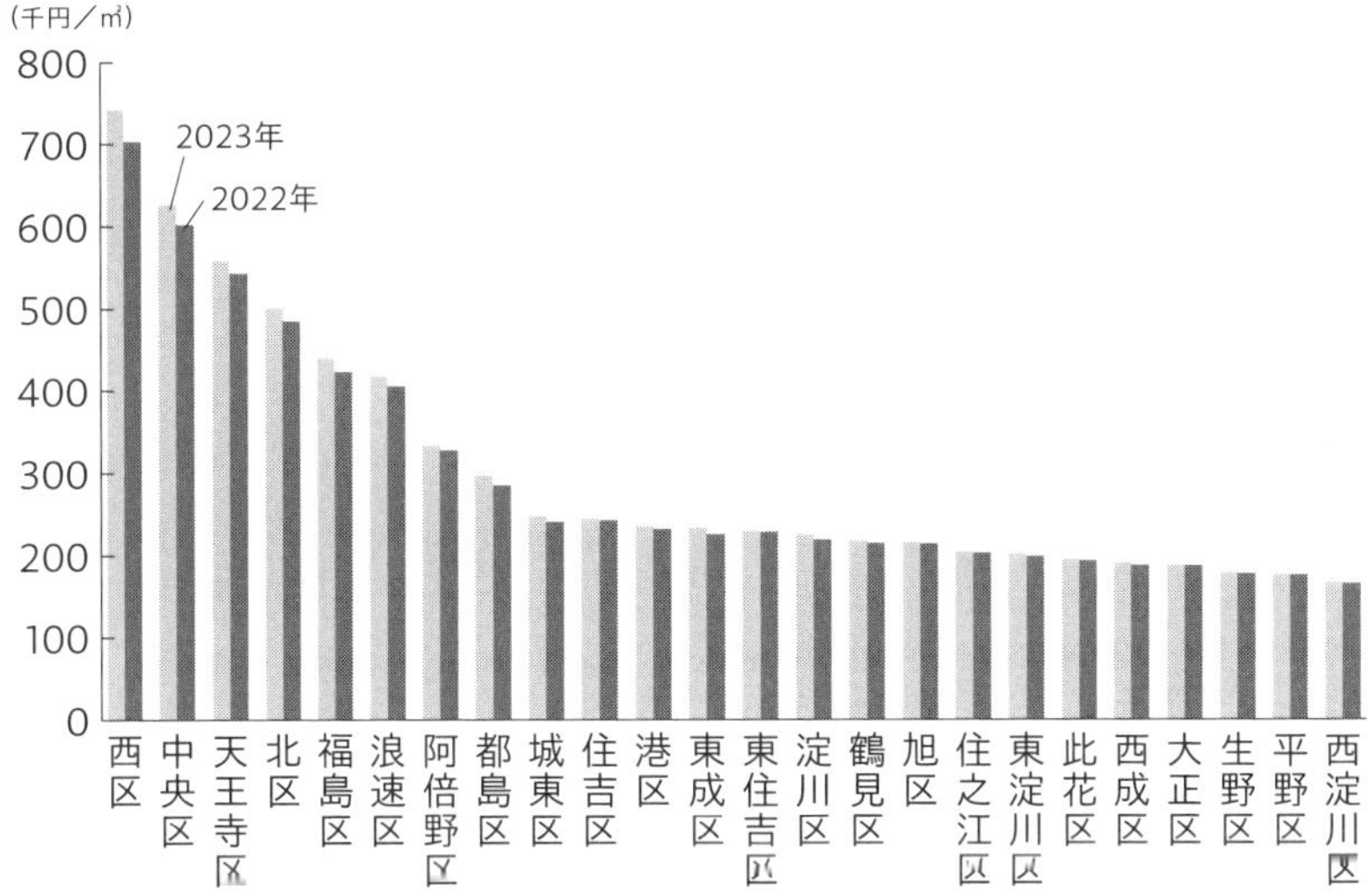


※国土交通省「地価公示」より

**図表3-15　〈名古屋市〉住宅地・公示地価平均価格**

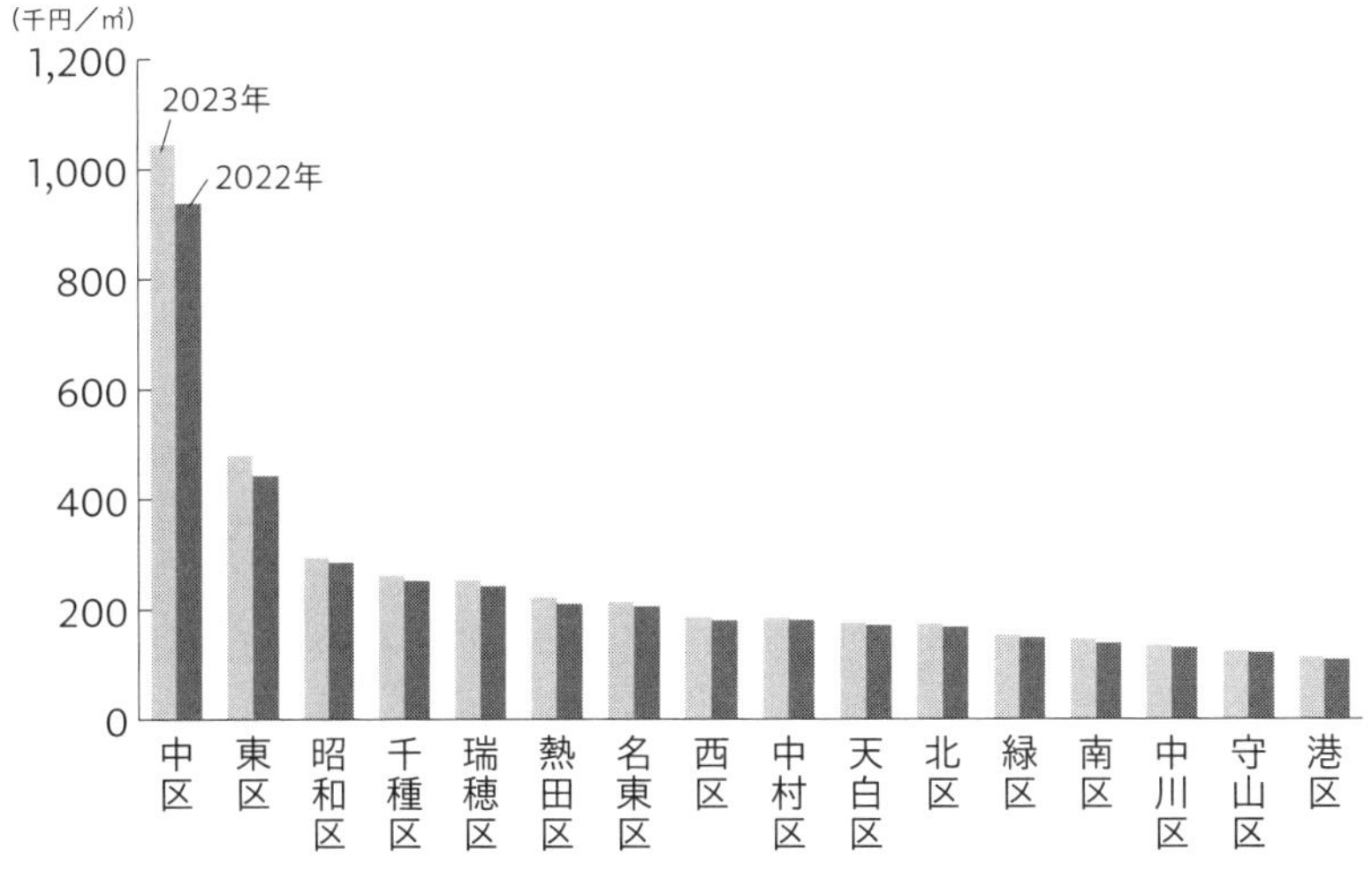


※国土交通省「地価公示」より

## 図表3-16 〈札幌市〉住宅地公示地価平均価格

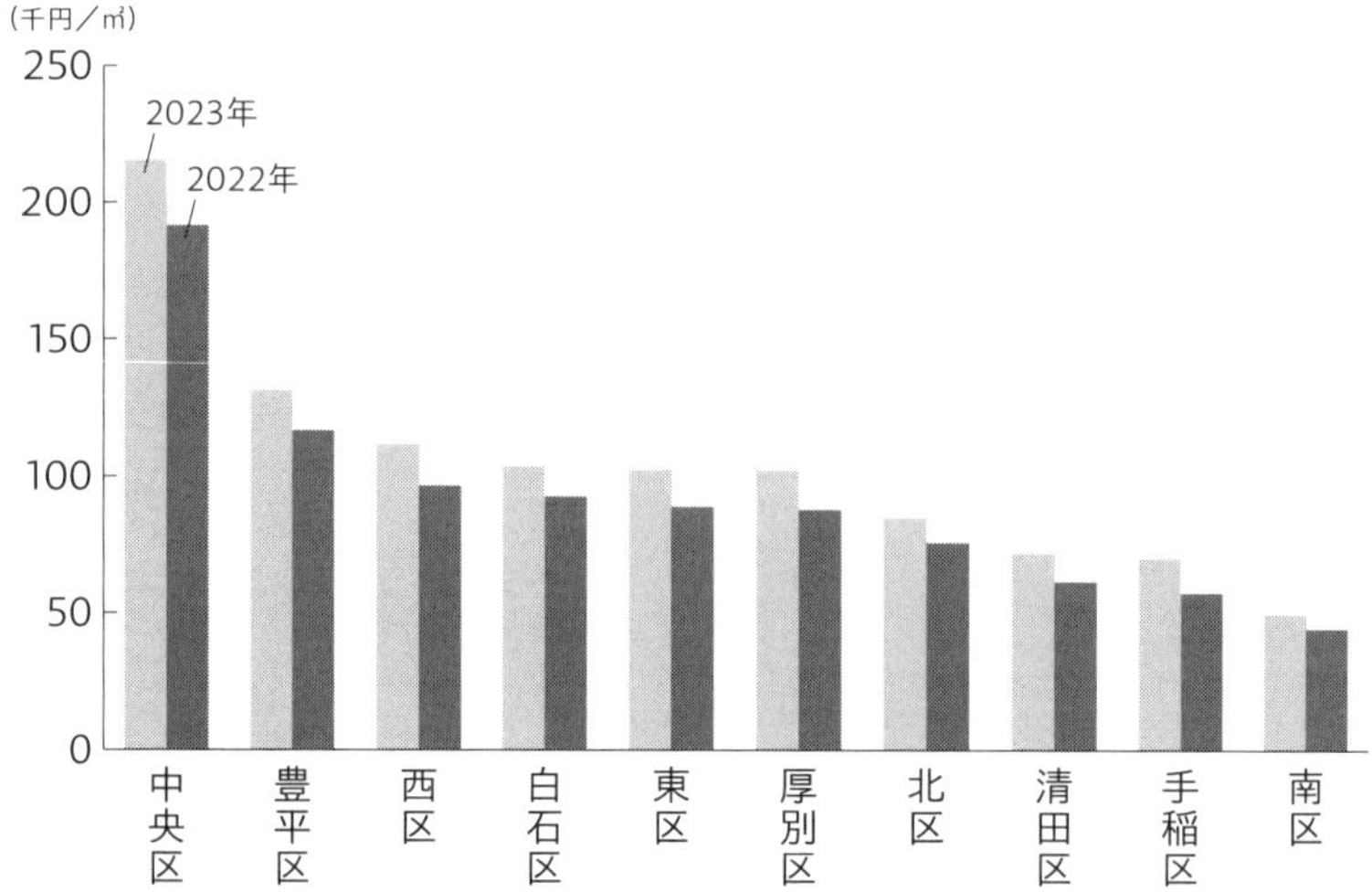


※国土交通省「地価公示」より

## 図表3-17 〈仙台市〉住宅地公示地価平均価格

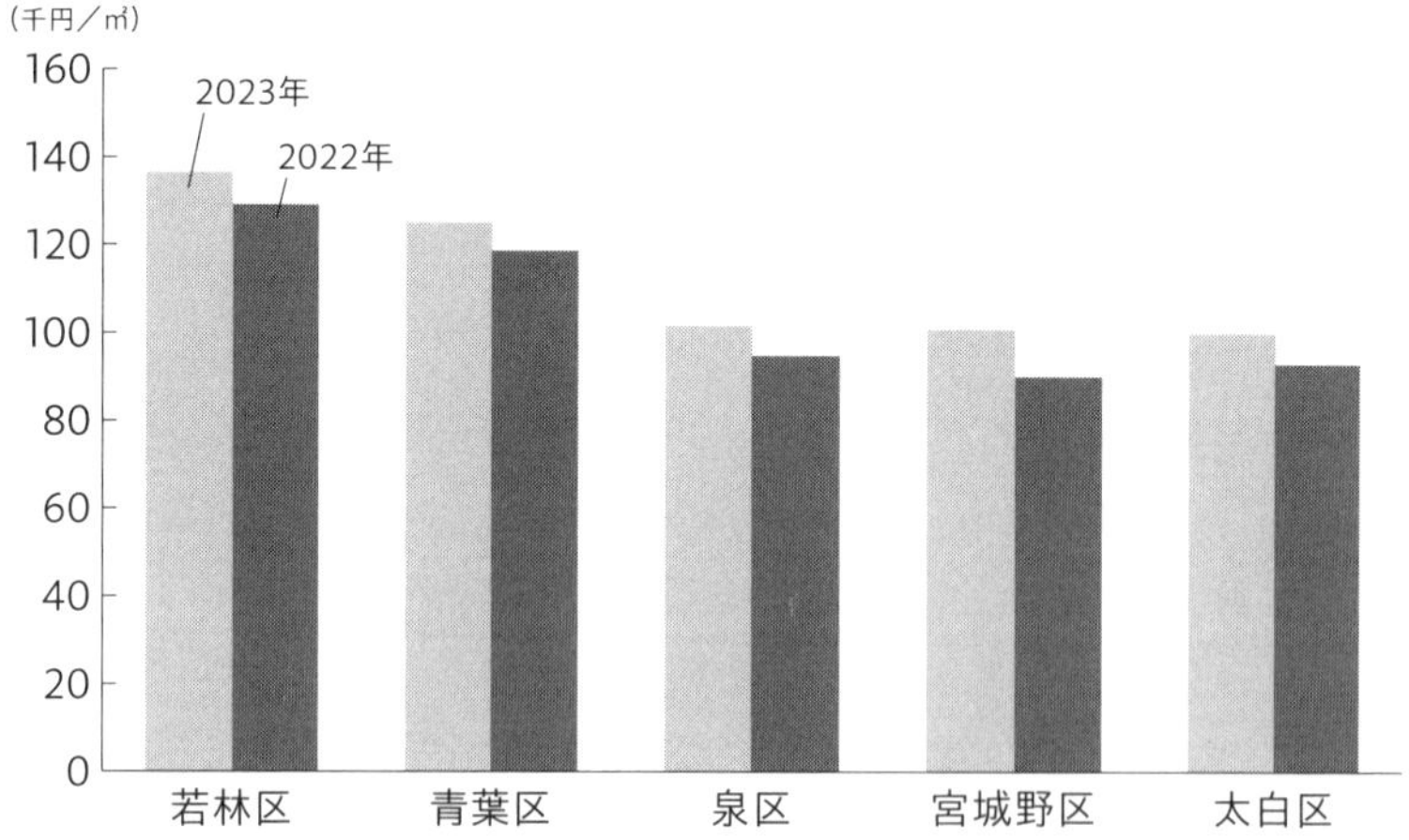


※国土交通省「地価公示」より

## 図表3-18 〈広島市〉住宅地公示地価平均価格

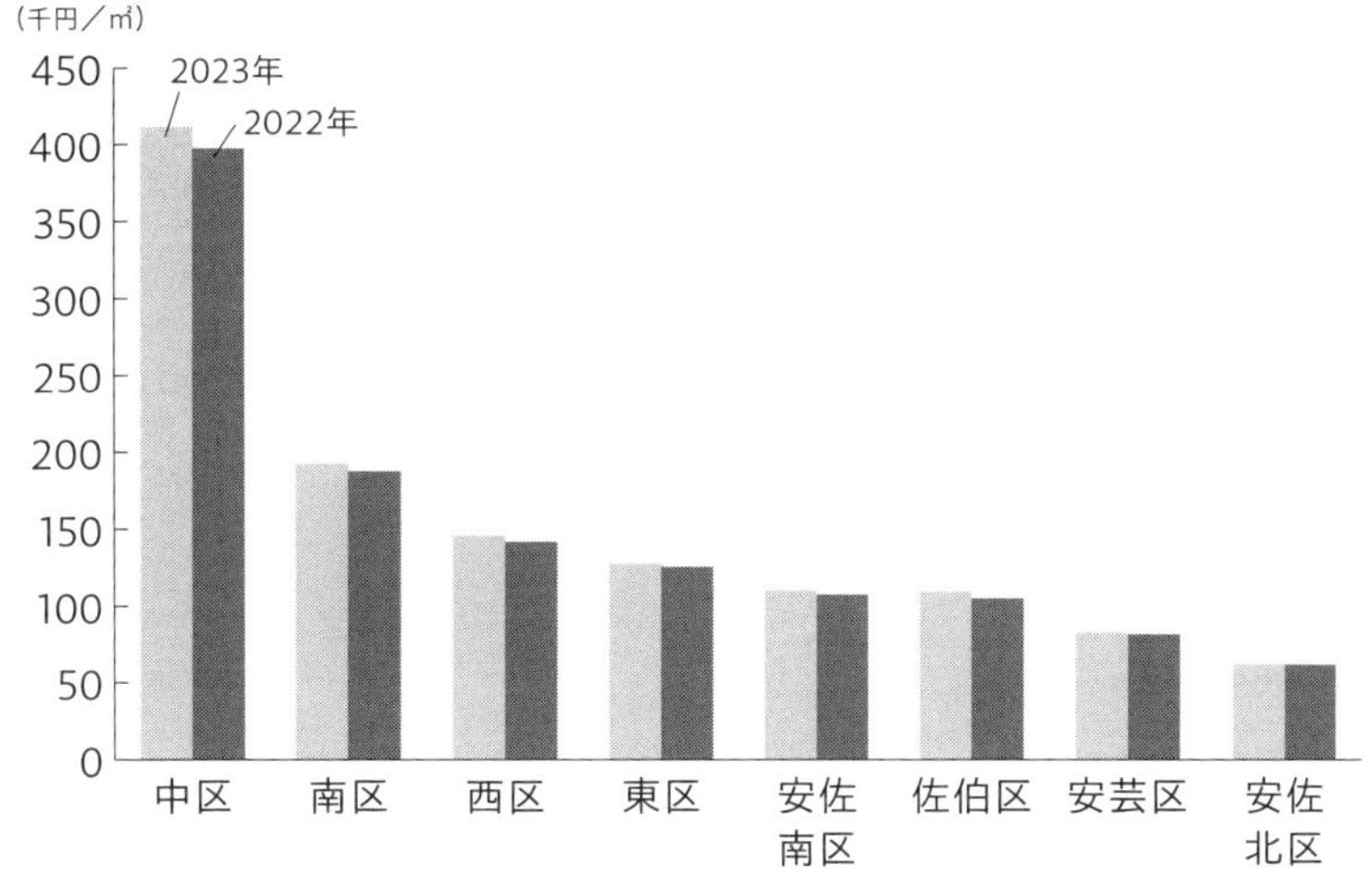


※国土交通省「地価公示」より

## 図表3-19 〈福岡市〉住宅地公示地価平均価格

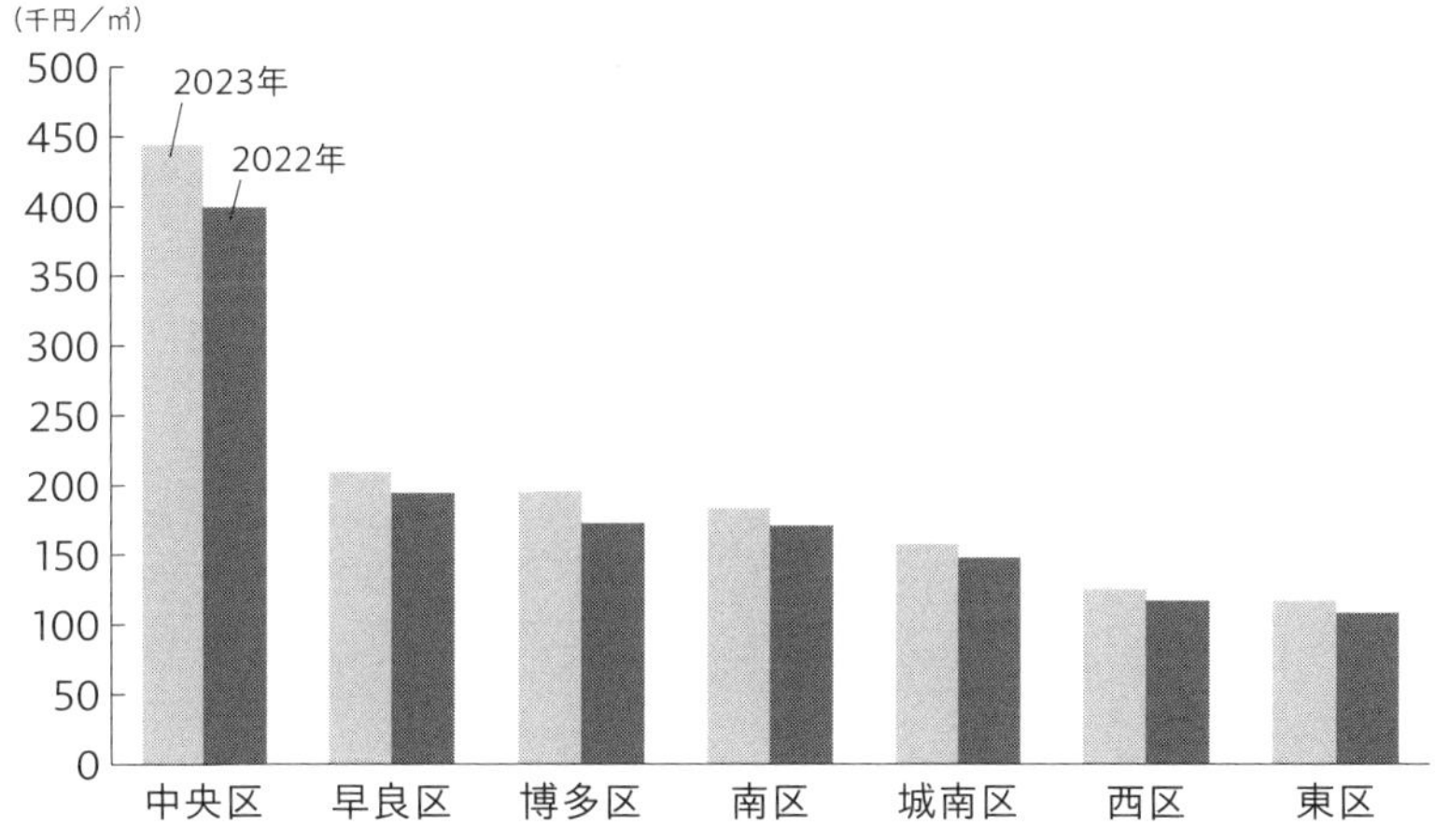


※国土交通省「地価公示」より

葉に変わりはない。世界共通の普遍の不動産の鉄則と思われる。

## セカンドハウスの需要を拡大させた

企業経営者の所得額も急増している。年収1億円以上の経営層は、日本でも珍しくなくなった。そうした人たちの間でも、仕事と私生活を両立させるワークライフ・バランスが確実に広がってきている。

地方圏のオーナー経営者が、東京都心のマンションをセカンドハウスとして購入する例も少なくない。この動きにもテレワークの広がりが寄与している。

人生100年時代を迎えて、人々の暮らし方も多様化していく。特に、高額所得者や資産家が、年齢と共に、自分らしく人生を過ごしたいというケースも増え、セカンドハウスにとどまらず、サードハウスを持つ人もよく目にする。

その動きが、軽井沢、熱海、沖縄、京都などのマンション需要を生み出している。直近では、札幌や福岡にセカンドハウスとしてマンションを取得する例も見られるようになった。

富裕層の需要が、特定の地域の不動産価格の上昇を可能にしている。

## 地域の経済力が不動産価格に反映される

住宅や土地の価格は、概して人口の増減に影響される。その前提は地域の雇用力にあり、多くの人は「働く場所」を求めて大都市に集まってくる。

図表3-20からは地域の経済力を知ることができる。13の産業別ランキングを見ると、東京は9つの産業でトップとなっていて、知識産業が多く、売上高は群を抜いている。この表にはないが、金融の分野でも、東京は他を寄せ付けない存在になっている。

図表3-21は、全都道府県庁の所在地（商業地）の最高価格を示したもので、産業分類別の売上高を反映した価格となっている。それぞれの地域の経済力、雇用力と合致している。

不動産価格は、地域の需給関係によって決まっていくというのが常識だが、時には、金融によって歪んだ取り引きが行われる。特に、狭い地域に大量の資金が流入すると、暴騰につながる。しかし大きく見れば、不動産市況は地域の事情、その時の経済・金融などの状況を反映して動く。その意味では、格差社会の進行に伴って、不動産価格の格差が拡大するのも整合的であろう。格差社会がもたらした当然の結果である。

## 相続税がもたらす価格の歪み

ある地方都市で初めてのタワーマンションを発売したところ、最上階の億ションは、購入希望

| | | | 1位 | 2位 | 3位 | 4位 | 5位 |
|---|---|---|---|---|---|---|---|
| 宿泊業，飲食サービス業 | | 全国 | 東京都 | 大阪府 | 神奈川県 | 愛知県 | 北海道 |
| | 売上高（百万円） | 19,037,867 | 3,313,277 | 1,658,428 | 1,188,998 | 1,140,139 | 813,132 |
| | 全国比（%） | 100.0 | 17.4 | 8.7 | 6.2 | 6.0 | 4.3 |
| 生活関連サービス業，娯楽業 | | 全国 | 東京都 | 大阪府 | 愛知県 | 神奈川県 | 千葉県 |
| | 売上高（百万円） | 29,827,279 | 7,311,534 | 2,427,697 | 1,672,167 | 1,600,658 | 1,362,772 |
| | 全国比（%） | 100.0 | 24.5 | 8.1 | 5.6 | 5.4 | 4.6 |
| 教育，学習支援業（その他の教育，学習支援業） | | 全国 | 東京都 | 神奈川県 | 大阪府 | 愛知県 | 埼玉県 |
| | 売上高（百万円） | 3,577,058 | 1,022,212 | 291,382 | 242,175 | 201,067 | 168,425 |
| | 全国比（%） | 100.0 | 28.6 | 8.1 | 6.8 | 5.6 | 4.7 |
| 医療，福祉 | | 全国 | 東京都 | 大阪府 | 神奈川県 | 愛知県 | 北海道 |
| | 売上高（百万円） | 174,800,349 | 68,950,639 | 9,244,976 | 7,433,518 | 6,689,989 | 5,441,069 |
| | 全国比（%） | 100.0 | 39.4 | 5.3 | 4.3 | 3.8 | 3.1 |
| 複合サービス事業（協同組合） | | 全国 | 北海道 | 愛知県 | 東京都 | 神奈川県 | 静岡県 |
| | 売上高（百万円） | 2,223,405 | 272,922 | 118,054 | 99,641 | 95,696 | 87,942 |
| | 全国比（%） | 100.0 | 12.3 | 5.3 | 4.5 | 4.3 | 4.0 |
| サービス業（政治･経済･文化団体，宗教を除く） | | 全国 | 東京都 | 大阪府 | 神奈川県 | 愛知県 | 埼玉県 |
| | 売上高（百万円） | 42,844,452 | 12,649,317 | 3,831,089 | 2,825,139 | 2,743,066 | 1,875,909 |
| | 全国比（%） | 100.0 | 29.5 | 8.9 | 6.6 | 6.4 | 4.4 |

※総務省「令和3年・経済センサス-活動調査」より

## 図表3-20 【都道府県】産業分類別売上高（2021年）

| 産業 | 項目 | | 1位 | 2位 | 3位 | 4位 | 5位 |
|---|---|---|---|---|---|---|---|
| 農林漁業 | | 全国 | 北海道 | 鹿児島県 | 宮崎県 | 茨城県 | 岩手県 |
| | 売上高（百万円） | 5,689,319 | 850,807 | 609,245 | 251,672 | 196,682 | 190,400 |
| | 全国比（%） | 100.0 | 15.0 | 10.7 | 4.4 | 3.5 | 3.3 |
| 鉱業，採石業，砂利採取業 | | 全国 | 新潟県 | 鹿児島県 | 北海道 | 千葉県 | 大分県 |
| | 売上高（百万円） | 653,008 | 104,182 | 53,347 | 52,656 | 43,618 | 32,791 |
| | 全国比（%） | 100.0 | 16.0 | 8.2 | 8.1 | 6.7 | 5.0 |
| 製造業 | | 全国 | 愛知県 | 大阪府 | 静岡県 | 神奈川県 | 兵庫県 |
| | 売上高（百万円） | 330,126,702 | 47,601,055 | 20,233,344 | 17,611,023 | 17,325,829 | 16,265,110 |
| | 全国比（%） | 100.0 | 14.4 | 6.1 | 5.3 | 5.2 | 4.9 |
| 情報通信業（情報サービス業，インターネット附随サービス業） | | 全国 | 東京都 | 大阪府 | 神奈川県 | 愛知県 | 福岡県 |
| | 売上高（百万円） | 41,551,826 | 28,092,285 | 3,098,398 | 2,485,963 | 1,568,329 | 772,315 |
| | 全国比（%） | 100.0 | 67.6 | 7.5 | 6.0 | 3.8 | 1.9 |
| 卸売業，小売業 | | 全国 | 東京都 | 大阪府 | 愛知県 | 神奈川県 | 福岡県 |
| | 売上高（百万円） | 577,712,994 | 190,157,670 | 58,847,754 | 43,115,225 | 23,936,462 | 23,670,721 |
| | 全国比（%） | 100.0 | 32.9 | 10.2 | 7.5 | 4.1 | 4.1 |
| 不動産業，物品賃貸業 | | 全国 | 東京都 | 大阪府 | 神奈川県 | 愛知県 | 福岡県 |
| | 売上高（百万円） | 55,707,533 | 23,587,098 | 6,277,839 | 3,685,874 | 3,120,192 | 1,944,259 |
| | 全国比（%） | 100.0 | 42.3 | 11.3 | 6.6 | 5.6 | 3.5 |
| 学術研究，専門・技術サービス業 | | 全国 | 東京都 | 神奈川県 | 大阪府 | 愛知県 | 福岡県 |
| | 売上高（百万円） | 47,335,247 | 24,805,645 | 4,094,164 | 3,410,876 | 1,999,130 | 1,375,320 |
| | 全国比（%） | 100.0 | 52.4 | 8.6 | 7.2 | 4.2 | 2.9 |

**図表3-21 【都道府県庁所在地】公示地価〈商業地・最高価格〉**

| | 2023年 | 2022年 |
|---|---|---|
| 東京都23区 | 53,800 | 53,000 |
| 大阪市 | 22,400 | 22,100 |
| 名古屋市 | 19,000 | 18,500 |
| 横浜市 | 16,300 | 16,100 |
| 福岡市 | 11,300 | 11,000 |
| 京都市 | 8,800 | 8,500 |
| 神戸市 | 6,250 | 6,120 |
| 札幌市 | 6,050 | 5,570 |
| 仙台市 | 4,380 | 4,280 |
| さいたま市 | 3,790 | 3,570 |
| 広島市 | 3,700 | 3,550 |
| 熊本市 | 2,370 | 2,400 |
| 千葉市 | 2,150 | 2,000 |
| 那覇市 | 1,970 | 1,930 |
| 岡山市 | 1,650 | 1,530 |
| 静岡市 | 1,430 | 1,430 |
| 鹿児島市 | 1,140 | 1,130 |
| 金沢市 | 1,000 | 985 |
| 長崎市 | 963 | 944 |
| 松山市 | 831 | 821 |
| 奈良市 | 765 | 720 |
| 大分市 | 672 | 668 |
| 岐阜市 | 648 | 621 |
| 新潟市 | 557 | 540 |

| | 2023年 | 2022年 |
|---|---|---|
| 富山市 | 555 | 534 |
| 高松市 | 445 | 438 |
| 和歌山市 | 444 | 442 |
| 宇都宮市 | 395 | 384 |
| 福井市 | 383 | 374 |
| 徳島市 | 366 | 367 |
| 大津市 | 360 | 354 |
| 長野市 | 353 | 354 |
| 甲府市 | 292 | 293 |
| 宮崎市 | 286 | 286 |
| 盛岡市 | 278 | 281 |
| 水戸市 | 261 | 261 |
| 高知市 | 260 | 260 |
| 佐賀市 | 260 | 255 |
| 津市 | 249 | 249 |
| 福島市 | 248 | 245 |
| 山形市 | 218 | 215 |
| 青森市 | 194 | 194 |
| 秋田市 | 176 | 170 |
| 松江市 | 170 | 169 |
| 前橋市 | 166 | 166 |
| 山口市 | 160 | 160 |
| 鳥取市 | 121 | 126 |

(単位：千円/㎡)

国土交通省「地価公示」データより

者の競争倍率が10倍にもなったという。

一方、東京では完売したものの、引き渡し後、夜になっても灯が点いていない部屋が多いタワーマンションが散見される。その要因の一つは、富裕層の人たちが、相続税対策などの目的で購入しているからである。

投資を目的とするのなら、利回り2％前後の物件は購入しない。しかし、利回りが低くても、「希少性」があり、将来も資産価値が下がる可能性が低いと判断した物件は売れていく。その目的の大半は、相続対策や高額所得者の節税であり、住まいとしての実需ではない。そのため「割高」だからこそ購入した、と考えられる。

価格が高いほうが節税に好都合と判断する人が多くいるため、現在のところ高額物件の値崩れは見られない。日本の税制が不動産価格の下支えをしていることになる。

図表3-22は各国の相続税の最高税率を示したものである。相続税自体がない国も多い。日本では、資産家でなくても、東京に（大邸宅でなくても）それなり広さの自宅を所有していれば、多くの人が相続税を支払うことになる。

まして資産家の相続税負担は重く、その対策をする動きが不動産市況を活発にしている。その結果、経済的合理性を超えて、価格調整を阻害する要因になっている。

税制が結果的に不動産の需要を喚起して不動産価格を押し上げ、二極化現象を増幅している。

**図表3-22　相続税最高税率の国際比較**

| 国名 | 日本 | ドイツ | イギリス | フランス | アメリカ |
|---|---|---|---|---|---|
| 基礎控除額 | 3000万円 | 配偶者50万ユーロ | 32万5000ポンド | | 1140万ドル |
| 子供の控除額 | 600万円/1人 | 40万ユーロ | | 10万ユーロ/1人 | |

※スウェーデン・カナダ・オーストラリア・シンガポール・インド等…相続税も贈与税も0%

| 国名 | 日本 | ドイツ | イギリス | フランス | アメリカ |
|---|---|---|---|---|---|
| 相続税の最高税率 | 55% | 30% | 40% | 45% | 40% |

※ロシア・中国には相続税がありません。
上記データは概略であり、国毎に様々な条件があります。

## 格差社会で、まったく異なる判断基準

不動産価格の判断の基準が立場によって異なるようになってきた。従来までは、収益還元法、周辺の取引事例などにしたがって売買価格を決めるのが一般的であったが、最近では、想定価格を大きく上回り、不動産業者が驚くような高値で成約する取引事例が多くなった。

ただ、そのような取り引きには共通点がある。それは不動産の「希少性」であり、立地条件・眺望・交通の至便性が圧倒的に優れたものに限られている。

唯一無二の条件が揃っていれば、富裕層は「法外な価格」でも、自らの「主観的評価」で購入するようになってきた。収益還元法などの「客観的評価」からは「歪んだ価格」に見えても、富裕層にとっては、納得できる価格だ。

低中所得者は、住宅などを「価格で買う」が、富裕層は「価値で買う」。これが格差社会だ。先般も、英国のダイアナ妃のセーターが驚くほどの高額で落札された。日本でも、トヨタ自動車のスポーツカー2000GTは、発売価格の約20倍になる8000万円前後で買い手が付くという。これが格差の現実であり、不動産はその最たるものである。

格差社会、格差時代には、実体経済と評価経済という二つの経済市場が生まれ、価格設定が難しくなっている。客観的な数字だけで「価格設定」をする時代ではなくなっているのだ。

# 第4章

# 高齢者と企業が不動産市場を活性化させる

不動産バブル

|

静かな崩壊

### 図表4-1　【全国】100歳以上の人口の推移

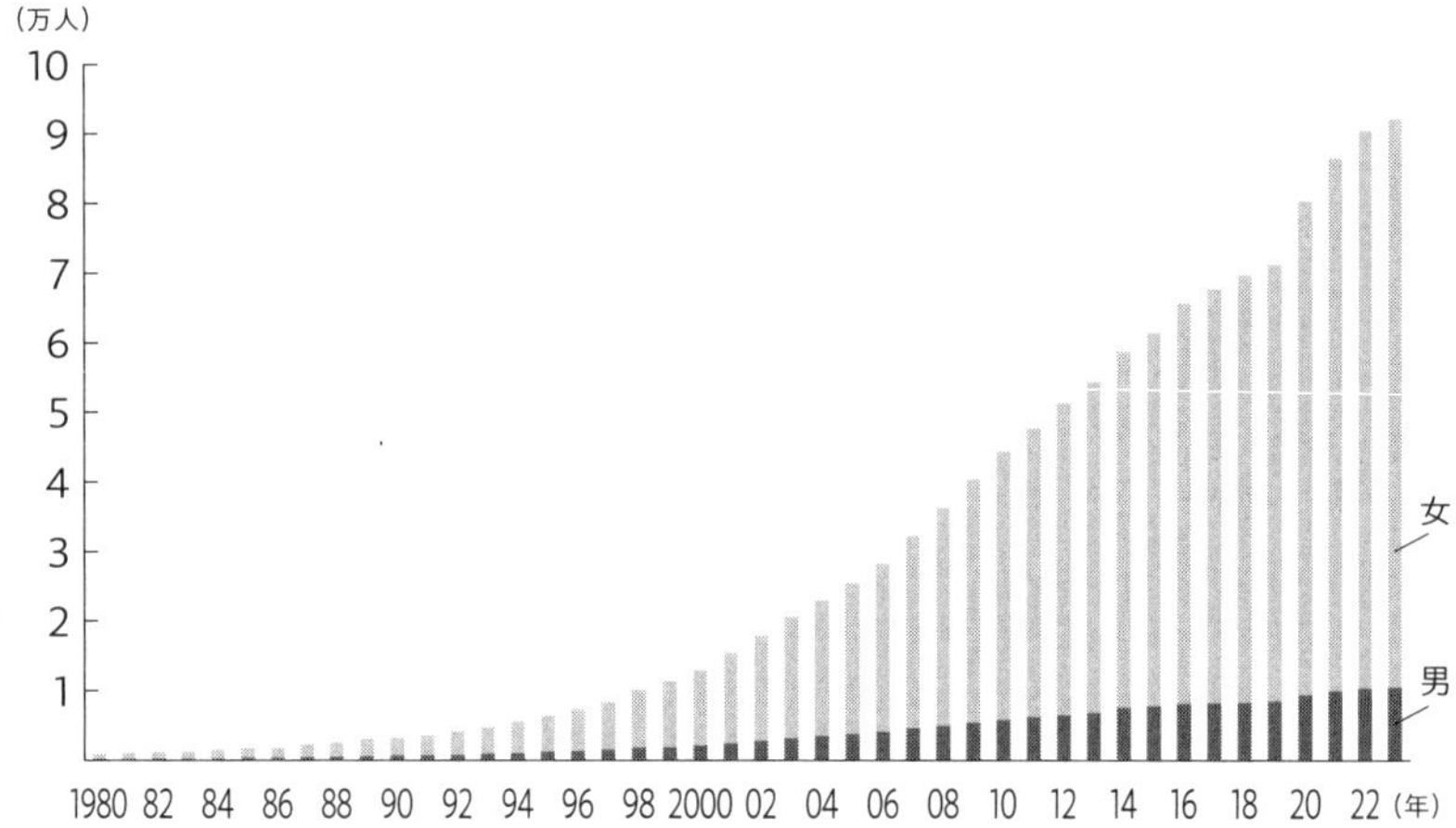


※厚生労働省「百歳の高齢者へのお祝い状及び記念品の贈呈について」データより

日本は、世界でも有数の高齢化社会である。生活や医療環境も良好で、100歳を超える高齢者数の増加傾向は加速している（図表4-1）。

高齢者は現金・債券・株式などの金融資産を多く持っている。そのため住宅・不動産市場でも年々、高齢者の存在感が高まっている。不動産業界で、高齢者抜きの事業推進は考えられない。

また不動産市場において、さまざまな意味で企業の存在感も大きくなっている。

経営者の高齢化による事業承継や相続問題も増えた。企業自身も、人口減少をはじめ事業環境の変化によって事業構造の転換を迫られている。会社の清算、廃業、倒産も珍しくない。その結果、不動産の取得・売却・有効活用など

図表4-2　【日本】1970年・2020年の人口構造比較

| 年代 | 1970年 | | 2020年 | | |
|---|---|---|---|---|---|
| | 人口（千人） | 総人口比 | 人口（千人） | 総人口比 | 対1970年比 |
| 90歳以上 | 66 | （ 0.0%） | 2,386 | （ 1.9%） | +3527.4% |
| 80代 | 878 | （ 0.9%） | 9,113 | （ 7.4%） | +938.2% |
| 70代 | 3,394 | （ 3.3%） | 16,171 | （13.1%） | +376.5% |
| 60代 | 6,684 | （ 6.5%） | 15,523 | （12.6%） | +132.2% |
| 50代 | 9,179 | （ 8.9%） | 16,379 | （13.3%） | +78.4% |
| 40代 | 13,146 | （12.7%） | 17,939 | （14.5%） | +36.5% |
| 30代 | 16,499 | （16.0%） | 13,592 | （11.0%） | ▲17.6% |
| 20代 | 19,632 | （19.0%） | 11,867 | （ 9.6%） | ▲39.6% |
| 10代 | 16,798 | （16.3%） | 10,934 | （ 8.9%） | ▲34.9% |
| 10歳未満 | 16,846 | （16.3%） | 9,496 | （ 7.7%） | ▲43.6% |
| 総数 | 103,119 | | 123,399 | | +19.7% |

※厚生労働省「人口動態調査」より

で、市場に登場することが多くなっている。

日本経済の大きな転換期を迎え、企業にとって不動産が経営の重要な課題として浮上している。

**高齢者数の増加と長寿化によって、市場を活性化させている**

図表4－2は、1970年と2020年の人口構造を比較したものである。70代の人口増加率の伸びは4・7倍と急で、また絶対数も多く、70代では1600万人超となっている。

この中には、現在でも働いている人も多く、不動産・現金・株式など

**図表4-3　世帯主の年齢階級別に見た平均貯蓄・借入額（2022年）**

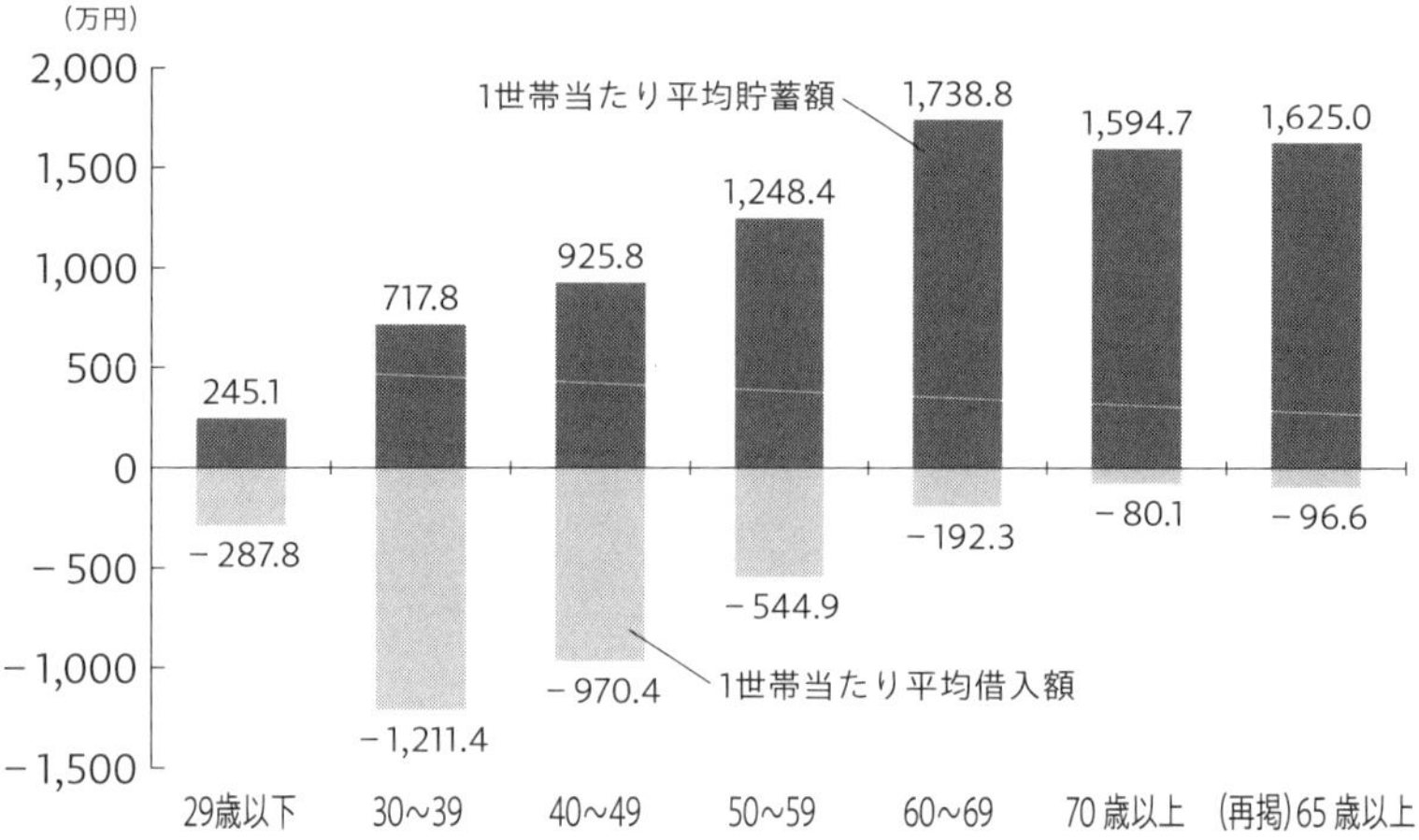


※厚生労働省「国民基礎調査」より

の資産を持っている（図表４－３）。

一方、高齢化社会は「多死社会」でもある。図表４－４で見られるように、死亡者数の増加傾向が続いており、年間１５０万人を突破する時も近づき、今後、さらに増加していく。

多死社会の進行は、「空き家」を増やす。空き家は社会問題として、マスコミにも度々、取り上げられる（図表４－５）。このままでいけば、２０５０年には１５００万戸の空き家が生まれるだろう。

不動産市場では相続に起因した取り引きが目立つようになっている。空き家の取得の経緯を見ると、相続が55％となっている。

相続にも高齢化社会を反映した現象が見られる。それは被相続人だけでなく、相続人も高齢

### 図表4-4 【全国】死亡数の推移

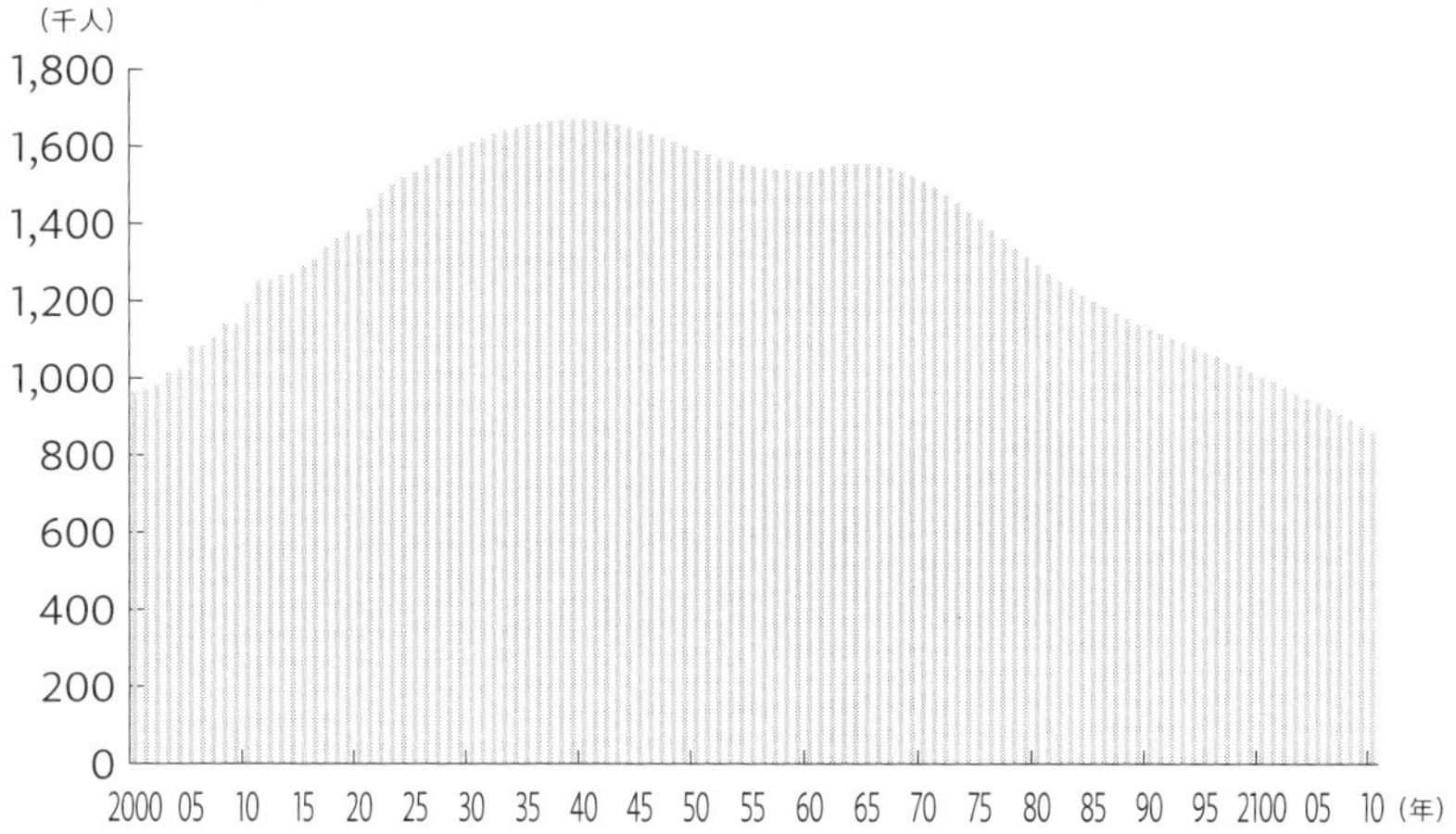


資料：国立社会保障・人口問題研究所データより（2022年以降は推計値）

### 図表4-5 【全国】空き家数の推移

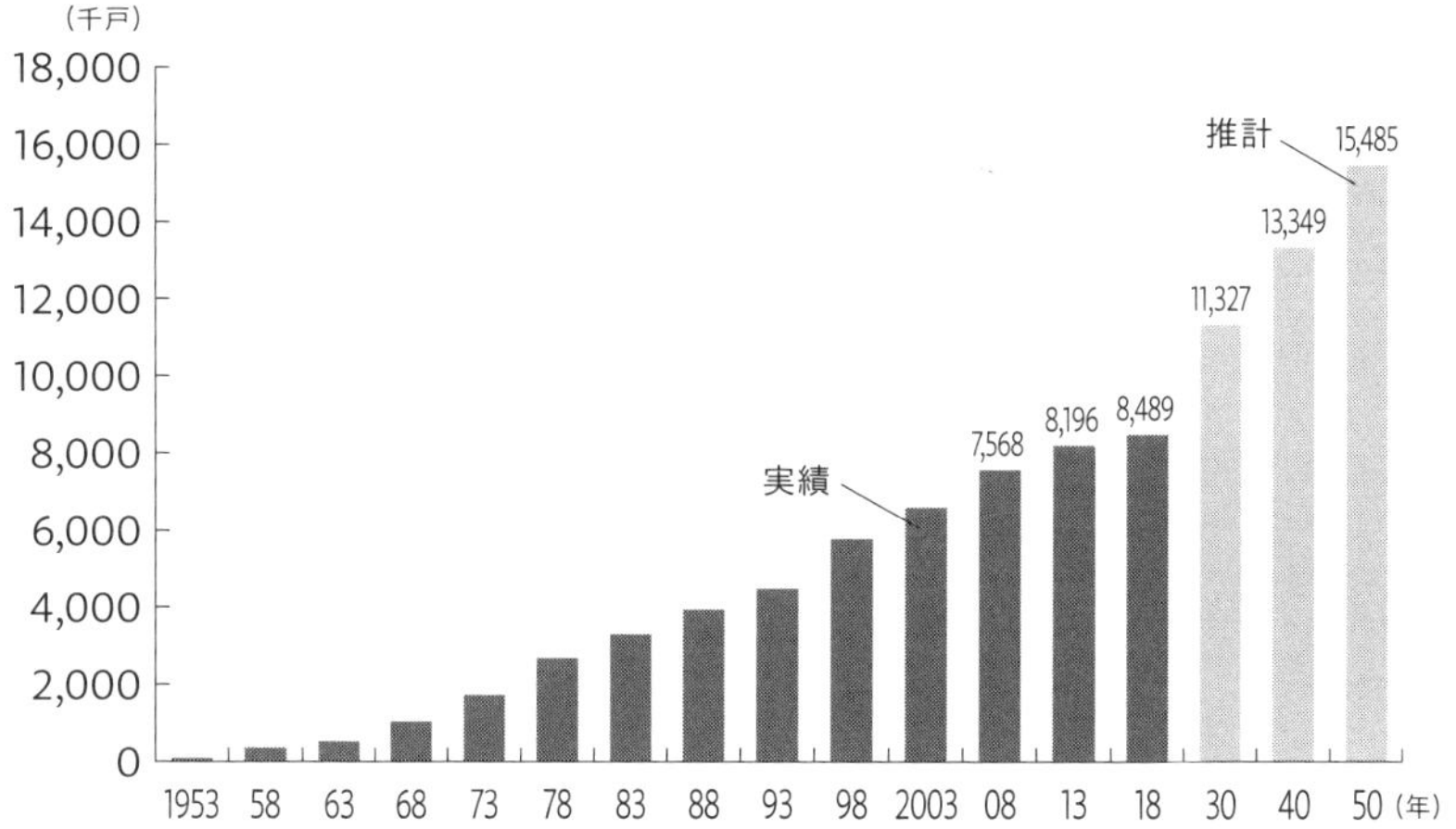


実績：総務省統計局「住宅・土地統計調査」より。推計：国土交通省「国土の長期展望」中間とりまとめ（2011年）より

図表4-6　不動産の売却理由（141件の内訳）

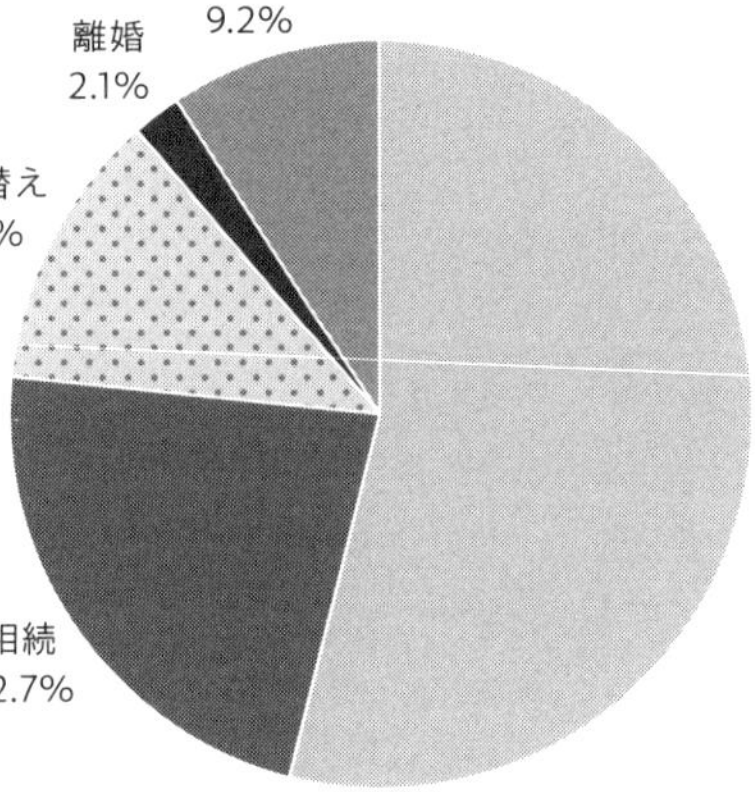


（2023年11月ネットワーク88調査）

化していることである。

例えば、親が95歳で亡くなり、その相続人となる子供の年齢が70歳ということも珍しくない。「老々相続」である。その70歳の相続人は自宅を所有している場合が多く、相続した住宅やその他の不動産を換金する（図表4－6）。

その場合、高齢者が売り主になるが、買い主も高齢者が多く、このような取り引きは、以前から常態化している。

その高齢者の売り主も、60歳以上の女性の比率が高まってきている。

女性は男性よりも長生きするケースが多く、最近、不動産や相続に関するセミナーへの参加者には70歳以上の女性が目立つ。

図表4－10は、相続税の課税状況の推移を示し

## 図表4-7　空き家の取得経緯

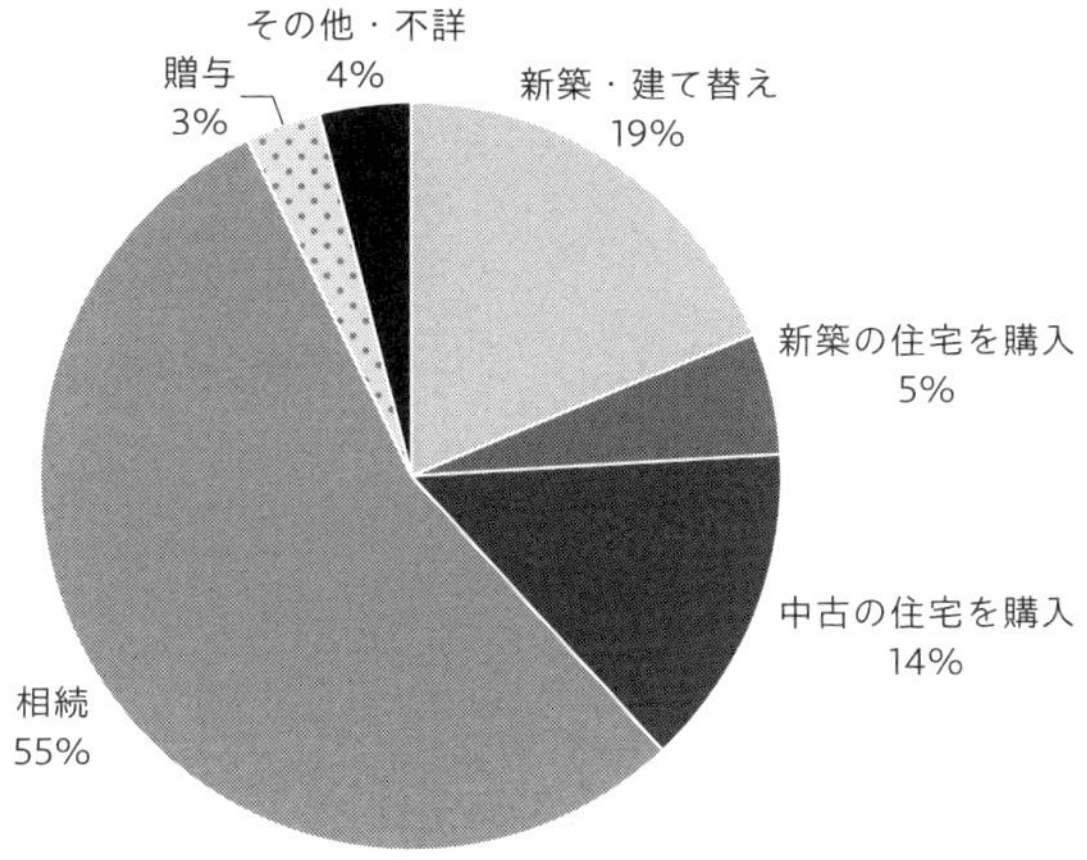


※国土交通省「令和元年 空き家所有者実態調査」より

## 図表4-8　【全国】男女別・75歳以上人口の推移

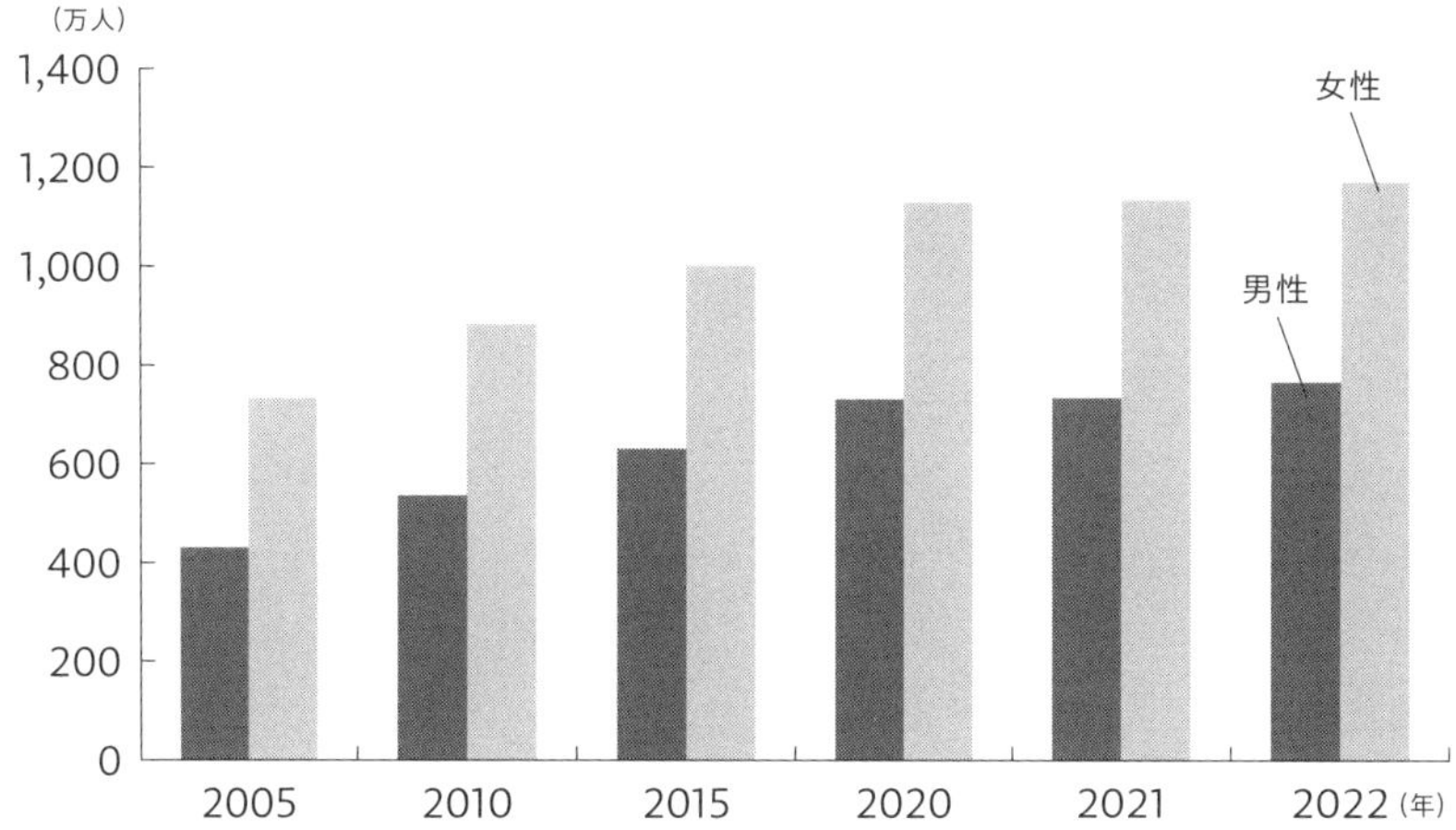


※総務省「人口推計」より

## 図表4-9　不動産を売却した個人売主の年齢・性別分布

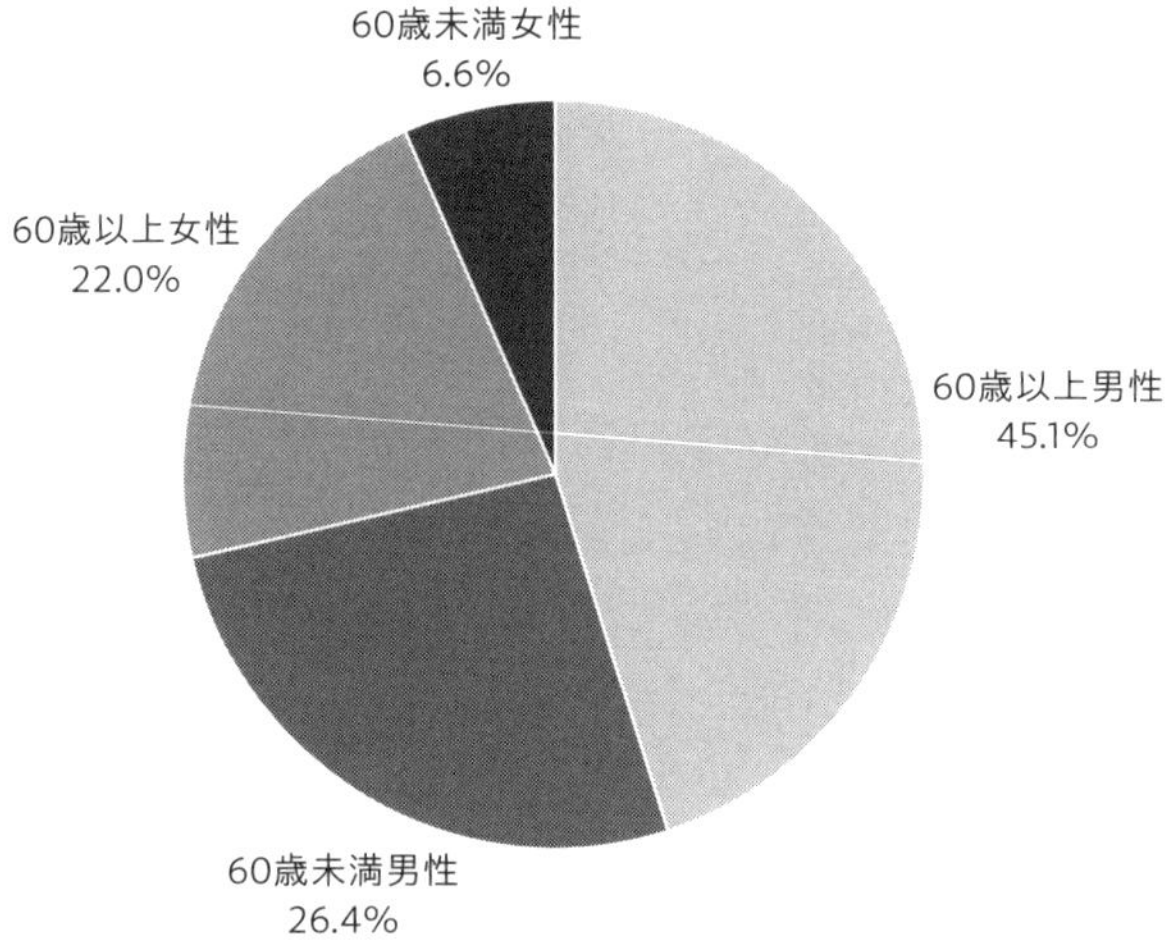


※ネットワーク88調査（2021年2月）

## 図表4-10　相続税課税状況の推移

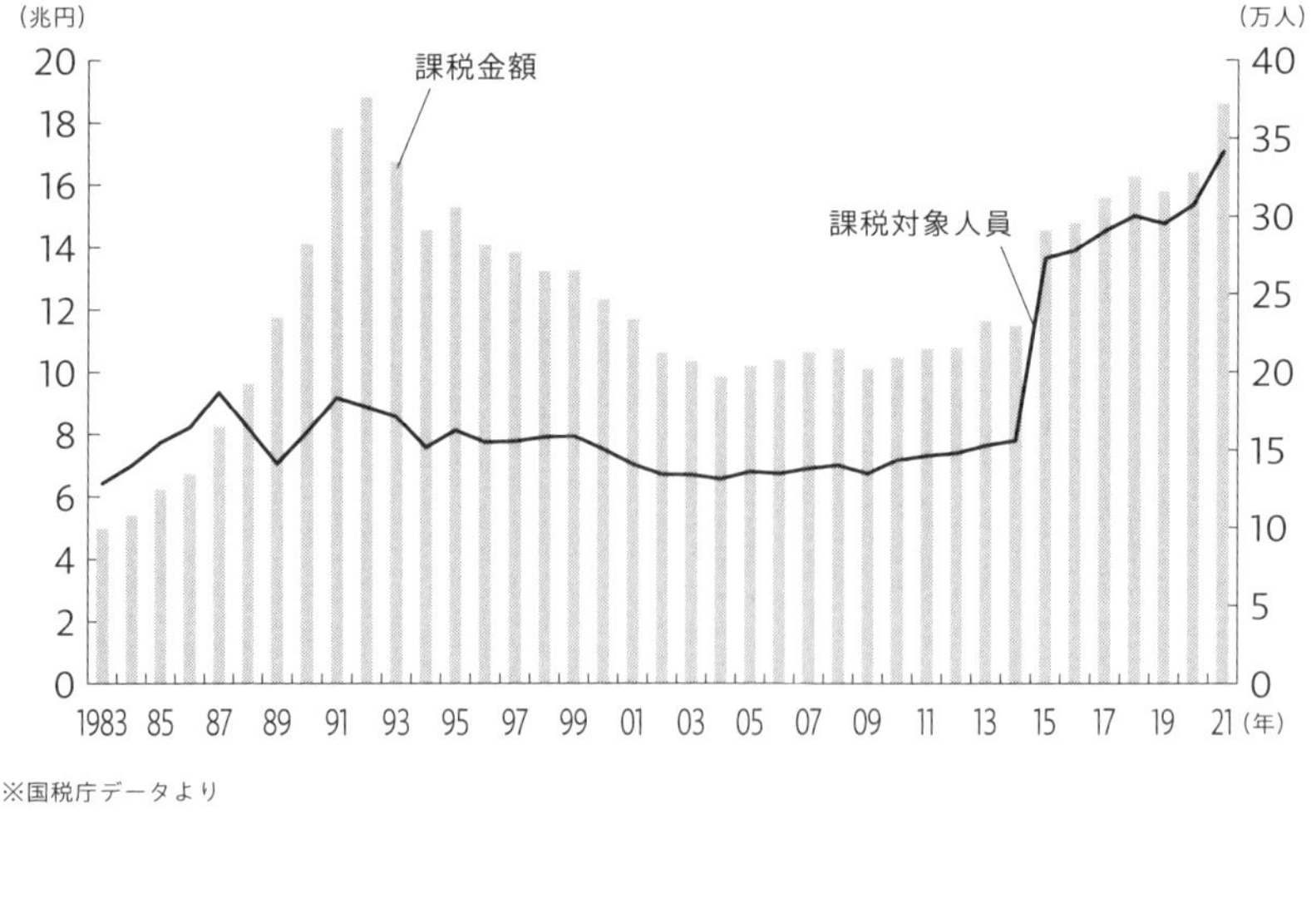


※国税庁データより

**図表4-11　相続財産の金額・構成比推移**

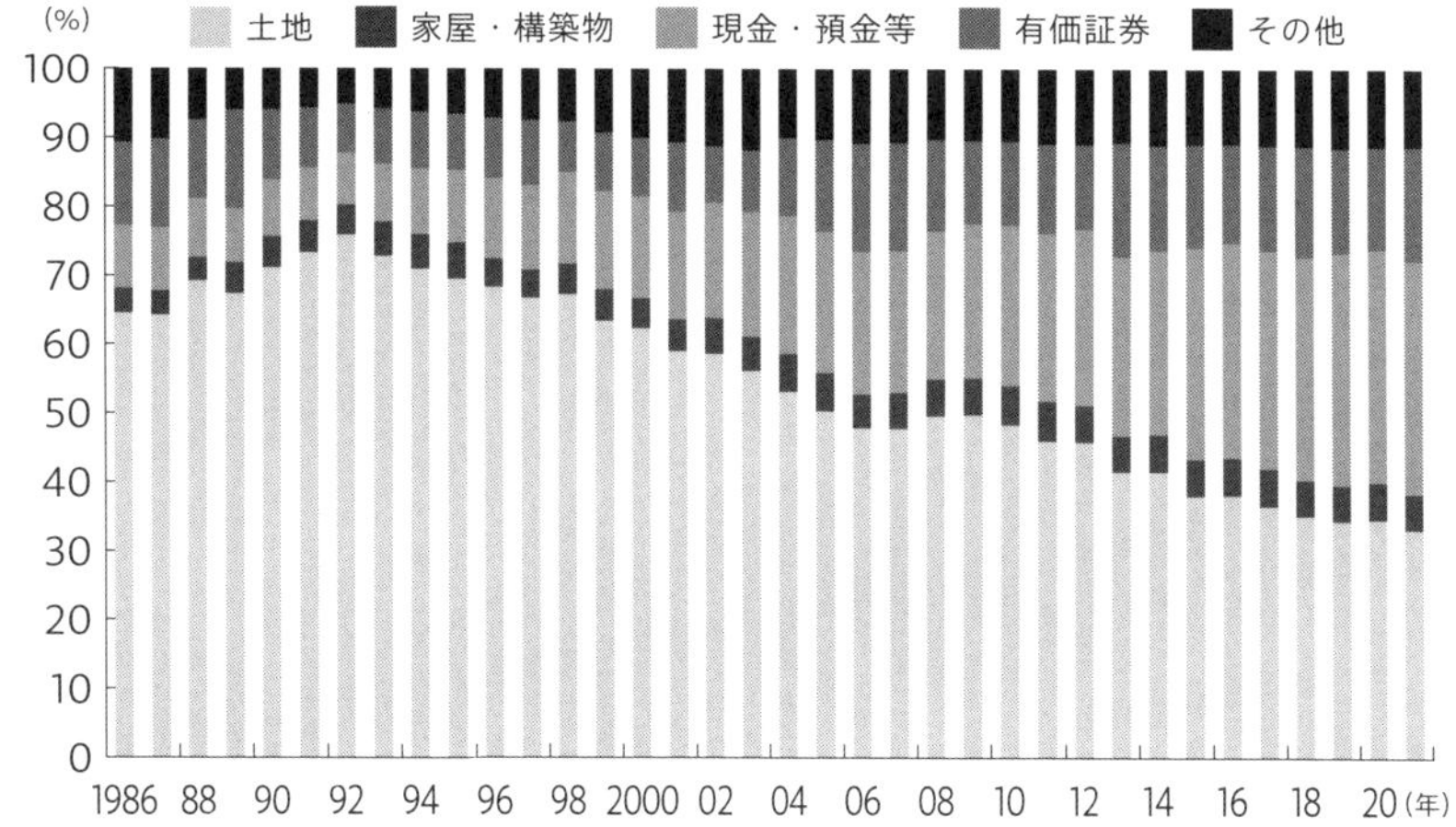


※国税庁データより

ている。２０１５年、相続税が強化されて以降、課税対象人員・課税金額が急伸している。税制の強化だけでなく、３大都市圏、地方中核都市では、不動産バブルによる地価の高騰が、課税金額の増加に寄与している。

インフレは、国家や自治体に税収増の効果をもたらす。相続税強化による税収金額を見ると、年々増加し、２０２１年には、１９９０年バブル期に並ぶ水準になっている。税制変更の影響は大きいが、アベノミクスによる不動産バブルを反映した結果だろう。

課税対象人員の急増は、市況を活性化させることになる。

## 老後に向けた住まいのあり方を考える

老後の生活設計を見直す中で、住宅について考える人が増加している。

郊外の広い戸建て住宅から利便性の高い都心や駅近のマンションへ、現在の自宅をリフォームする、自宅を売却して賃貸へ、あるいは田舎の実家に戻る、都心のマンションを売却してリゾート地へ移住する――。

さまざまな老後に向けた動きが活発になって、住み替え需要、リフォーム需要を喚起している。

長寿社会では、働き方・暮らし方がますます多様化し、それに伴う住宅への関心は高まる。

長寿社会になると、お金に関する心配も顕在化する。年金だけでは豊かで充実した人生は難しいと考える人は多い。特に最近の急激なインフレで、老後の備えをどうするのか?という心配がある（図表4-12、13）。

長い人生、気候の変化や災害などで多額の出費をすることもあるだろう。

高齢者施設に入居する人は増えていて、入居費用のために自宅を売却する人も多い。

さらに、こんな話も聞いた。80歳を前にして施設に入居する際、数千万円の預金があったので、毎月の施設への支払いは亡くなるまで賄えると思ったが、思わぬ長生きにより、資金が足りなくなりそうだ、ということで、月々の支払いが少ない施設に移りたいという申し出があったそ

**図表4-12　〈60歳以上〉住まいに対する意識からみた住宅購入理由（首都圏・住宅購入者）**

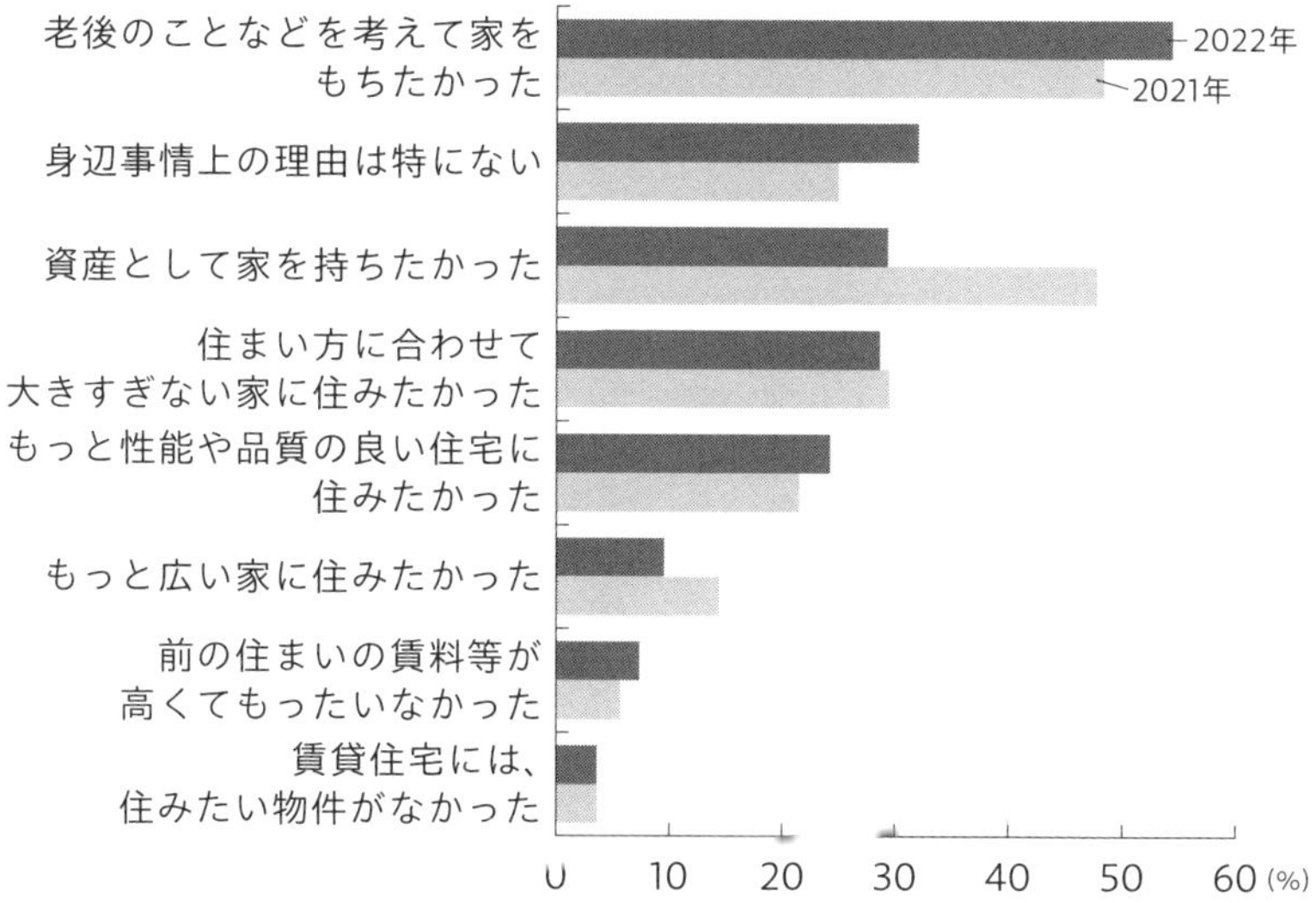


※㈳不動産流通経営協会「不動産流通業に関する消費者動向調査（2021、2022年度）」より（複数回答）

**図表4-13　人生100年時代　お金の誤算**

| | | |
|---|---|---|
| **1位** | 介護費用の負担が重い | ――お金の準備でパニック防ぐ |
| **2位** | 老後も支出が減らない | ――生活水準下げる選択も |
| **3位** | 住居費がかさむ | ――家の「老い」にも対策を |
| **4位** | 住宅ローン問題 | ――「退職金で返済」は慎重に |
| **5位** | 預貯金が足りない | ――長生きを念頭に計画 |
| **6位** | 年金が想定より少ない | ――高年収者ほど注意 |
| **7位** | 高齢者狙う金融商品で失敗 | ――運用丸投げは禁物 |
| **8位** | 認知症問題 | ――「自分事」として備える |
| **9位** | リタイアできない | ――働き方、再検討を |
| **10位** | 保険がムダに | ――家族と情報を共有 |

※2021年7月3日付日本経済新聞　「何でもランキング」より

図表4-14　【全国】高齢者就業者数の推移

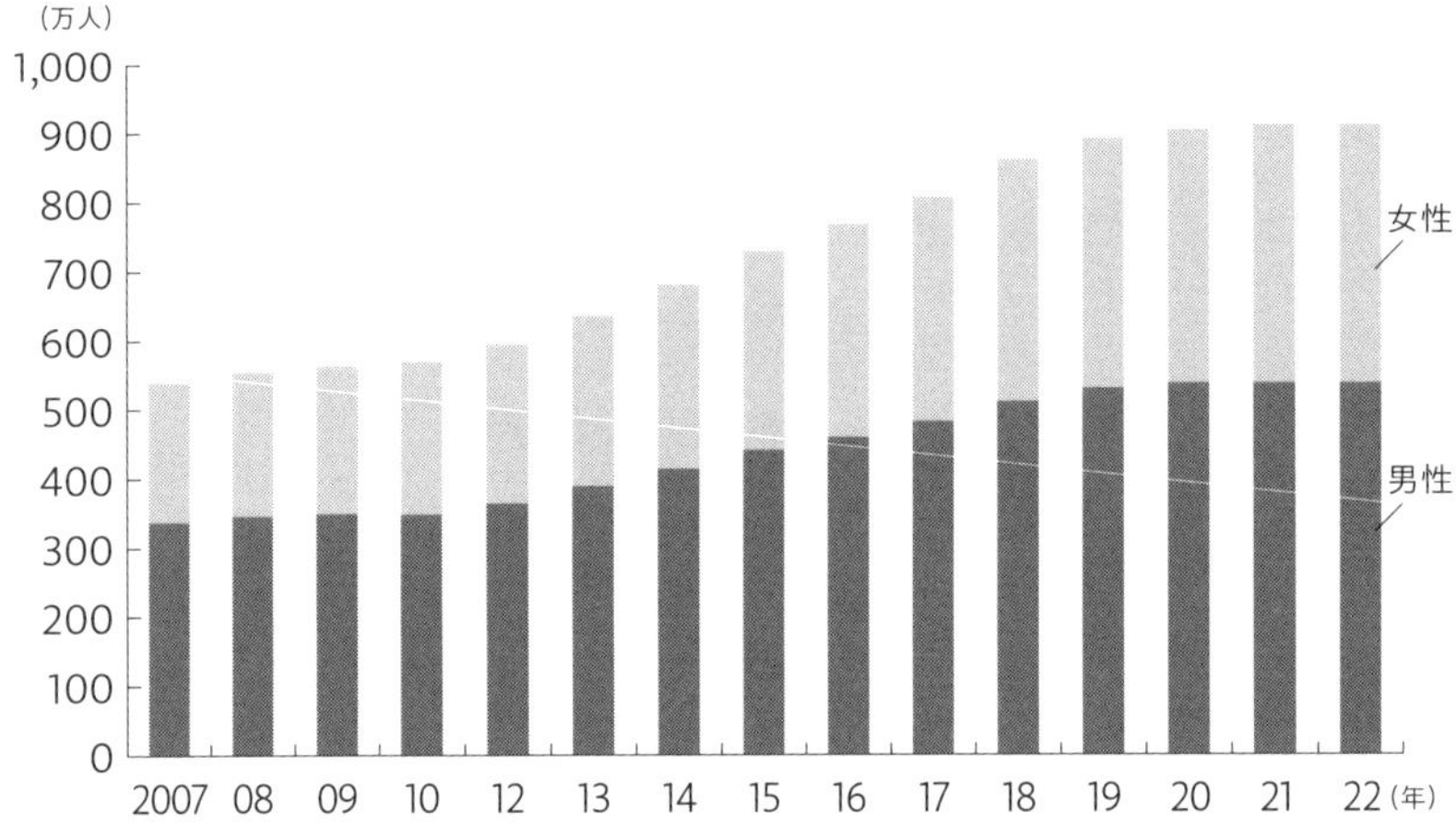


※総務省「労働力調査」より

うで、こうしたケースは珍しくないという。

今回のインフレで、高齢者施設も管理・運営費の値上げは必至だろう。長寿社会は、経済面で高齢者にとって過酷な現実をもたらす。

そのためか、高齢になっても働く人が増えている（図表4-14）。もちろん健康・精神面を考えて積極的に働きたい人もいるだろうが、やはり年金収入だけでは生活が苦しいという人も多い。

いずれにしても長寿社会は、従来までの住宅・資産設計の見直しを余儀なくされる。

かつてはマイホームは死ぬまで住み続けることが一般的だったが、長寿社会になると、人生それぞれの時点で何度も「住み替え」ることが多くなる。

そのため長寿社会は、不動産取引を増加させるのである。

## 住宅もオフィスも「高齢化」（老朽化）が進行している

最近、都市部の老朽化したマンションの建て替えや管理の問題が指摘されるようになり、そのための法律の整備が急がれるようになっている。

図表4-15は、今後、老朽化した分譲マンションが急増していくことを示している。

日本は、人間だけでなく、住宅も高齢化していく。20年後には「高齢のマンション」だらけになってしまう。同時に、マンション住人も高齢者が多くなり、「老老マンション化」現象が常態化していくだろう。

首都圏の中古マンションの成約物件のうち、

**図表4-15　築30・40・50年超の分譲マンション戸数**

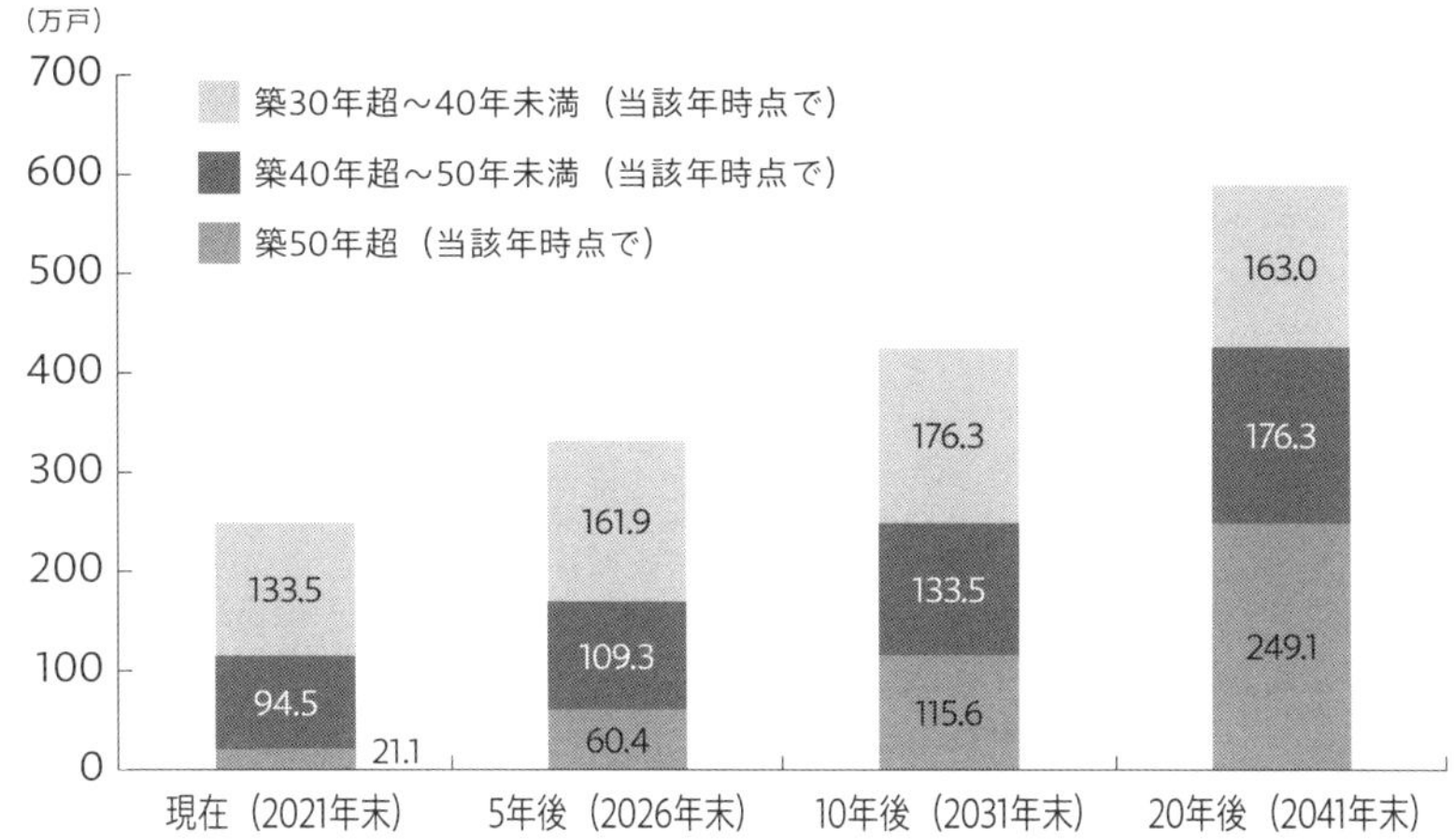


※国土交通省データより

図表4-16 【首都圏】中古マンション成約件数・新築マンション供給戸数の推移

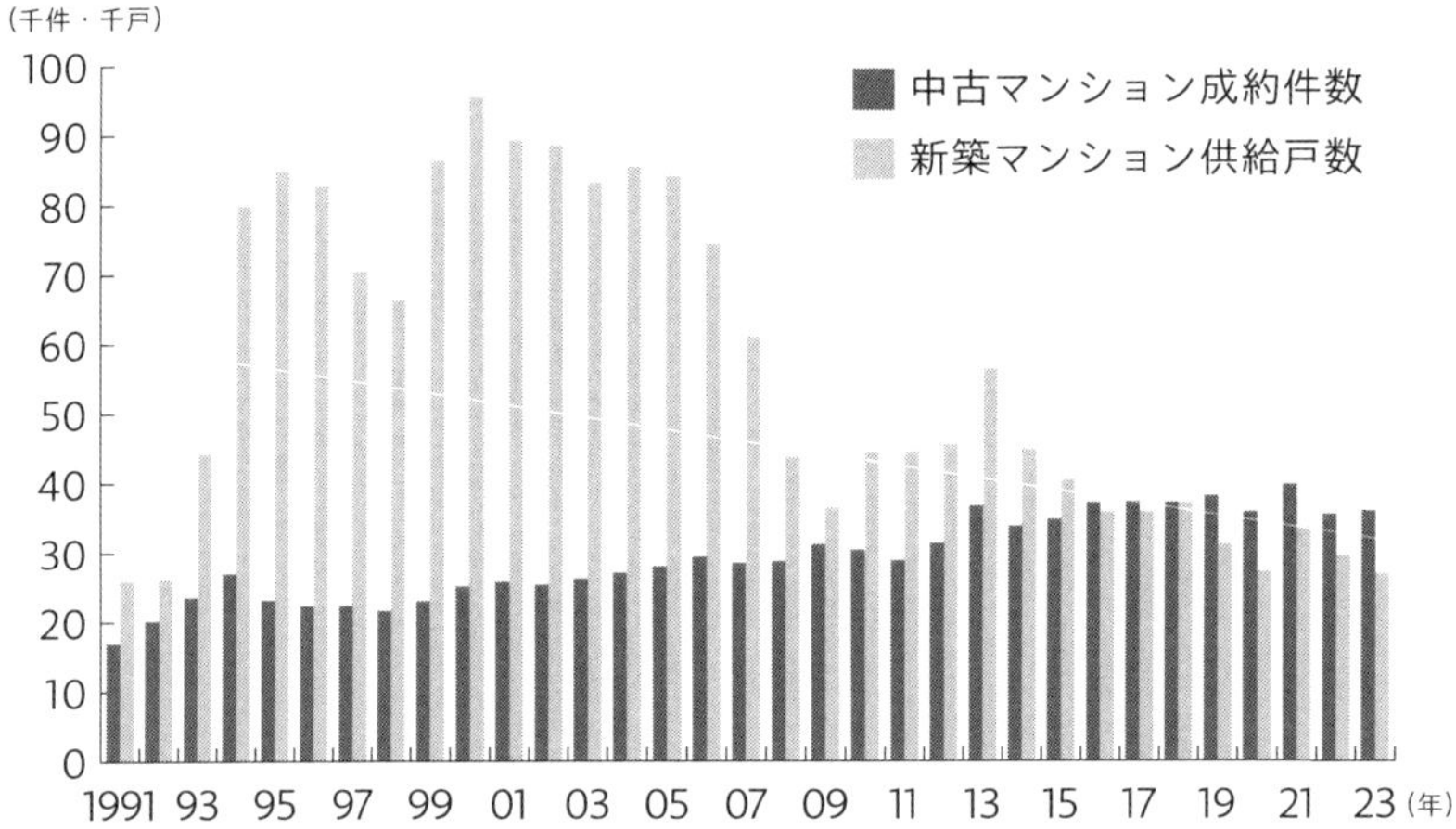


※「不動産流通機構」「不動産経済研究所」データより

築31年以上の比率の推移を見ると、この10年間で20・6％から毎年上昇が続き、2021年には31・5％となっている。

2022年の中古マンション市場における在庫物件の内訳を見ると、45・5％を築31年以上の物件が占めている。

さて、図表4-16と17は、2大都市圏の過去30年間の新築マンションの供給戸数と中古マンションの成約件数の推移を示している。首都圏では2016年以降、中古の成約件数が新築の供給戸数を上回り、直近ではその差が拡大している。

一方、関西圏では、新築と中古の差異はなく、並びつつあるが、近々、中古が新築の成約件数を上回ることが予想される。マンション市

**図表4-17　【関西】中古マンション成約件数・新築マンション供給戸数の推移**

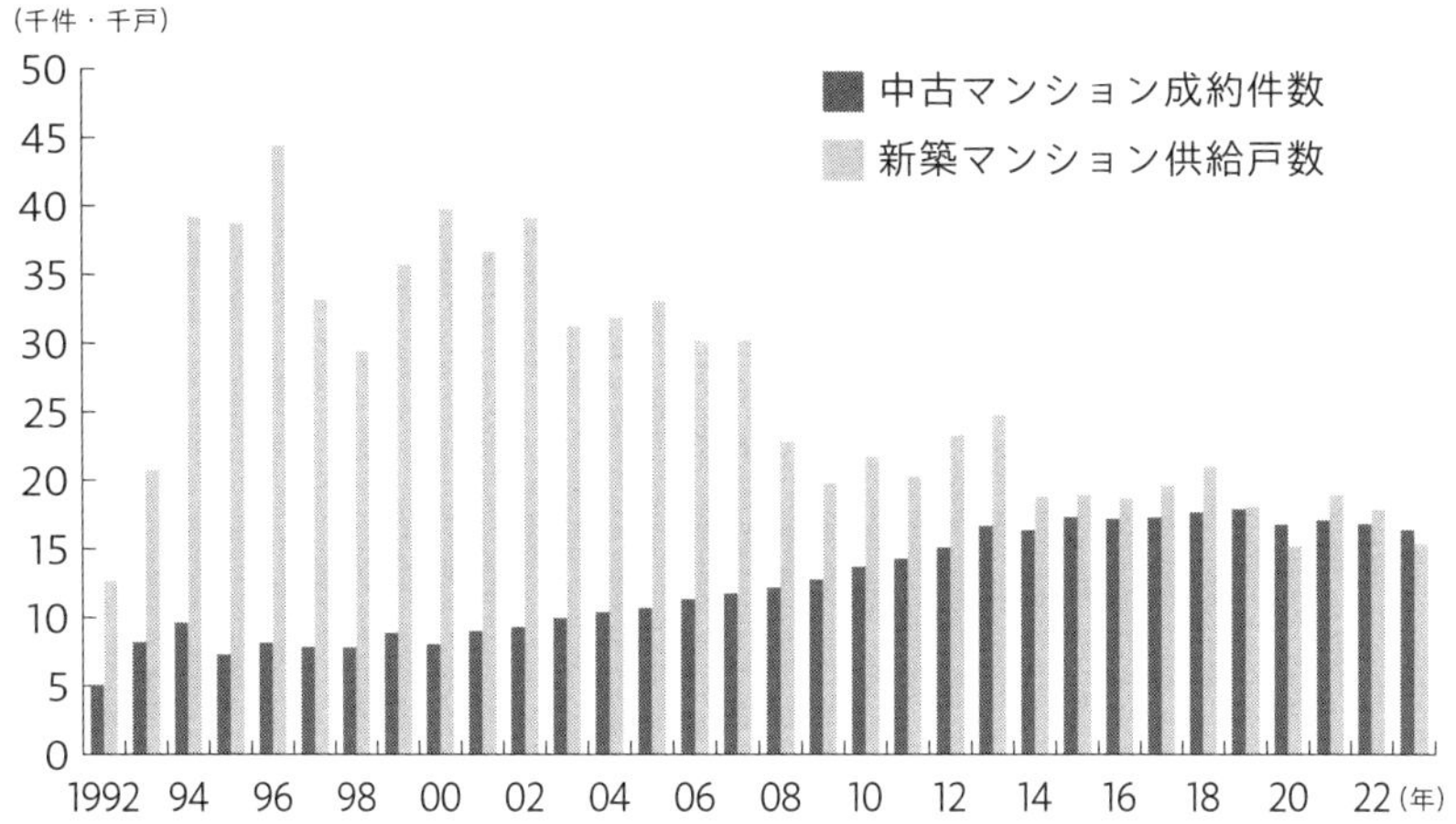


※「不動産流通機構」「不動産経済研究所」データより

場の動きも、日本経済と同様に成熟期になり、欧米型に近づいてきた。

次に、全国のオフィスビル市場の老朽化の実態を見てみよう。

老朽化が最も進んでいるのは地方都市で、築40年以上と築年数不詳を合計すると約6割になる。大阪や名古屋、地方の主要都市でも、約半数が築40年以上の老朽化したオフィスビルとなっている。

一方、東京都区部では、約4割となっていて、他の都市に比べると「若い」と言える。

また、東京の築後年数別の割合がそれぞれ2割前後と均等になっているが、これは、絶えず建て替えなどが行われて、新陳代謝が進んでいると推測される（図表4-18）。

図表4-18 【都市別】オフィスビル年数別のストック割合（面積ベース）

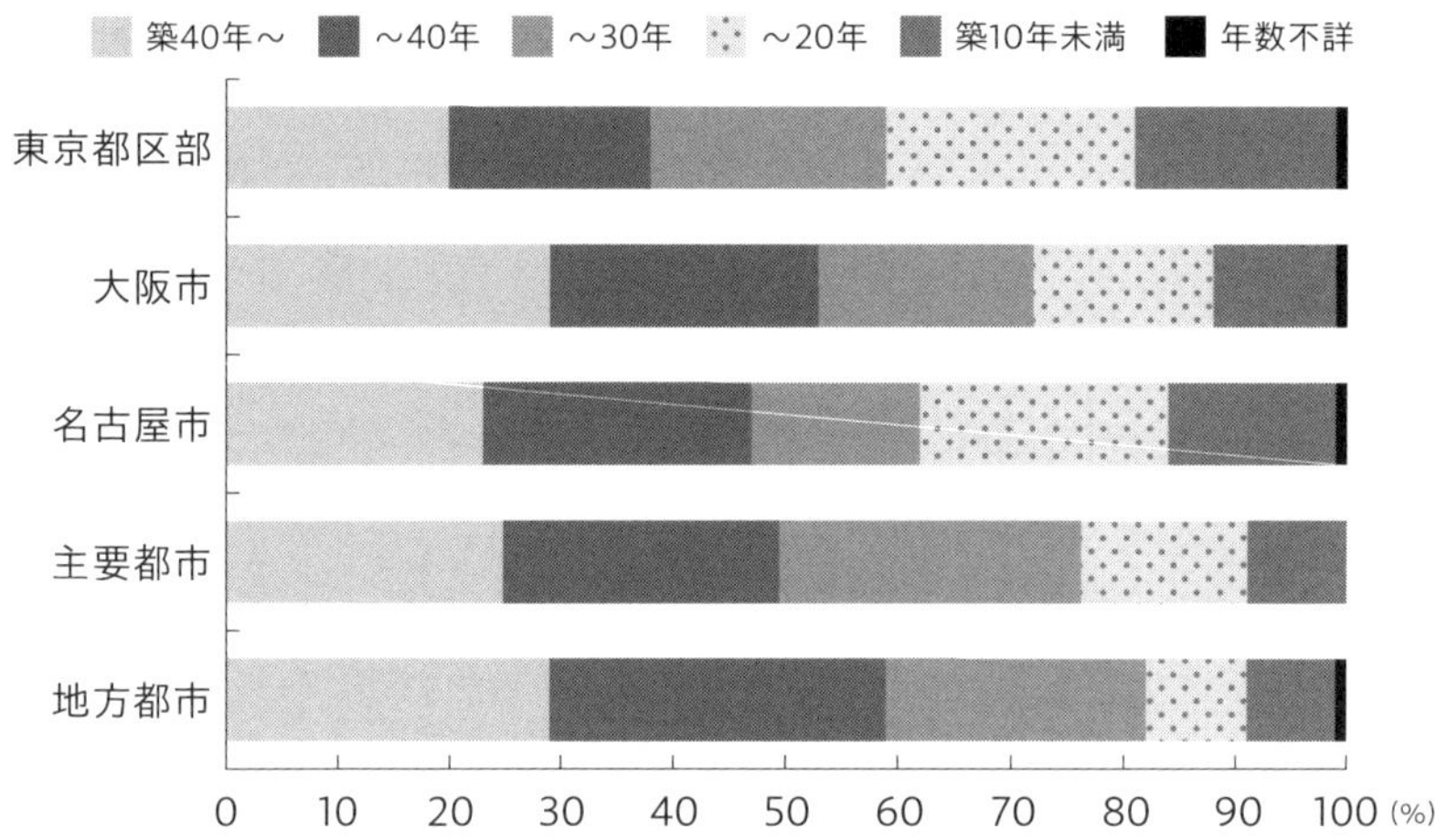


※日本不動産研究所「全国オフィスビル調査」（2022/1/1現在）より

この数年間、東京都心部の都市開発は、金融緩和というカンフル剤により一気に進み、オフィスに限らず、店舗などの商業施設の供給ラッシュが続いていることから、東京都区部のビルの若返りは進んでいる。

今回のバブルで、札幌、仙台、広島、福岡の建て替えが増えているが、老朽化の進行を止めることを期待したい。

住宅やオフィスなどの老朽化、さらに人口減少と高齢化は、一方で新しい事業の拡大につながっていることも指摘しておきたい。

人口減少、少子高齢化、就業者数の減少などで、一般的には悲観的な見方が多いが、高齢化による「多死社会」は「所有者の交代」を意味する。不動産業界の追い風になることは間違い

**図表4-19　【解体業】建設業許可業者数の推移**

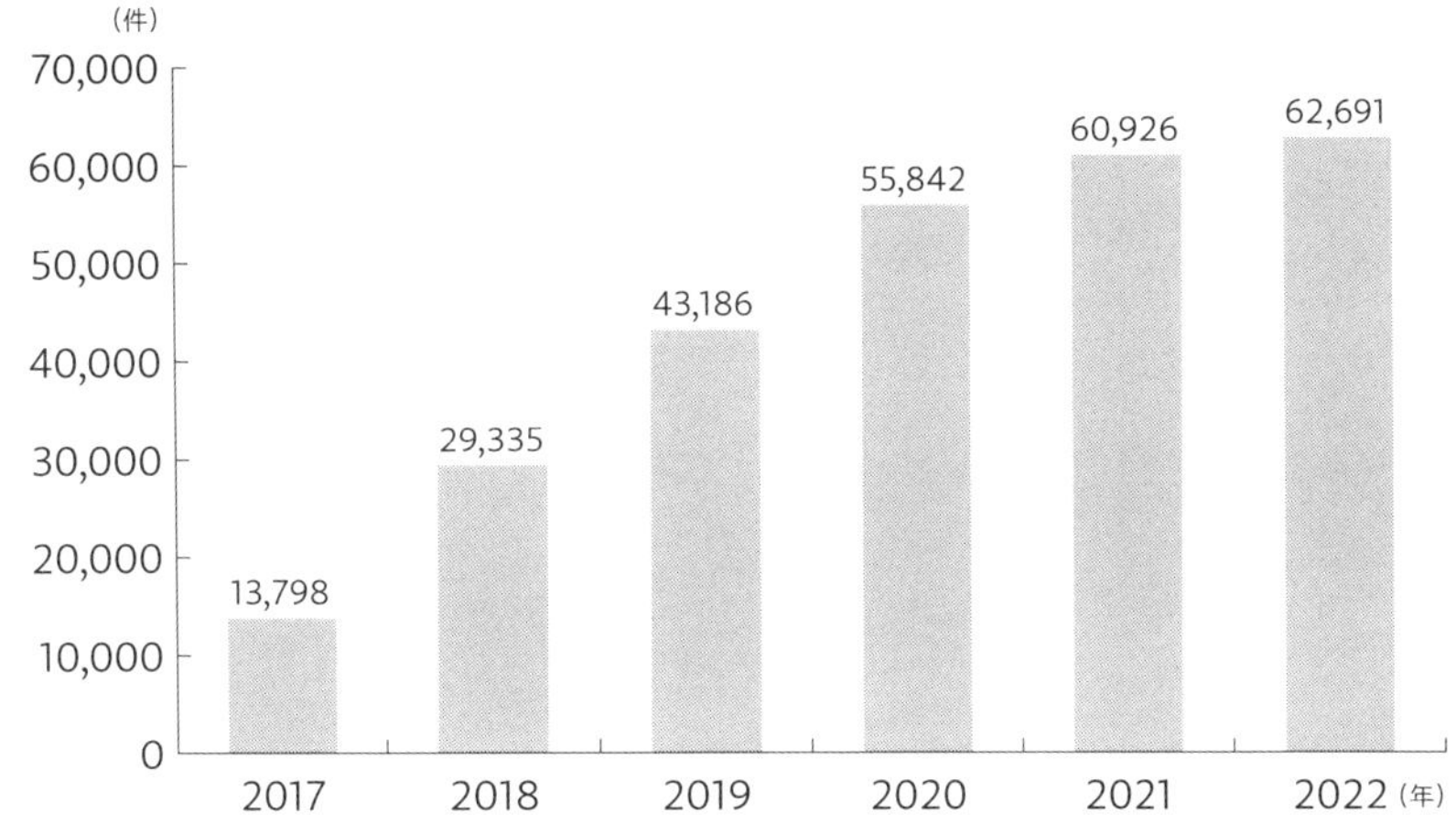


※国土交通省「建設業許可業者数調査」結果より（各年3月末時点）

ない。

多死社会は空き家を多くつくるが、それは空き家や老朽化ビルの再生・解体という新たな事業の拡大のチャンスになるのだ。

最近、都心部や自分たちの街を歩いてみると、しばしば解体現場を見る。

これからの日本社会は、人口減少、高齢化社会がさらに進行し、新規供給から中古再生、中古流通、そして解体の時代になっていくことは間違いない。

その意味では、高齢化社会が新しい需要を生み出す「引き金」になっている（図表4-19）。

## 企業（経営者）が不動産に高い関心を持つ理由

図表4-20は、企業に土地の購入と売却の意向を聞いたものである。継続的に一定の水準で

## 図表4-20　企業の今後1年間の土地の「購入」意向と「売却」意向

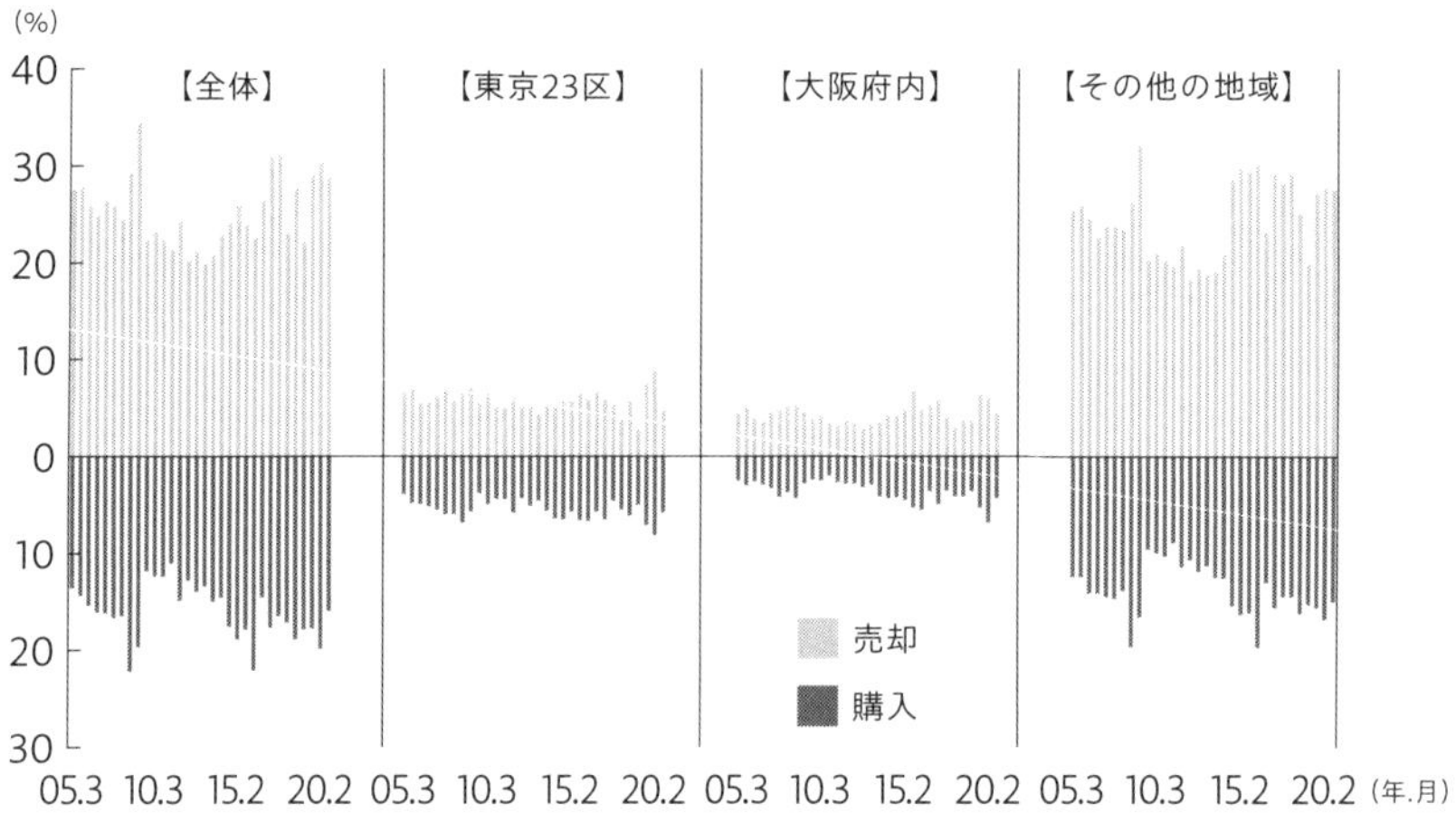


資料：国土交通省「土地投資動向調査」による。
注意：「購入」意向、「売却」意向の数値は、土地の購入意向が「ある」と回答した企業、土地の売却意向が「ある」と回答した企業の全有効回答数に対するそれぞれの割合。ここでは全有効回答数を母数として集計した。

売買の意向が示されている。

特に、東京23区では売買の意向は強まっている。この背景には、日本経済の構造的変化に伴う動きがある。

たとえば、広大な敷地を利用していた造船会社は、現在の事業は造船ではなくなり、社名から造船の文字を消している。また大手印刷会社も「印刷」という文字を社名から削除した。

このような企業の存続をかけた変身が、多く見られる。

そして企業の事業転換に伴い、所有していた不動産の売却、有効活用が盛んになっている。経営トップも不動産を重要な「経営資源」として考えるようになってきた。

図表4-21　全国・百貨店数の推移

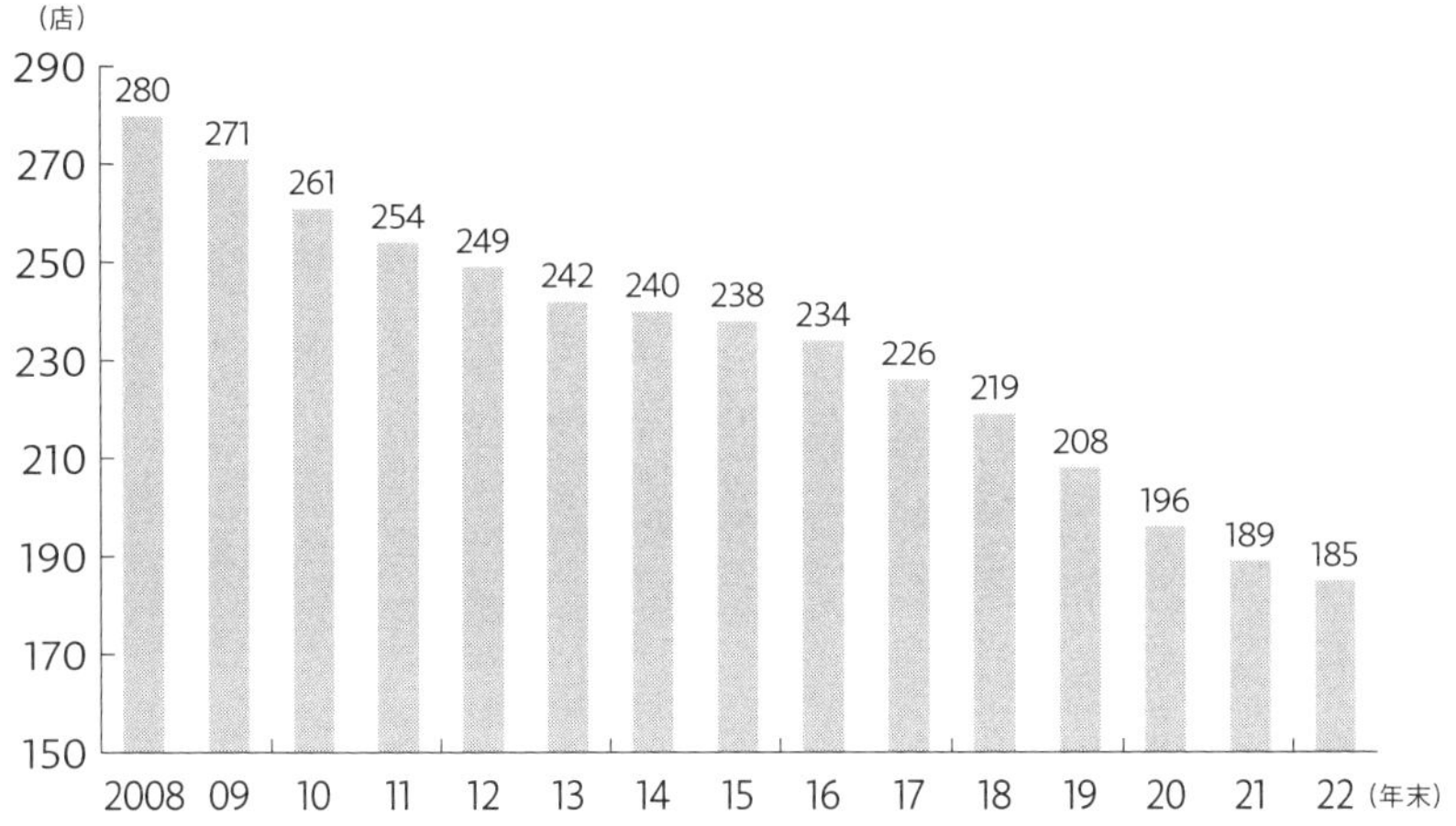


※「日本百貨店協会」データより

従来までの経営資源と言えば、「人・モノ・金」であった。その後、さらに「情報」も重要な経営資源だと言われるようになった。そして最近では「不動産」がその列に加わったと筆者は考えている。

不動産という経営資源の活用の巧拙が、企業業績に直結するだけでなく、企業の存続、将来の繁栄を決める時代になったのである。

## 影響の大きな業界と業種

最近、デパートは、インバウンドや富裕層を対象にして業績が向上している一方で、地方圏のデパートは次々と閉鎖している（図表4-21）。

デパートも小売業を続けてはいるが、近

年は、賃貸オーナーとして利益を稼ぐようになっている。好立地にある店舗の一部、あるいは新設した店舗ビルは、自社使用ではなく、すべて賃貸収入を得る方式をとることも珍しくなくなってきた。収益全体の3割前後がテナント収入というところも出てきた。

デパート以上に人口減少・就業者数の減少の影響を受けているのは鉄道事業である。そのため「不動産事業」に力を入れている。

利用者が減少すれば鉄道事業だけでは先細りになり、利益の確保と拡大は難しくなる。そのためデパート同様、駅ナカの開発、ホテル事業、駅ビル開発による賃料収入の拡大に注力している。ほかにも日本郵政、NTTなども不動産事業を拡大している。

東京商工リサーチによると、2023年に創業100年以上を「老舗企業」と定義しているが、全国で約4万3000社もあるという。

その現在の業種別ランキングを見ると、トップは賃事務所業となっている。老舗企業は不動産などの資産を保有し、賃貸オーナー業に業態を変更し、事業を継続している（図表4-22）。

人口減少、高齢化社会で、経済の拡大しない成熟した社会、飽和社会では、不動産オーナー業は魅力的な存在になり得る。ただし、立地条件は重要となる。

**図表4-22 〈老舗企業〉業種別トップ10**

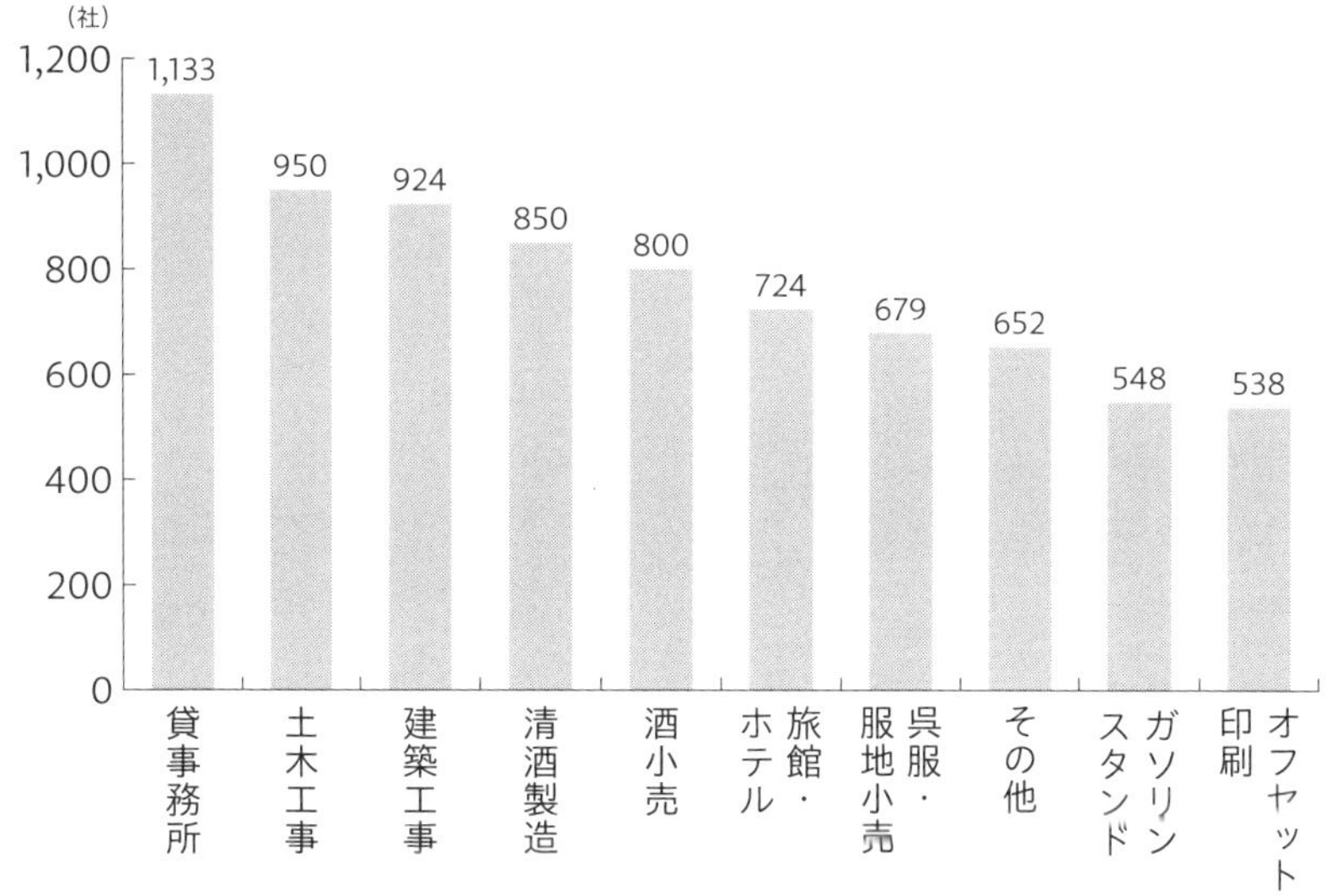


※東京商工リサーチ「全国「老舗企業」調査（2023年）」より

賃貸オーナー業のメリットは、（好立地であれば）安定収入が得られるだけでなく、「人手をほとんど要しない」ことがある。

日本は、少子化によって人手不足が常態化していく。これからの事業・経営は人手を要さない事業への注力が重要である。その点からも、賃貸オーナー業は事業継続に適している。

企業が変革を求められる時代を迎え、所有不動産については、次のような選択肢があろう。

(A)本業に将来性が見出せない。そのために収益不動産を積極的に取得していく

(B)本業は続けるが、本業以外の新たな事業を展開し補完事業としたい
(C)本業に見切りをつけて、賃貸オーナー業に転換する
(D)所有不動産を売却し、本業強化や新規事業分野に進出する
(E)清算・廃業するので不動産を売却し、社員に退職金を支払う

いずれにしろ経済環境の激変期を迎え、企業のトップが不動産を重要な「経営資源」として位置づけ、これから不動産市場に登場してくることは間違いない。そして不動産市場の下支え、活発化に寄与していく。

今回のバブル崩壊が緩やかなのは、企業の不動産への投資が続いているからでもある。

## J-REITの存在も大きくなっている

以前に比して、少し目立たなくなっているが、J-REITの資産規模は、金融緩和によって拡大が続いている（図表4-23）。

ここまでは、不動産価格上昇のエンジンになっていたが、その投資対象に変化が見られる。増加が著しいのは物流施設で、次いで住居系へと移っている。

今後は、金利の上昇局面で、過去の投資対象物件が適切なものであったか、評価が問われるだ

図表4-23　J-REIT投資対象の資産規模の推移

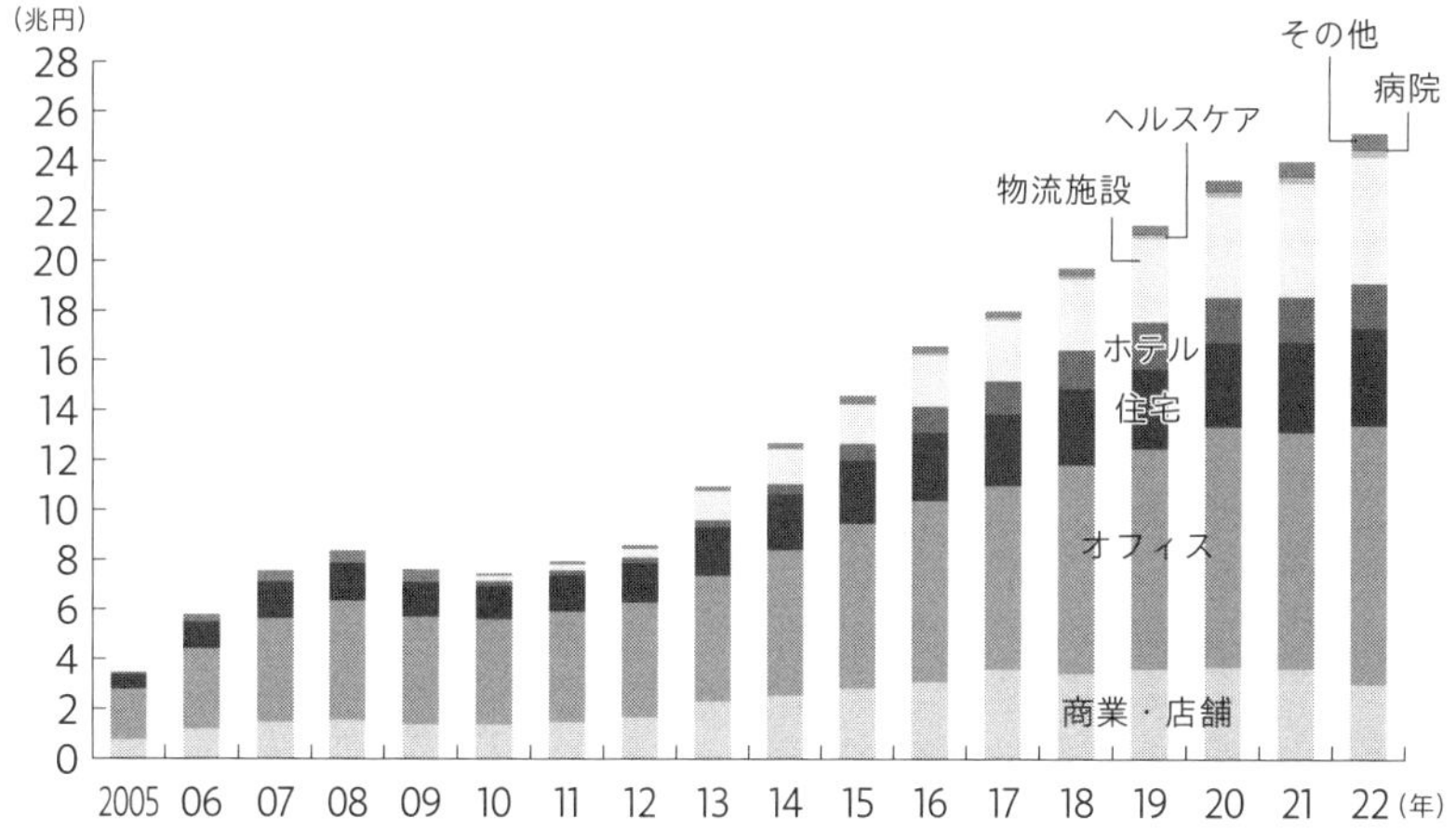


※「一般社団法人 投資信託協会」データより

ろう。ただ、今回のバブルの立役者の一人であったのは間違いない。

台湾・香港・中国本土など、アジア系の富裕な外国人の積極的な投資も、不動産価格の上昇、下支えに寄与している。

彼らの多くは現金買いで、振り込みではなく「現ナマ」で決済という取り引きが多いという。円安もあり、海外から見ると、日本の不動産は相対的に安い買い物になっている。

ただし京都市では、最近、高値買いに警戒心を持つ外国人も多くなっているという。

# 第5章

# 人口減少社会が不動産市場を変える

不動産バブル ― 静かな崩壊

日本が人口減少社会になっていくのは間違いない。2020年時点で12年連続して減少している。誰もこの現実を変えることはできない。

この章では、人口減少国家で見られる顕著な特徴を記すと同時に、人口減少が住宅・不動産にどんな影響、現象をもたらすのかを検証してみる。

## 経済の停滞化、パイの縮小をもたらす

少子化とそれに伴う人口減少を抑制すべく、日本政府は躍起になってさまざまな政策を打っている。岸田文雄政権は異次元の少子化対策と称して、さまざまな手を打っているが、根本的な解決は難しいだろう。

人口が減少すれば、当然、消費財や多くのサービスの需要も減少していく。

そして、住むところ、働くところなども自然減となる。住宅やオフィス・店舗など、全分野にわたって「必要な量」は少なくなっていく。

さらに少子化は年齢による人口構成比も変容させる。人口が減っていく過程においては、高齢世代の割合が若者世代を上回り、人口ピラミッドが逆三角形になっていくからだ。

これからの日本社会は20代・30代などの若手世代が激減し、70代・80代が急増していく。

その結果、「現役世代」の負担は高まっていくため、国の財政が悪化していくなど、さまざまな

分野で停滞・減少の現象が生まれる。

この動きは、すでに、不動産市場にも及んでいる。

## 人口減少は、飽和社会、成熟社会になる

すでに地域による差異はあるが、日本における持ち家率は高く、世帯数を上回る住宅数があり、現在、約850万戸の空き家がある。

今後、人口減少、世帯数の減少が進行していくことで、やがて空き家数は倍加するという試算もある。いずれにせよ、需要を上回る供給があり、住宅は飽和した市場になっている。

人口減少は、住宅だけでなく、消費社会も停滞させる。最近では宝飾品の中古流通市場は活況を呈している。日本は、すでに多くのものが溢れ、飽和した社会となっている。

飽和した消費社会というのは、ある意味で成熟した社会と表現することもできる。成熟社会では、「量よりも質」への関心が一段と高まっていく。これからは、「人口減少下で、量的拡大から、質の向上を求める動き」が強まっていくだろう。

先にも述べたが、最近、住宅市場でも、高級住宅地、超一等地のマンションなど、希少性の高いものは、驚くような価格で取り引きされることが少なくない。

また、狭いマンションよりも、広いマンションのほうが、「坪当たりの単価」が高くなってい

る。眺望の良いマンションにも高い評価価値がつくようになっている。

住宅というモノから、眺望・立地というモノ以外、つまり「コト」の価値が高く評価される時代となっている。

モノそのものを買う「消費者」という位置付けではなく、より心地よいものを求める「生活者」が出現したと考えられる。


人口増加に対応した社会と、これからの人口減少社会では、求められる価値が明らかに異なっていて、不動産界では将来への不安も高まっている。

2019年に行われたビルオーナーの「今後の社会情勢の変化への不安」についての調査では、すでに、不安のトップは「人口減少、就業者の減少」となっている。


人口減少は生産年齢者数（図表5-1）と就業者数を減少させる。

就業者減少の影響は、事業所数の推移にも表れている。最近では、「人手不足」による廃業・倒産も多くなっている。

この十年間で、全国の事業所数は4・4％減少しているが、大阪府、愛知県では、それぞれ6・3％、5・0％と、全国平均を上回る。トップは新潟県、次いで栃木県、静岡県、秋田県、

**図表5-1　【全国】15～64歳人口及び人口増減率の推移**

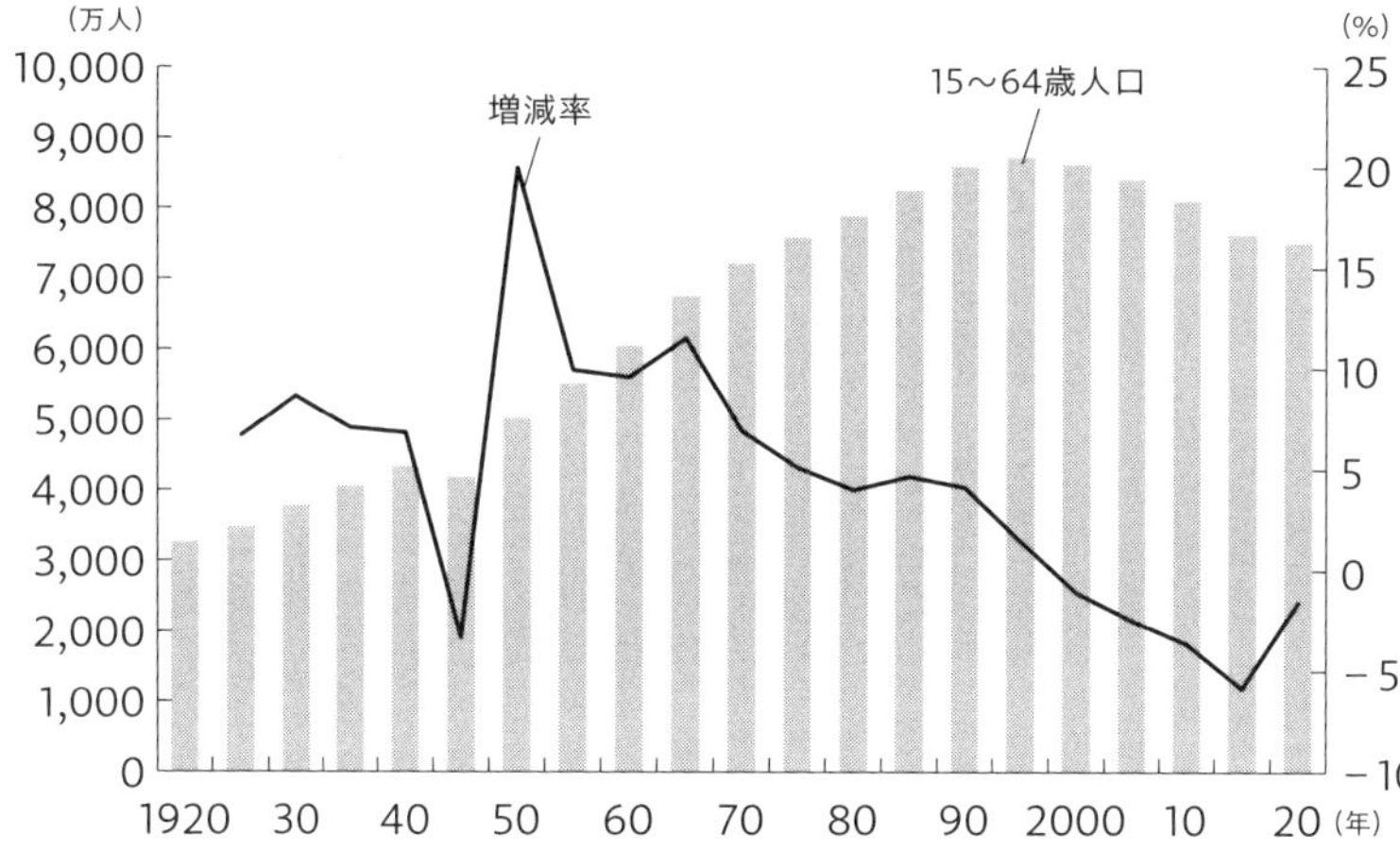


※総務省「国勢調査」より

山口県。増加したのは東日本大震災の影響が大きかった宮城県と、沖縄県のみになっている。

地域によって差異はあるものの、事業所数は人口減少と軌を一にして減少していき、住宅やオフィスを提供してきた賃貸オーナーの経営に影響は及んでいく。

## 人口減少は続き、減少数は増えていく

今後、日本の人口は減少数がますます増加していく。

最近では、人口60万人超の地方県の一つが毎年、消えていくのと同じである。少子化が一段と進行して、この傾向は、当分続く。

やがて日本の総人口も1億人を切ることは、動かしがたい現実で、2024年の1月に政府に提案を示した「人口戦略会議」も、人口減少

図表5-2　我が国の世代別人口・高齢者比率の推移

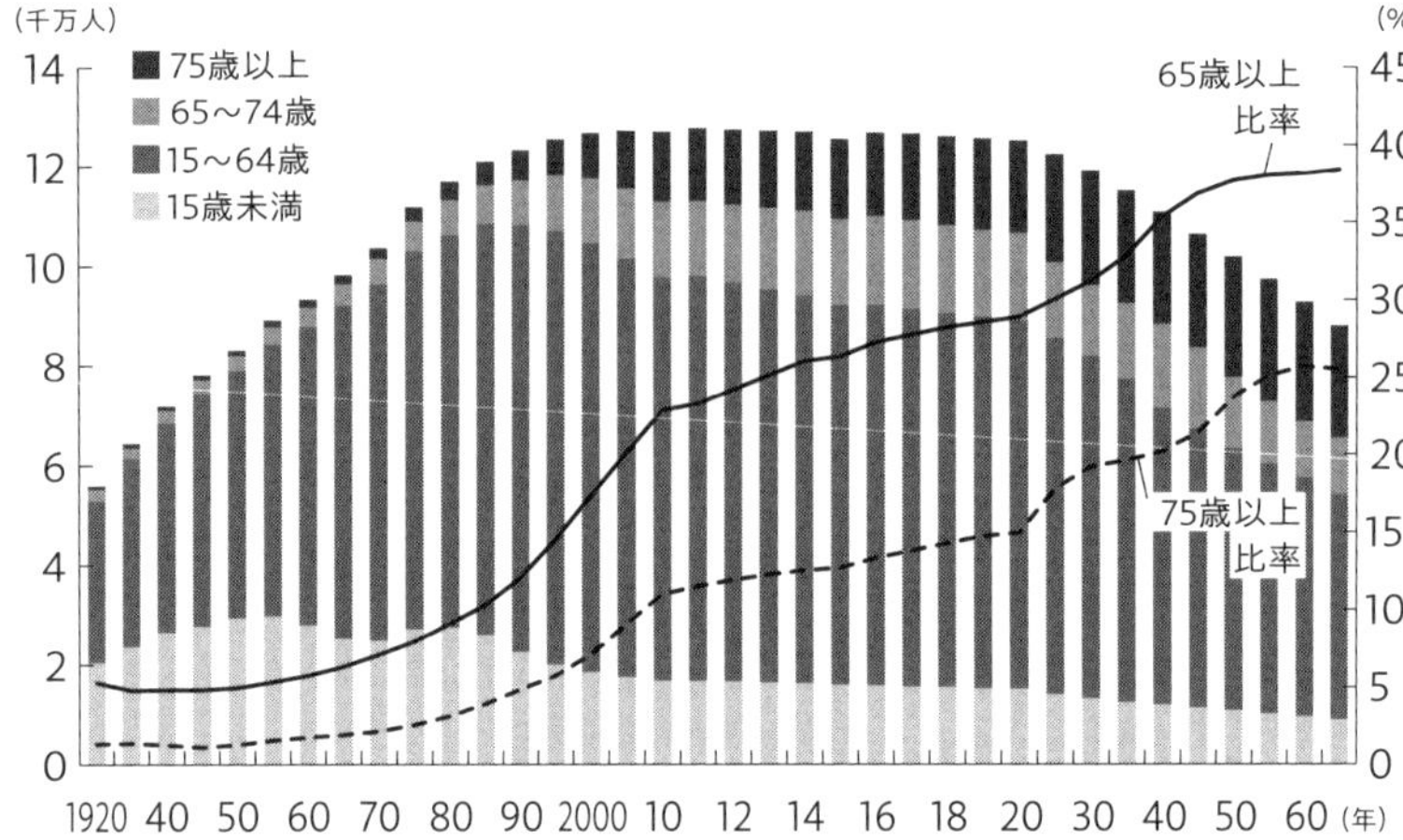


※国立社会保障・人口問題研究所「人口統計資料集（2012）」「日本の将来推計人口（2017年推計）」より

に歯止めをかけ、２１００年に日本の人口を８０００万人として維持できるような施策を求めている。

日本では、この人口急減を前提とした社会・経済活動が求められる。特に、若年層の急減と高齢者の急増が、さらに顕著となっていく時代を迎えている（図表５－２）。

２０１５年から２０２０年までの人口変動率では、増加した都県はわずか１都７県に止まる。

人口減少下で人口が増加している地域も、わずかだがある。東京都・沖縄・神奈川・埼玉・千葉・愛知・福岡・滋賀県である（図表５－３）。

中でも、東京都の伸びが群を抜き、首都への一極集中を証明する。

**図表5-3 【国勢調査】都道府県別人口変動率**

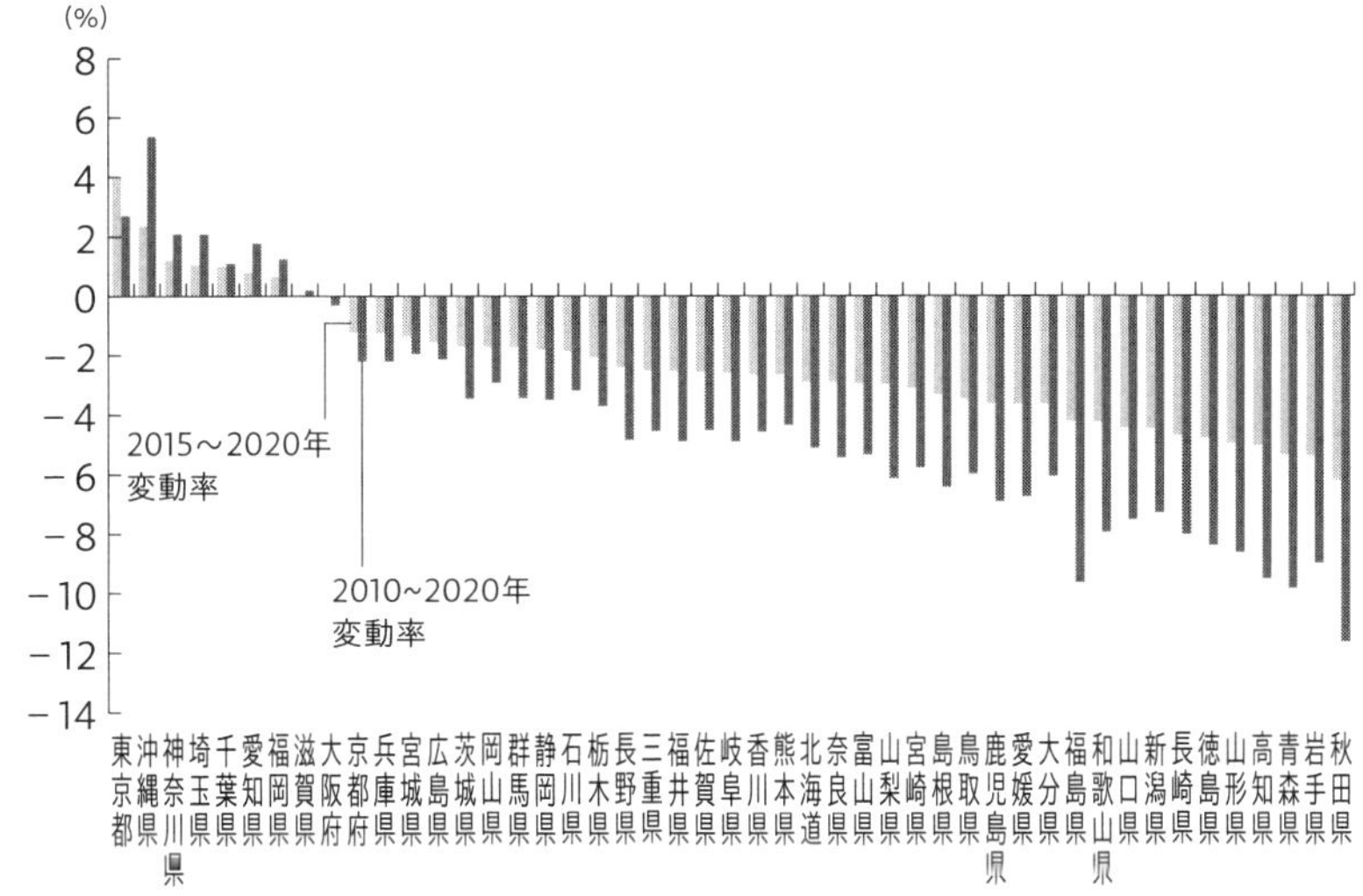


資料：総務省「国勢調査」より

市町村レベルでは、年々、人口減少率が高い市町村が多くなっている。全市町村の半分以上が、２０１５年から２０２０年の間で５％以上の減少となっていて、地域によっては過疎化が急激に進行している（図表５－４）。

このような地域では土地や住宅の取り引きは皆無で価格もつけられない。むしろ所有することで、固定資産税や管理・維持コストの負担が重く、タダでもいいから引き取ってほしいという要望も多くなっている。さらに過疎地では、不動産事業者がいないというところも出ている。

一方、東京都心の一等地は、１坪が数千万円から１億円超まであり、極端な二極化

**図表5-4　人口増減階級別・市町村数の割合の推移**

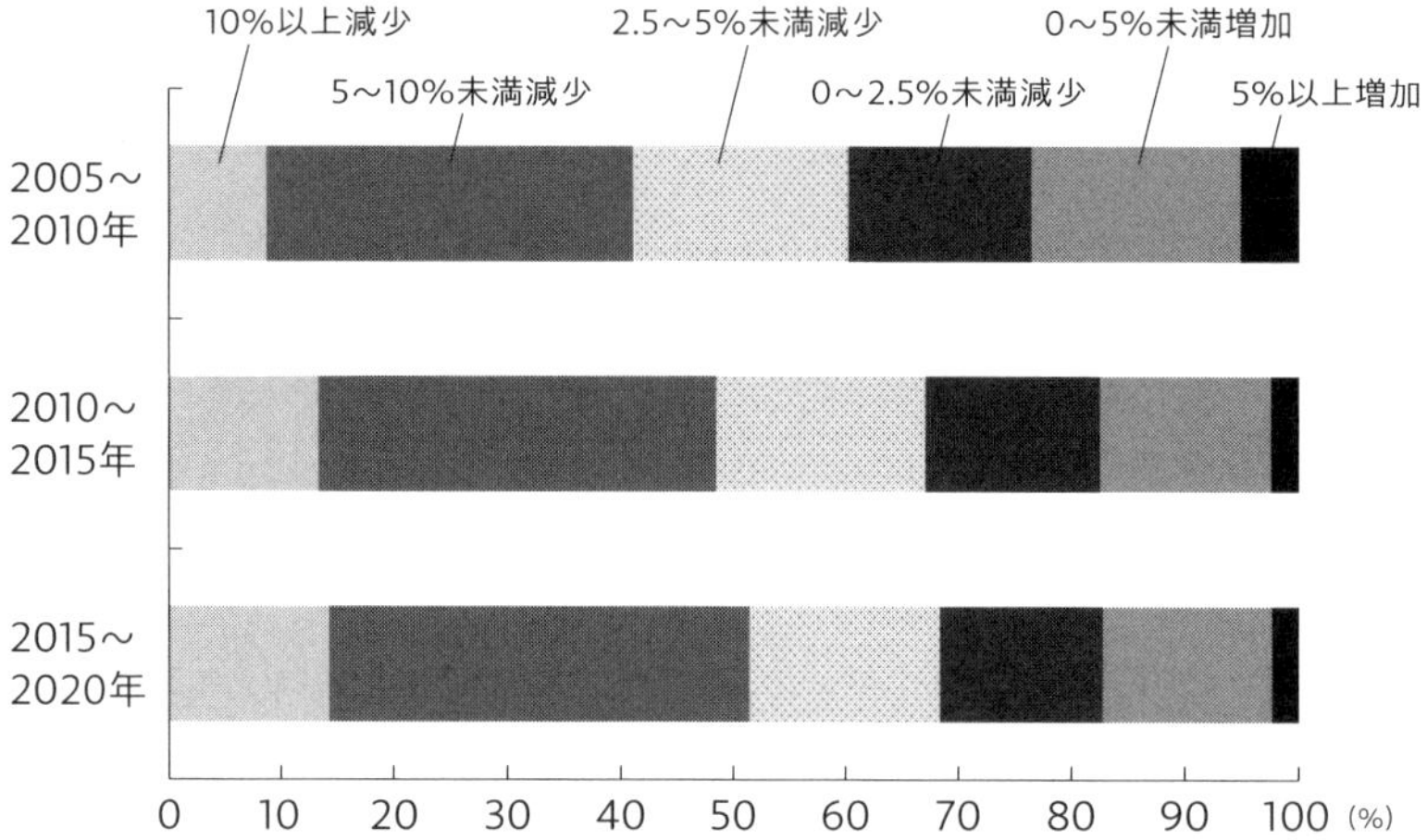


※総務省「国勢調査」より

現象が生まれている。東京都とその他の地域間の価格差は大きく、人口の格差が不動産価格の格差をつくっている（図表5-5）。

　2023年1月1日時点の総務省の人口動態調査によると、横浜市、広島市、神戸市、京都市、札幌市の人口100万人を超える都市でも、人口が前年比で減少した。死亡者数が出生数を上回り、転入数が転出数を上回る社会増では支え切れなかった。金融緩和によって不動産価格の高騰が著しかった京都市は、日本人の減少が最多であった。

　京都市は、住宅・土地の価格上昇が著しいため、一般の人の購入が難しく、隣県の滋賀県に住宅を求める人が増えている。「生活のしやすさ」、「充実した人生」を真剣に考える人が地方

## 図表5-5 人口移動状況（転入超過数）

（単位：人）

| | 都道府県 | 2019年 | 2020年 | 2021年 | 2022年 |
|---|---|---|---|---|---|
| 1 | 東京都 | 82,982 | 31,125 | 5,433 | 38,023 |
| 2 | 神奈川県 | 29,609 | 29,574 | 31,844 | 27,564 |
| 3 | 埼玉県 | 26,654 | 24,271 | 27,807 | 25,364 |
| 4 | 千葉県 | 9,538 | 14,273 | 16,615 | 8,568 |
| 5 | 大阪府 | 8,064 | 13,356 | 5,622 | 6,539 |
| 6 | 福岡県 | 2,925 | 6,782 | 5,792 | 4,869 |
| 7 | 滋賀県 | 1,079 | 28 | 1,034 | 1,555 |
| 8 | 山梨県 | ▲2,933 | ▲1,449 | 686 | 704 |
| 9 | 宮城県 | ▲1,983 | ▲241 | ▲728 | 637 |
| 10 | 長野県 | ▲4,306 | ▲1,823 | ▲142 | 595 |
| 11 | 茨城県 | ▲7,495 | ▲2,744 | 2,029 | 460 |
| 12 | 栃木県 | ▲5,775 | ▲1,862 | ▲549 | ▲296 |
| 13 | 熊本県 | ▲3,900 | ▲3,393 | ▲650 | ▲377 |
| 14 | 群馬県 | ▲2,208 | ▲323 | 303 | ▲386 |
| 15 | 佐賀県 | ▲1,754 | ▲1,715 | ▲1,283 | ▲901 |
| 16 | 奈良県 | ▲3,435 | ▲2,662 | ▲1,316 | ▲1,227 |
| 17 | 宮崎県 | ▲2,635 | ▲2,191 | ▲1,566 | ▲1,238 |
| 18 | 富山県 | ▲2,326 | ▲1,895 | ▲1,855 | ▲1,275 |
| 19 | 鳥取県 | ▲1,516 | ▲1,000 | ▲1,036 | ▲1,323 |
| 20 | 沖縄県 | 695 | 1,685 | ▲207 | ▲1,351 |
| 21 | 高知県 | ▲2,458 | ▲1,897 | ▲1,528 | ▲1,398 |
| 22 | 大分県 | ▲3,024 | ▲2,233 | ▲1,935 | ▲1,601 |
| 23 | 島根県 | ▲1,971 | ▲1,232 | ▲1,138 | ▲1,802 |
| 24 | 和歌山県 | ▲3,376 | ▲2,970 | ▲1,952 | ▲2,020 |
| 25 | 京都府 | ▲2,688 | ▲3,947 | ▲3,874 | ▲2,034 |
| 26 | 鹿児島県 | ▲4,105 | ▲2,953 | ▲1,548 | ▲2,272 |
| 27 | 徳島県 | ▲3,357 | ▲2,392 | ▲1,737 | ▲2,273 |
| 28 | 石川県 | ▲2,602 | ▲1,636 | ▲1,033 | ▲2,360 |
| 29 | 香川県 | ▲1,677 | ▲1,545 | ▲1,859 | ▲2,642 |
| 30 | 秋田県 | ▲3,898 | ▲2,808 | ▲2,895 | ▲2,754 |
| 31 | 山口県 | ▲3,659 | ▲3,419 | ▲3,067 | ▲2,807 |
| 32 | 北海道 | ▲5,568 | ▲1,316 | ▲2,025 | ▲3,476 |
| 33 | 山形県 | ▲4,151 | ▲3,089 | ▲2,942 | ▲3,516 |
| 34 | 福井県 | ▲3,336 | ▲1,470 | ▲1,750 | ▲3,652 |
| 35 | 岐阜県 | ▲6,765 | ▲5,803 | ▲5,127 | ▲3,803 |
| 36 | 愛媛県 | ▲4,305 | ▲3,154 | ▲2,850 | ▲3,932 |
| 37 | 岩手県 | ▲4,526 | ▲3,951 | ▲3,012 | ▲4,373 |
| 38 | 三重県 | ▲6,321 | ▲4,288 | ▲3,040 | ▲4,505 |
| 39 | 青森県 | ▲6,044 | ▲4,606 | ▲4,309 | ▲4,575 |
| 40 | 静岡県 | ▲6,129 | ▲4,395 | ▲3,978 | ▲4,658 |
| 41 | 長崎県 | ▲7,309 | ▲6,379 | ▲5,899 | ▲5,219 |
| 42 | 岡山県 | ▲4,014 | ▲2,430 | ▲3,195 | ▲5,527 |
| 43 | 兵庫県 | ▲6,038 | ▲6,865 | ▲5,344 | ▲5,625 |
| 44 | 新潟県 | ▲7,225 | ▲5,771 | ▲5,774 | ▲5,830 |
| 45 | 福島県 | ▲6,785 | ▲6,681 | ▲6,116 | ▲6,733 |
| 46 | 愛知県 | ▲1,931 | ▲7,296 | ▲2,747 | ▲7,910 |
| 47 | 広島県 | ▲8,018 | ▲5,270 | ▲7,159 | ▲9,207 |

※総務省「住民基本台帳人口移動報告」より

へ分散していく動きが出始めている。

ただし、地方中核都市である札幌、仙台、広島、福岡市は今後、人の流入が続いたとしても、人口密度は東京に比べても低く人口増加の余地はある。

つまり、これまでの東京一極集中から、分散の方向へ向かう可能性はある。

地方中核都市の地価高騰の主因は金融緩和によるものだが、人口分散の始まりを示唆しているのかもしれない。

## 人口の長期予測から不動産需要の変化を読む

国立社会保障・人口問題研究所が公表した日本の人口の長期予測を紹介しておこう。

２０２０年と２０７０年とを比較すると、全人口（外国人を含む）は、１億２６１５万人から８７００万人に減少する。生産年齢者の人口割合は、59・５％から52・１％へと低下する。出生数は、２０２２年は年間で約77万人だったが、50万人へと大幅に減少する。これまで増加してきた高齢者数も、すでに減少に転じている。

これを見ても、今後の変化は一段と大きく、不動産市場は、かつてない大きな影響を受ける。

次に、住宅市場と深い関係がある「世帯構成」の変化について見ることにする。

**図表5-6　世帯構成の変化〈全国〉**

※単位：千世帯、（　）は割合

| 世帯人員 | 1990年 | | 2020年 | | 1990年からの増減率 |
|---|---|---|---|---|---|
| 1人 | 9,390 | (23.1%) | 21,151 | (38.0%) | 125.3% |
| 2人 | 8,370 | (20.6%) | 15,657 | (28.1%) | 87.1% |
| 3人 | 7,351 | (18.1%) | 9,230 | (16.6%) | 25.6% |
| 4人 | 8,788 | (21.6%) | 6,630 | (11.9%) | ▲24.6% |
| 5人以上 | 6,772 | (16.7%) | 3,038 | (5.5%) | ▲55.1% |
| 総数 | 40,670 | (100.0%) | 55,705 | (100.0%) | 37.0% |

※総務省「国勢調査」より

全国で見ると（図表5-6）、1人・2人世帯の増加が著しい。未婚者や高齢者の増加が大きな要因であろう。

また、大都市や地方中核都市では（図表5-7～14）、一段と1人・2人世帯が増加している。

東京都はもちろん、神奈川県も30年間で世帯総数が49・4%増加しているが、1人世帯は117・7%、2人世帯も117・8%と倍増以上。大阪市では、世帯総数が44・3%増だが、1人世帯は138・9%、2人世帯は45・1%の増加である。福岡市では、それぞれ71・6%、142・7%、104・2%、仙台市・札幌市でも同様の傾向が見られる。

## マンションと「平屋」の人気が高まる

この世帯数の変化の影響を反映して、住宅市場ではマンション需要が拡大してきた。

### 図表5-7　世帯構成の変化〈東京都〉

※単位：千世帯、（　）は割合

| 世帯人員 | 1990年 | | 2020年 | | 1990年からの増減率 |
|---|---|---|---|---|---|
| 1人 | 1,687 | (35.9%) | 3,626 | (50.2%) | 114.9% |
| 2人 | 946 | (20.2%) | 1,695 | (23.5%) | 79.1% |
| 3人 | 769 | (16.4%) | 1,002 | (13.9%) | 30.4% |
| 4人 | 887 | (18.9%) | 698 | (9.7%) | ▲21.3% |
| 5人以上 | 405 | (8.6%) | 196 | (2.7%) | ▲51.5% |
| 総数 | 4,694 | (100.0%) | 7,217 | (100.0%) | 53.8% |

※総務省「国勢調査」より

### 図表5-8　世帯構成の変化〈神奈川県〉

※単位：千世帯、（　）は割合

| 世帯人員 | 1990年 | | 2020年 | | 1990年からの増減率 |
|---|---|---|---|---|---|
| 1人 | 758 | (26.9%) | 1,651 | (39.2%) | 117.7% |
| 2人 | 533 | (18.9%) | 1,160 | (27.6%) | 117.8% |
| 3人 | 517 | (18.3%) | 713 | (16.9%) | 37.9% |
| 4人 | 682 | (24.2%) | 524 | (12.4%) | ▲23.2% |
| 5人以上 | 328 | (11.6%) | 162 | (3.9%) | ▲50.4% |
| 総数 | 2,818 | (100.0%) | 4,210 | (100.0%) | 49.4% |

※総務省「国勢調査」より

## 図表5-9　世帯構成の変化〈大阪市〉

※単位：千世帯、（　）は割合

| 世帯人員 | 1990年 | | 2020年 | | 1990年からの増減率 |
|---|---|---|---|---|---|
| 1人 | 328 | (32.4%) | 785 | (53.6%) | 138.9% |
| 2人 | 233 | (23.0%) | 339 | (23.1%) | 45.1% |
| 3人 | 173 | (17.0%) | 180 | (12.3%) | 3.9% |
| 4人 | 187 | (18.4%) | 120 | (8.2%) | ▲35.4% |
| 5人以上 | 94 | (9.2%) | 41 | (2.8%) | ▲56.1% |
| 総数 | 1,015 | (100.0%) | 1,465 | (100.0%) | 44.3% |

※総務省「国勢調査」より

## 図表5-10　世帯構成の変化〈名古屋市〉

※単位：千世帯、（　）は割合

| 世帯人員 | 1990年 | | 2020年 | | 1990年からの増減率 |
|---|---|---|---|---|---|
| 1人 | 232 | (29.6%) | 505 | (45.1%) | 117.5% |
| 2人 | 160 | (20.4%) | 284 | (25.3%) | 77.5% |
| 3人 | 137 | (17.4%) | 166 | (14.8%) | 21.5% |
| 4人 | 160 | (20.5%) | 122 | (10.9%) | ▲24.1% |
| 5人以上 | 95 | (12.1%) | 43 | (3.8%) | ▲54.8% |
| 総数 | 784 | (100.0%) | 1,120 | (100.0%) | 42.8% |

※総務省「国勢調査」より

### 図表5-11　世帯構成の変化〈札幌市〉

※単位：千世帯、（　）は割合

| 世帯人員 | 1990年 | | 2020年 | | 1990年からの増減率 |
|---|---|---|---|---|---|
| 1人 | 197 | (30.8%) | 422 | (43.6%) | 114.1% |
| 2人 | 147 | (22.9%) | 288 | (29.7%) | 96.2% |
| 3人 | 116 | (18.1%) | 144 | (14.8%) | 23.8% |
| 4人 | 127 | (19.8%) | 88 | (9.1%) | ▲30.6% |
| 5人以上 | 54 | (8.4%) | 26 | (2.7%) | ▲51.4% |
| 総数 | 640 | (100.0%) | 967 | (100.0%) | 51.2% |

※総務省「国勢調査」より

### 図表5-12　世帯構成の変化〈仙台市〉

※単位：千世帯、（　）は割合

| 世帯人員 | 1990年 | | 2020年 | | 1990年からの増減率 |
|---|---|---|---|---|---|
| 1人 | 111 | (33.2%) | 236 | (45.0%) | 112.6% |
| 2人 | 60 | (17.8%) | 133 | (25.4%) | 123.3% |
| 3人 | 55 | (16.4%) | 80 | (15.2%) | 45.3% |
| 4人 | 67 | (20.1%) | 54 | (10.3%) | ▲19.4% |
| 5人以上 | 42 | (12.5%) | 21 | (4.0%) | ▲49.5% |
| 総数 | 335 | (100.0%) | 525 | (100.0%) | 56.7% |

※総務省「国勢調査」より

**図表5-13　世帯構成の変化〈広島市〉**

※単位：千世帯、（　）は割合

| 世帯人員 | 1990年 | | 2020年 | | 1990年からの増減率 |
|---|---|---|---|---|---|
| 1人 | 120 | (30.0%) | 225 | (40.5%) | 87.0% |
| 2人 | 84 | (20.9%) | 155 | (27.9%) | 84.4% |
| 3人 | 69 | (17.1%) | 87 | (15.7%) | 27.3% |
| 4人 | 86 | (21.4%) | 64 | (11.6%) | ▲24.9% |
| 5人以上 | 42 | (10.6%) | 24 | (4.2%) | ▲44.4% |
| 総数 | 401 | (100.0%) | 554 | (100.0%) | 38.4% |

※総務省「国勢調査」より

**図表5-14　世帯構成の変化〈福岡市〉**

※単位：千世帯、（　）は割合

| 世帯人員 | 1990年 | | 2020年 | | 1990年からの増減率 |
|---|---|---|---|---|---|
| 1人 | 178 | (36.7%) | 431 | (52.0%) | 142.7% |
| 2人 | 92 | (19.0%) | 188 | (22.6%) | 104.2% |
| 3人 | 76 | (15.8%) | 107 | (12.9%) | 40.2% |
| 4人 | 91 | (18.8%) | 76 | (9.1%) | ▲16.5% |
| 5人以上 | 47 | (9.7%) | 28 | (3.4%) | ▲40.2% |
| 総数 | 484 | (100.0%) | 830 | (100.0%) | 71.6% |

※総務省「国勢調査」より

かつて戸建てが中心だった地方都市でも、1人・2人世帯の増加と高齢化によって、マンションを希望する人も多くなっている。

しかし地方都市ではマンションの供給が少なく、新築が供給されると多くが完売する。また、中古マンションの人気も高く、品不足の状態が続いている。

新規の供給量は低水準が続いているが、どの都市もマンション化率は上がっている(図表5-15)。東京23区に次いでマンション化率の高い福岡市は、1人・2人世帯数の全世帯に占める割合は、合計して74・6%となっていて、東京23区並みになっている。

また福岡市より人口が多い名古屋市のマンションストック戸数を上回っている。もちろん、地域による住宅市場のニーズは異なり、名古屋圏では戸建て志向が強いという違いが背景にある。住宅ニーズは、ローカル色を反映する。

1人・2人世帯は、マンション需要を拡大させたが、ここ数年、特にコロナ禍の影響を受けたためか、「平屋」住宅も人気が高まってきている(図表5-16)。

特に、郊外や地方圏で注目を浴びて、平家を選択する人が増加している。その購入者の多くが少人数世帯であるが、中には独身女性も購入しているという。若い2人・3人世帯、さらに、高齢の夫婦が主要な顧客となっている。ペットを飼う人、特に、大型犬を飼っている人は、マンシ

## 図表5-15　政令指定都市・マンション化率（2022年）

マンション化率ランキング

| | 地域 | マンション化率 | ストック戸数 | 世帯数 |
|---|---|---|---|---|
| 1 | 東京23区 | 32.4% | 1,623,006 | 5,009,690 |
| 2 | 福岡市 | 30.0% | 240,827 | 802,088 |
| 3 | 神戸市 | 30.0% | 221,905 | 739,624 |
| 4 | 大阪市 | 29.2% | 431,023 | 1,474,812 |
| 5 | 横浜市 | 28.7% | 513,930 | 1,787,596 |
| 6 | 川崎市 | 27.8% | 207,958 | 747,082 |
| 7 | 千葉市 | 24.5% | 112,921 | 460,209 |
| 8 | 名古屋市 | 21.2% | 233,479 | 1,100,796 |
| 9 | さいたま市 | 18.7% | 114,201 | 609,548 |
| 10 | 相模原市 | 17.7% | 59,992 | 338,716 |
| 11 | 広島市 | 17.5% | 98,780 | 564,666 |
| 12 | 札幌市 | 17.4% | 187,556 | 1,078,881 |
| 13 | 京都市 | 16.9% | 117,593 | 694,278 |
| 14 | 仙台市 | 16.9% | 87,799 | 521,016 |
| 15 | 北九州市 | 16.3% | 77,735 | 477,007 |
| 16 | 堺市 | 15.2% | 59,100 | 388,813 |
| 17 | 熊本市 | 11.2% | 38,856 | 346,027 |
| 18 | 岡山市 | 8.3% | 27,178 | 326,343 |
| 19 | 新潟市 | 7.2% | 24,530 | 342,561 |
| 20 | 浜松市 | 6.6% | 22,146 | 335,703 |
| 21 | 静岡市 | 6.6% | 20,760 | 314,786 |

マンションストック戸数ランキング

| | 地域 | マンション化率 | ストック戸数 | 世帯数 |
|---|---|---|---|---|
| 1 | 東京23区 | 32.4% | 1,623,006 | 5,009,690 |
| 2 | 横浜市 | 28.7% | 513,930 | 1,787,596 |
| 3 | 大阪市 | 29.2% | 431,023 | 1,474,812 |
| 4 | 福岡市 | 30.0% | 240,827 | 802,088 |
| 5 | 名古屋市 | 21.2% | 233,479 | 1,100,796 |
| 6 | 神戸市 | 30.0% | 221,905 | 739,624 |
| 7 | 川崎市 | 27.8% | 207,958 | 747,082 |
| 8 | 札幌市 | 17.4% | 187,556 | 1,078,881 |
| 9 | 京都市 | 16.9% | 117,593 | 694,278 |
| 10 | さいたま市 | 18.7% | 114,201 | 609,548 |
| 11 | 千葉市 | 24.5% | 112,921 | 460,209 |
| 12 | 広島市 | 17.5% | 98,780 | 564,666 |
| 13 | 仙台市 | 16.9% | 87,799 | 521,016 |
| 14 | 北九州市 | 16.3% | 77,735 | 477,007 |
| 15 | 相模原市 | 17.7% | 59,992 | 338,716 |
| 16 | 堺市 | 15.2% | 59,100 | 388,813 |
| 17 | 熊本市 | 11.2% | 38,856 | 346,027 |
| 18 | 岡山市 | 8.3% | 27,178 | 326,343 |
| 19 | 新潟市 | 7.2% | 24,530 | 342,561 |
| 20 | 浜松市 | 6.6% | 22,146 | 335,703 |
| 21 | 静岡市 | 6.6% | 20,760 | 314,786 |

※資料：東京カンテイ「プレスリリース」」より

図表5-16　居住専用1階建て住宅・着工数の推移

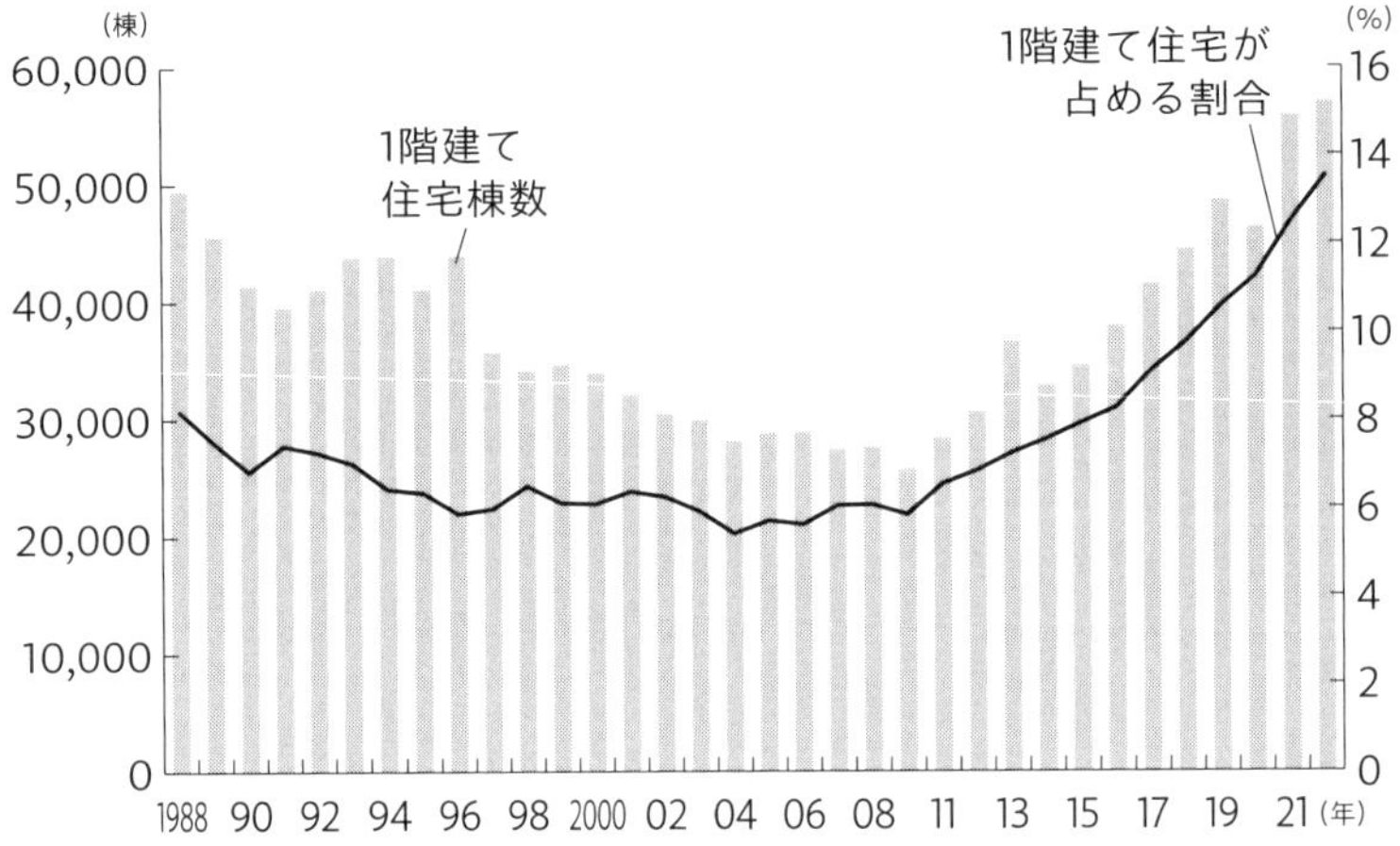


※国土交通省「建築着工統計」より

ヨンよりも戸建て住宅を選択する。

住宅政策も、人口減少時代に適合したものに変えていかねばならないし、住宅産業界も、少人数世帯の増加に対応した商品企画を考えることを迫られる。

人口減少社会では、供給量ではなく、「住宅の質」の向上と、今後の「住宅のニーズ」に応えるものにしていくことが求められる。

# 第6章

# デジタル化と省エネ化の革命

不動産バブル

｜

静かな崩壊

## テレワークとネットショッピングの普及がもたらすもの

コロナ禍を契機に、日本社会のデジタル化に拍車がかかった。この動きは不動産市場にも及び、歴史的な変化をもたらしている。先にも触れたが、ここではデータを用いて、さらに詳しく紹介しよう。

まず、テレワークの普及、定着によるオフィス需要の大きな変化を見てみよう。

東京・大阪などの大都市の大企業を中心に、テレワークは、コロナ禍が収束に向かう中でも定着していて、以前の姿には完全に戻っていない（図表6-1）。

2023年、富士通は、東京都心から神奈川県川崎市に本社を移転する決定をした。コロナ禍でリモートワークが定着したことで、オフィスの必要性を見直した結果だという。現在の全国の主要拠点の出社率が2割程度になっていることを反映したのだろう。東京都心の高額な不動産関連支出を大幅に削減できるのも、経営にとって魅力的である。

また地方拠点から本社への出張回数が減って、大幅な経費の削減ができるようになった。

最近では、就職を考える条件として、リモートワークができる企業を希望する人が増えている。すでに、リモートで働いている人の生活満足度は高いという調査結果もある（図表6-2）。

その結果、賃貸オフィスの需給関係が緩和した。

## 図表6-1 〈都道府県別〉テレワーク実施率

| | 都道府県 | 2023年7月 | 2022年7月 | 前年比 |
|---|---|---|---|---|
| 1 | 東京都 | 38.8% | 44.6% | −5.8 |
| 2 | 神奈川県 | 33.1% | 37.7% | −4.6 |
| 3 | 千葉県 | 27.4% | 34.0% | −6.6 |
| 4 | 埼玉県 | 26.5% | 30.0% | −3.5 |
| 5 | 大阪府 | 21.8% | 23.3% | −1.5 |
| 6 | 兵庫県 | 19.2% | 23.3% | −4.1 |
| 7 | 京都府 | 18.4% | 17.9% | +0.5 |
| 8 | 栃木県 | 18.1% | 22.6% | −4.5 |
| 9 | 愛知県 | 17.6% | 21.6% | −4.0 |
| 10 | 福岡県 | 17.5% | 19.9% | −2.4 |
| 11 | 沖縄県 | 17.3% | 15.7% | +1.6 |
| 12 | 茨城県 | 16.8% | 19.4% | −2.6 |
| 13 | 長野県 | 16.2% | 14.6% | +1.6 |
| 14 | 滋賀県 | 15.9% | 18.1% | −2.2 |
| 15 | 宮城県 | 15.7% | 21.3% | −5.6 |
| 16 | 北海道 | 15.5% | 15.0% | +0.5 |
| 17 | 鳥取県 | 14.6% | 6.6% | +8.0 |
| 18 | 静岡県 | 13.6% | 15.4% | −1.8 |
| 19 | 三重県 | 13.4% | 15.8% | −2.4 |
| 20 | 秋田県 | 12.8% | 6.6% | +6.2 |
| 21 | 大分県 | 12.4% | 13.6% | −1.2 |
| 22 | 山形県 | 12.1% | 17.1% | −5.0 |
| 23 | 島根県 | 12.0% | 9.3% | +2.7 |
| 24 | 群馬県 | 11.8% | 11.6% | +0.2 |
| 25 | 長崎県 | 11.8% | 10.9% | +0.9 |
| 26 | 広島県 | 11.4% | 17.1% | −5.7 |
| 27 | 岐阜県 | 11.3% | 17.9% | −6.6 |
| 28 | 富山県 | 11.0% | 9.9% | +1.1 |
| 29 | 奈良県 | 10.2% | 17.0% | −6.8 |
| 30 | 高知県 | 10.1% | 8.2% | +1.9 |
| 31 | 和歌山県 | 9.8% | 13.1% | −3.3 |
| 32 | 福島県 | 9.7% | 10.8% | −1.1 |
| 33 | 熊本県 | 9.5% | 14.6% | −5.1 |
| 34 | 石川県 | 9.4% | 16.8% | −7.4 |
| 35 | 鹿児島県 | 9.3% | 14.0% | −4.7 |
| 36 | 山口県 | 8.7% | 10.5% | −1.8 |
| 37 | 岩手県 | 8.5% | 3.4% | +5.1 |
| 38 | 香川県 | 8.3% | 7.6% | +0.7 |
| 39 | 青森県 | 7.5% | 5.7% | +1.8 |
| 40 | 岡山県 | 7.4% | 12.5% | −5.1 |
| 41 | 宮崎県 | 7.1% | 12.8% | −5.7 |
| 42 | 佐賀県 | 6.5% | 8.9% | −2.4 |
| 43 | 山梨県 | 5.9% | 17.9% | −12.0 |
| 44 | 新潟県 | 5.8% | 8.0% | −2.2 |
| 45 | 徳島県 | 5.3% | 7.8% | −2.5 |
| 46 | 愛媛県 | 5.3% | 9.7% | −4.4 |
| 47 | 福井県 | 2.4% | 5.9% | −3.5 |

※パーソル総合研究所「第8回・新型コロナウイルス対策によるテレワークへの影響に関する緊急調査」より

**図表6-2　テレワーク可否別・各種満足度**

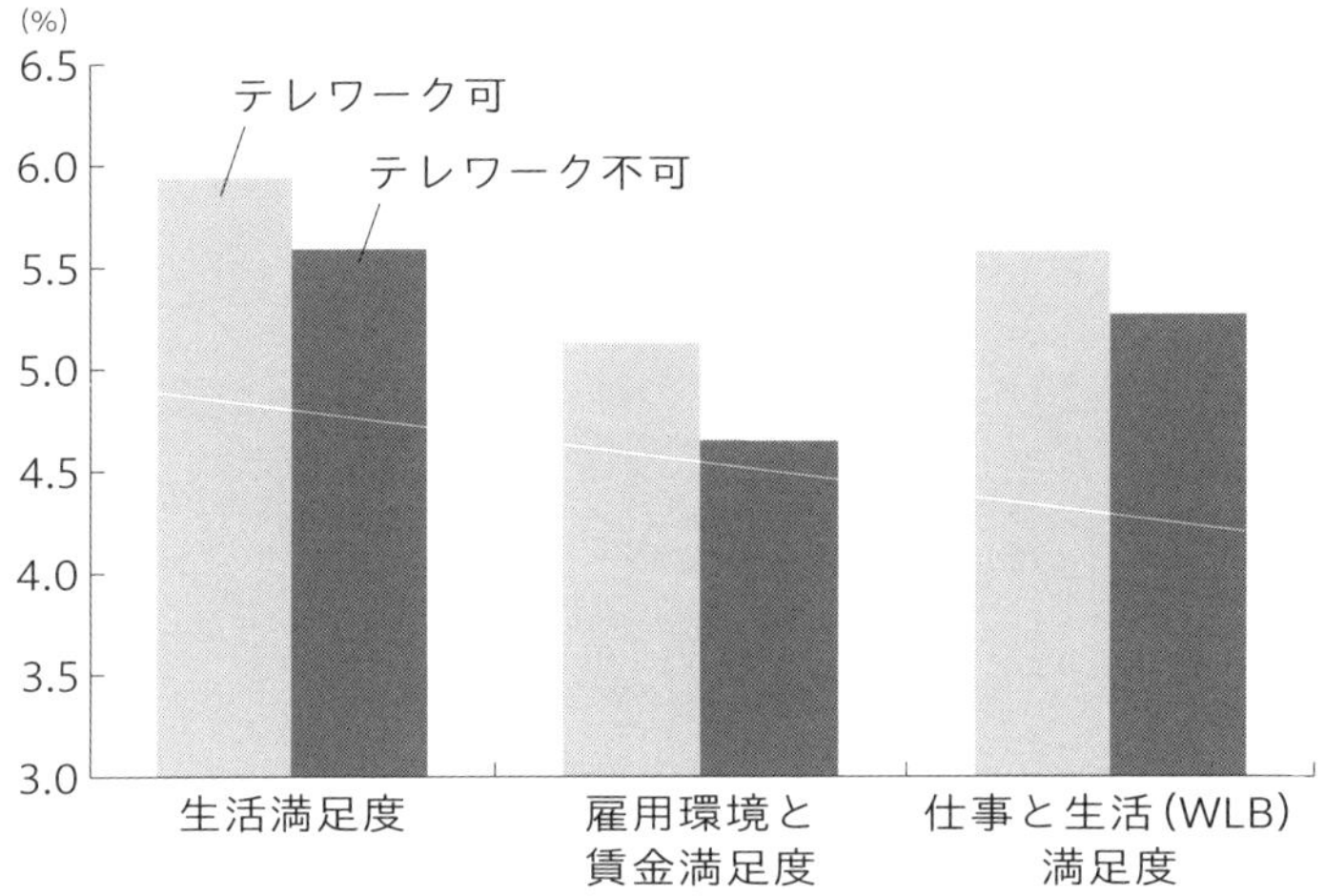


※内閣府「満足度・生活の質に関する調査報告書2023」より

コロナ禍を契機に、東京や大阪などの大都市の空室率が上昇し、現在も高水準が続いている。

空室率の高止まりには、もう一つの要因がある。

日本の異次元の金融緩和と超低金利政策によって、3大都市・地方中核都市ではオフィスの大量供給が続いている。つまり、テレワークによる需要の縮小と、オフィスビルの大量供給が重なり、需給緩和を促進させているのである（図表6-3）。

同様の状況は米国でも見られる。日本以上にテレワークが定着している米国の大都市では、オフィスの空室率は10％から20％までの水準となっている。この状況は今後も改善の

**図表6-3　【東京都心5区】オフィス空室面積・空室率の推移**

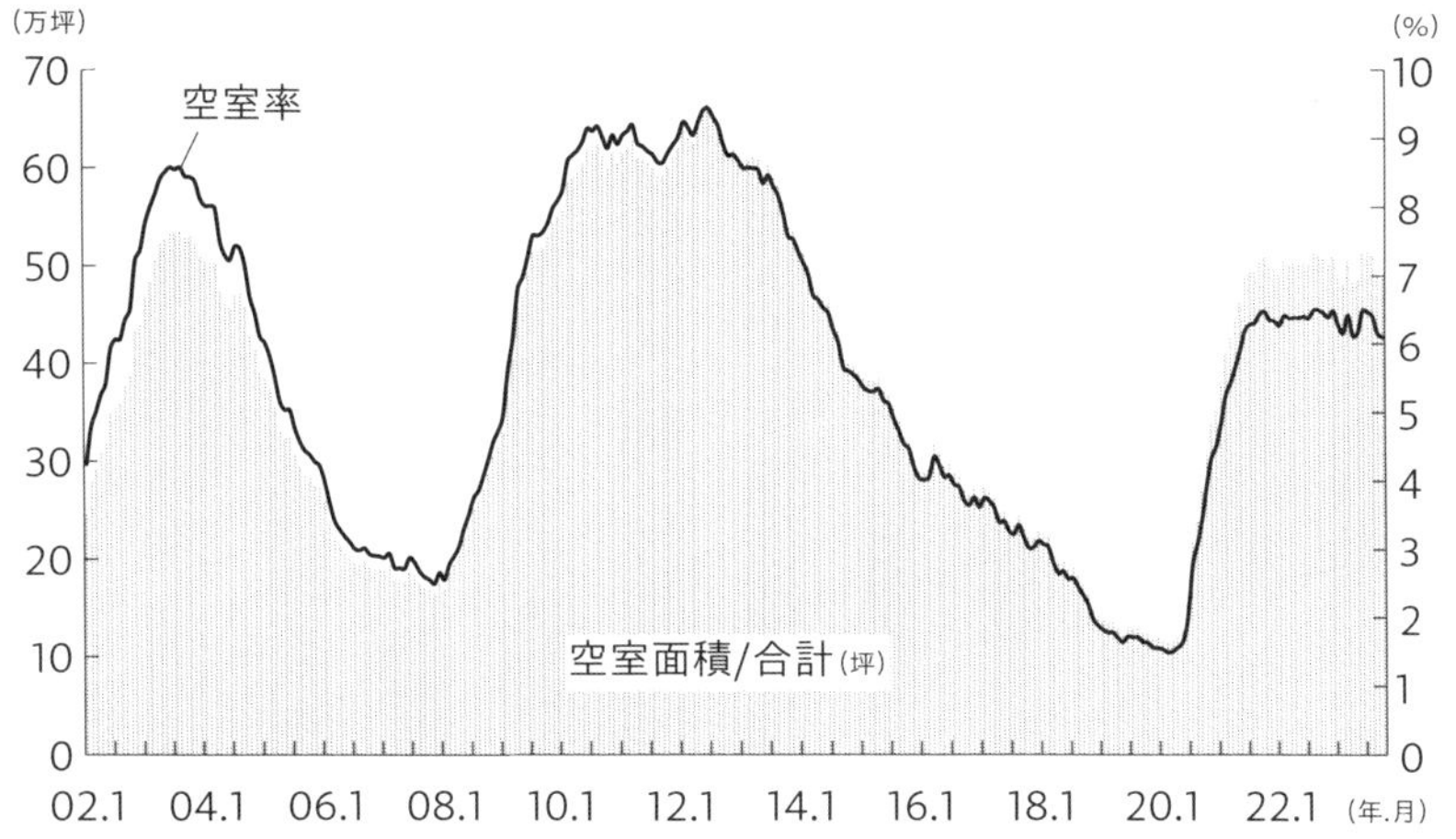


※資料：三鬼商事「オフィスマーケットデータ」より
※都心5区：千代田区・中央区・港区・新宿区・渋谷区
　対象：地区内にある基準階面積が100坪以上の主要貸事務所ビル

見込みはなく、オフィスをアパートにコンバージョンする動きも出ているとの報告もある。

テナントの退去、既存テナントの面積縮小で、オフィスビルのオーナーの収入が悪化し、借入金が返済できなくなり、その結果、金融機関の不良債権が膨らんでいるという。テレワーク促進の影響が金融機関の経営にまで及ぶことになった。

商業施設について、ネットショッピングの増加で、テナントの退去が多くなっているのは、先に述べたとおりである。

ネットへの出店は、設備投資費用と人手が不要で、小売業を中心にシェアを伸ばしている。

**図表6-4　消費者向け電子商取引（インターネット）市場規模の推移**

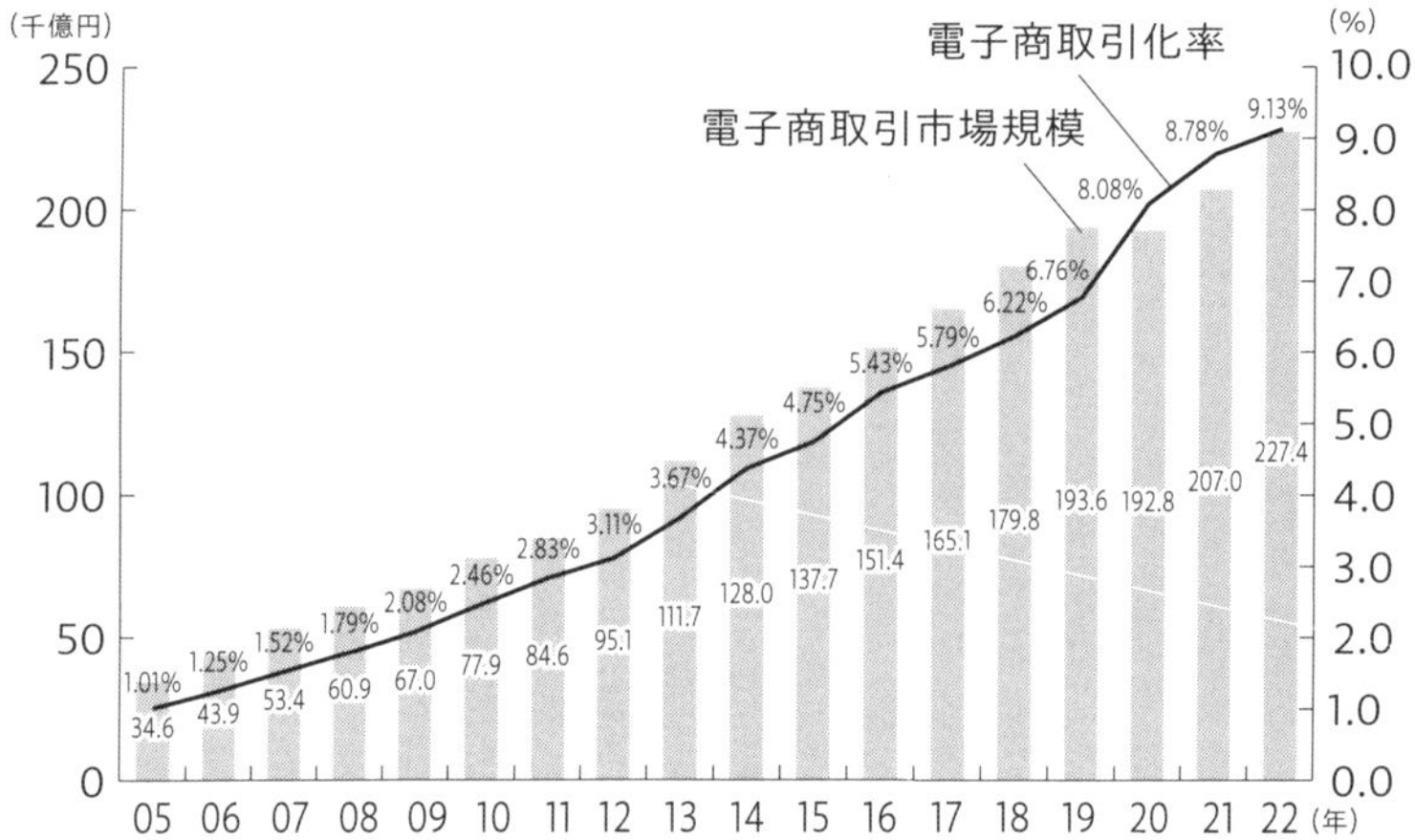


※経済産業省「電子商取引に関する市場調査」より

その結果、賃貸店舗市場では空室の増加が続いている。東京都心部でも、フリーレントが6カ月以上という例も珍しくない。

図表6-4でも見られるように、ネット経由の販売は増加して、この動きは、今後も一段と進んでいくことは確実である。

人口が減少していく日本では、店舗の需要拡大の可能性は期待できないだろう。

物流施設の需要拡大で、配送に利便性の高い、インターチェンジに近い土地の価格を上昇させた。

しかし、この数年間、需要の急拡大が続いて新規参入業者が相次ぎ、物流施設が大量に供給された。その結果、2大都市圏では2023年から空室率が上昇し、立地による格差が鮮明となった。

すでに賃料が弱含みになっている地域も出ている。

今後の需給悪化を予想して、取得済みの土地をそのまま売却する動きや事業計画を凍結する例も出ている。

また、デジタル化の波は、「データセンター」という新たな需要も生み出している。立地に各種の条件はあるものの、デジタル社会には必要不可欠なものとなっている。

デジタル社会の急速な進行は半導体不足を招いているのも前述したとおりだ。

今後、半導体関連の工場の新設計画は目白押しである。しかし、そのための大型工場用地の不足が大きな課題となっている。政府は、国の経済安全保障の視点からも用地確保をしやすくするために、「立地規制」を緩和する方向に動き始めた。農地や森林にも拡大する方針を表明している。

今後、半導体メーカーや関連企業が進出する地域の住宅・地価と家賃の値上がりは必至だ。

しかし、企業城下町がいつまでも栄え続ける保証はない。我々は、過去に数多くの企業城下町の盛衰を見てきた。業況が悪化し、企業が撤退することもある。不動産の価格の動きは、企業と雇用と共にあることを認識しておきたい。

図表6-5 【全国】給油所数の推移

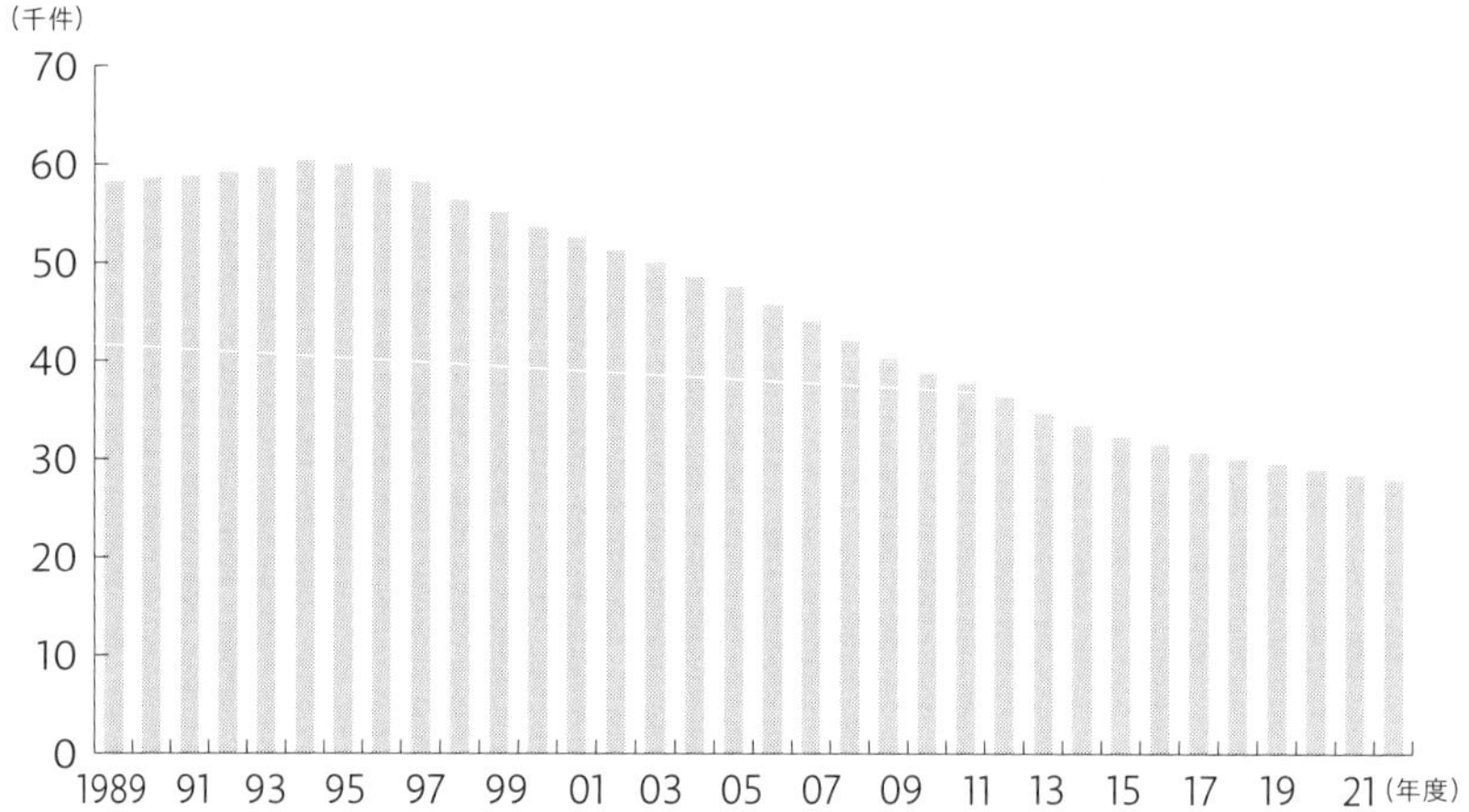


※「資源エネルギー庁」データより

## 省エネ技術が土地の用途を変えた

自動車業界の省エネ技術の進歩によって、ガソリンスタンド跡地の用途変更が多発している。

日本の自動車メーカーの主力となったプラグイン・ハイブリッド車の急速な普及・拡大は、ガソリンの消費量を大幅に減少させた。

その結果、全国各地でガソリンスタンド数は減少した。ガソリンを入れるため遠くまで行かなければならなくなり、不便になった地域も出ている。

ガソリンスタンド跡地は土壌汚染のリスクはあるものの、概して広い道路に面しているため、土地としての利用価値は高く、コンビニエンスストア、ドラッグストアや建売住宅用地として活発に取り引きされている。

今後、電気自動車（ＥＶ）の普及が本格化し、自宅での給電が一般化する時代になれば、ガソリンスタンド用地の売却は、さらに加速する。

これらの動きを見ると、不動産市場は社会や経済に加えて、新たな技術によって、大きな影響を受けることを改めて実感させられる。不動産市場の動向を正確に見るためには、広範囲の情報収集と分析が必要となる。

# 第7章

# 気候変動・自然災害を想定したリスク管理

不動産バブル
―
静かな崩壊

## 地球温暖化が人々の行動を変え、街を変える

2023年は、真夏日が90日という地域もあり、厳しい夏となった。猛暑は年を追うごとにひどくなり、人々の生活、企業活動にも大きな影響を与えている。温暖化が本質的な原因とされる山火事もヨーロッパ、北米、豪州などで頻発している。2023年8月のハワイ・マウイ島の山火事は、一瞬にして街を焼き尽くしてしまった。以前から、気候変動による山火事の発生リスクが指摘されていた。

夏の酷暑から逃れる動きは年々強まり、首都圏から新幹線で行ける長野県軽井沢の人気は著しく、マンション、別荘、そして土地の需要は強く、価格の上昇が際立っている。（図表7-1）軽井沢は、東京から新幹線で約70分ということもあって、テレワークをする人にも適しており、富裕層だけでなく、若年層の購入、定住も見られる（図表7-2）。

逆に、温暖化により苦境に立たされる人もいる。スキー場では、降雪量が極端に少なくなり、経営を続けることが難しく、閉鎖する例も見られる。

また、急激な気温上昇は海水温にも及び、近海の漁獲量の減少、魚種の変化に拍車をかけて、漁業関係者に深刻な打撃を与え始めている。

## 図表7-1 〈軽井沢町〉基準地価・商業地価の推移

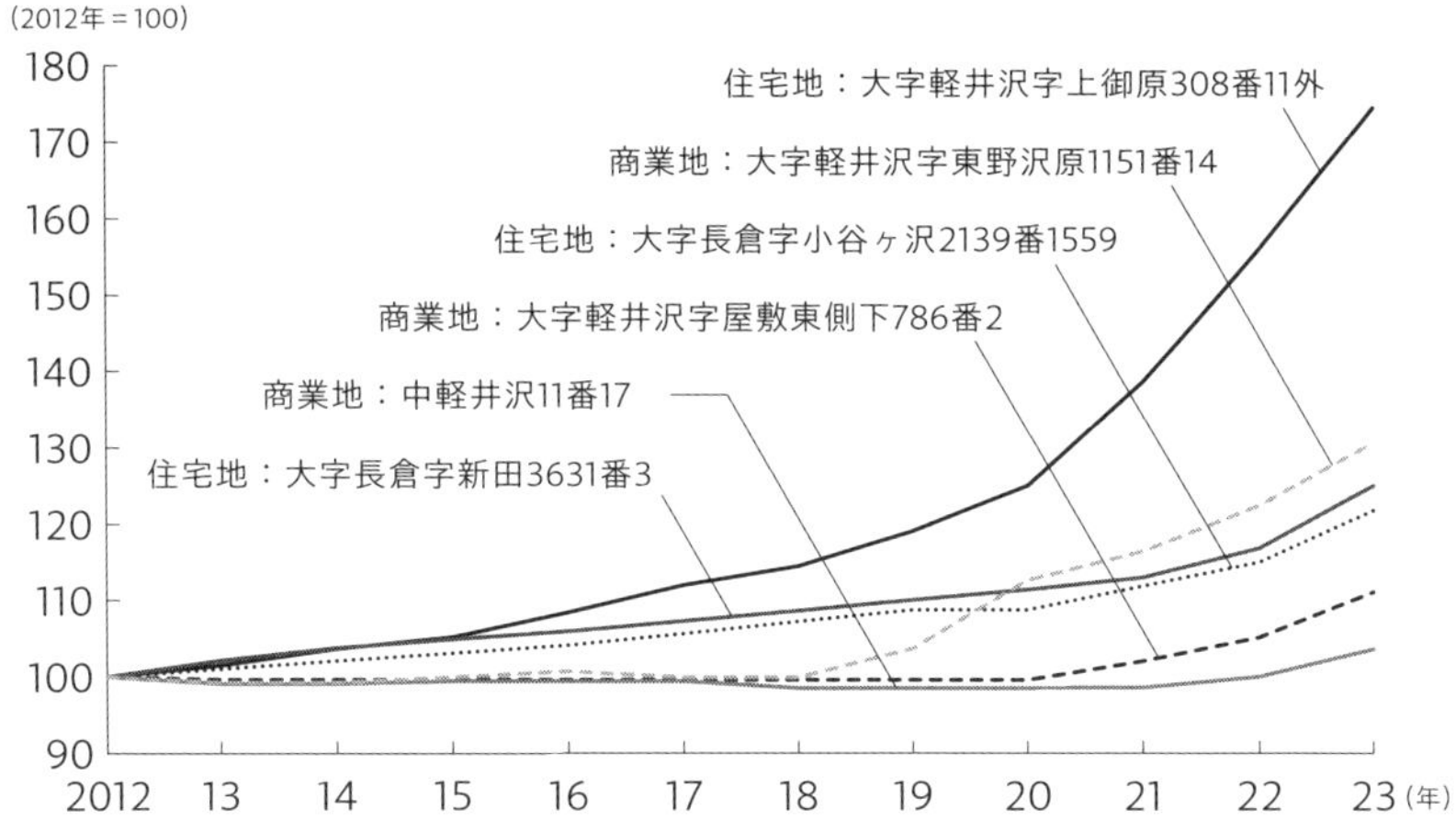


※国土交通省「都道府県地価調査」データより

## 図表7-2 【軽井沢町】人口・世帯数の推移

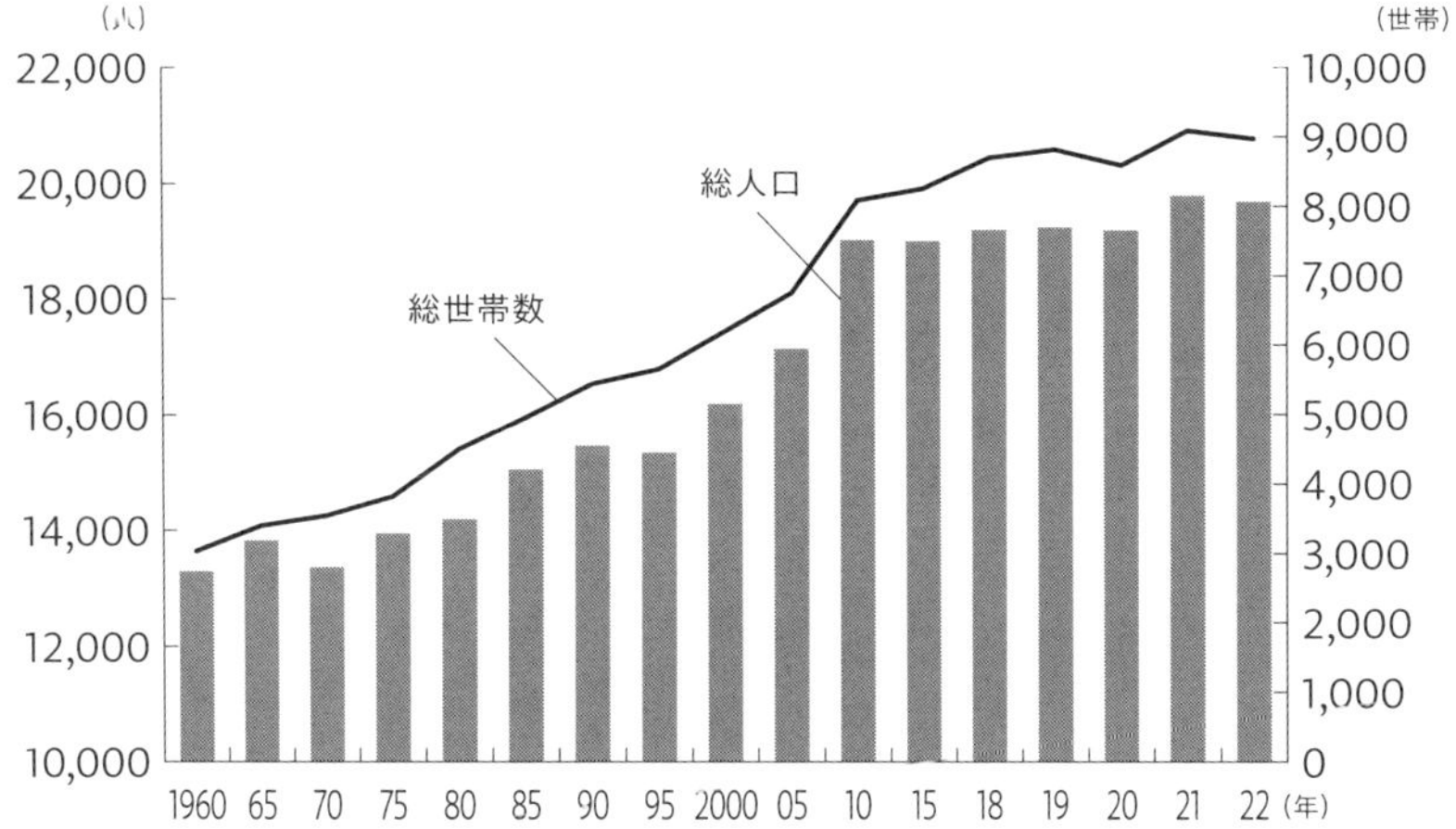


※総務省「国勢調査」「長野県毎月人口調査」より

温暖化は雇用にも及び、地域の盛衰を左右する。その結果、住宅や土地の価格にも格差を生む。

近年、全国各地で「ゲリラ豪雨」と呼ばれる現象が多発して、住宅・道路・橋・鉄道などに多大な影響を与えるだけでなく、多くの人命を奪っている。1時間に50ミリ以上の大雨の回数は急増している。この集中的な豪雨は、土砂災害を引き起こし、その被害規模も甚大になっている。世界的に見ても、2023年9月には米国のニューヨーク市が豪雨に見舞われた。雨量は150ミリを超え、道路が冠水し、建物も浸水する被害が出た。州知事は、「命を脅かす雨」として、非常事態宣言を出した。

今後、さらに温暖化が進むことは確実で、次のようなことが指摘されている。

- 気温の上昇が続き、真夏日や猛暑日の日数が一段と増加していく（図表7-3）。猛暑は高齢者の健康にも影響を与える。
- 台風の勢力も強まり、建物への破壊力は増していく。また台風の進路も変化し、これまで台風が来なかった地域にも襲来する可能性がある。竜巻の多発化も予想される。
- 降雨量は増大していく（図表7-4）。しかもゲリラ豪雨が多発する。浸水被害も多くなるこ

**図表7-3　【東京】猛暑日日数・平均気温の推移**

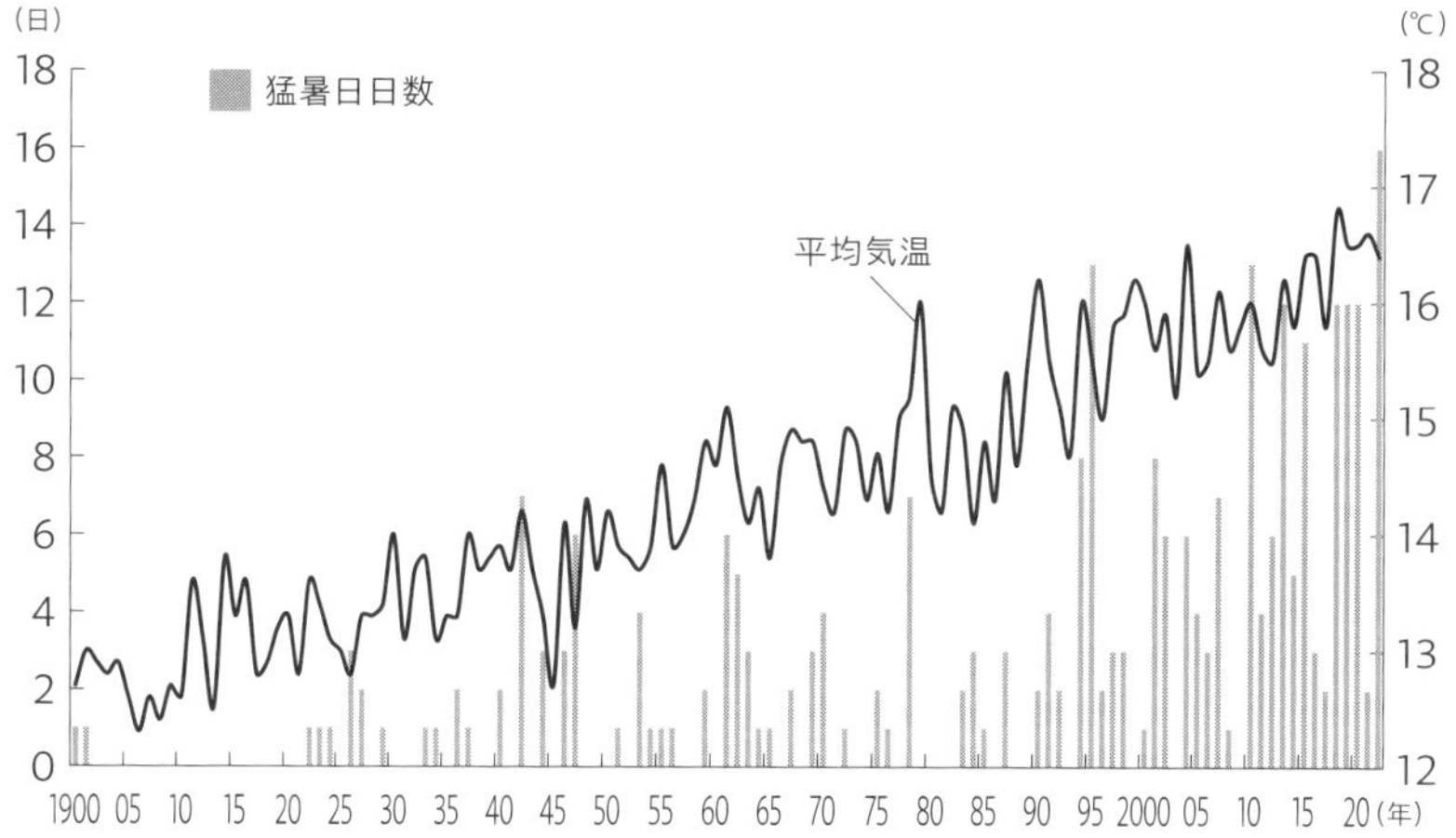


※「気象庁」データより

**図表7-4　【全国】1時間降水量50mm以上の年間発生回数**

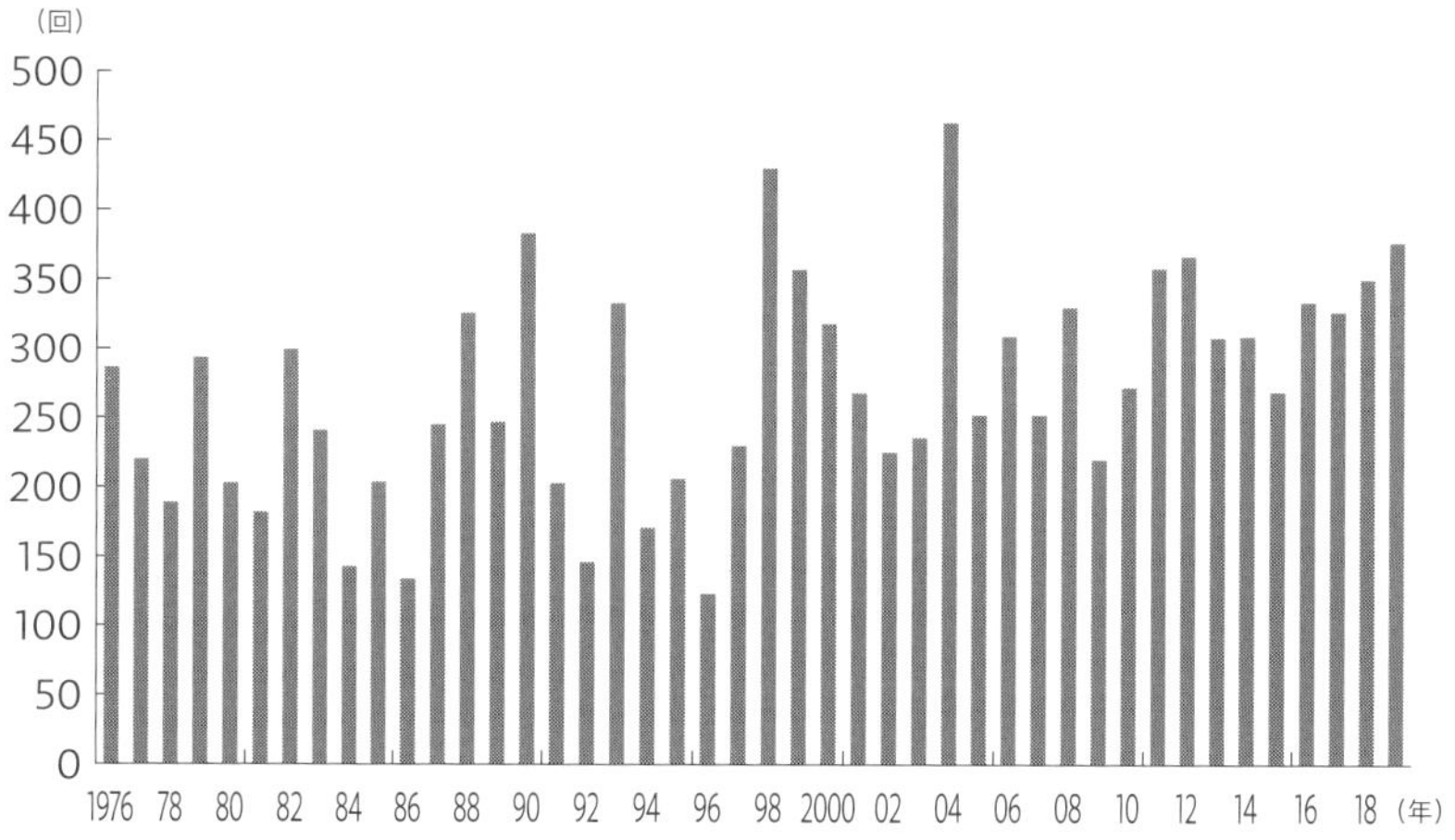


※「気象庁」データより

とが指摘される。

これからは、自然災害を考慮した住宅地・工業用地・店舗やオフィスの選定が重要となる。

気候変動のリスクを「有価証券報告書」で開示する企業が急速に進んでいる。２０２０年以前にコロナ禍を想定できた人・企業は皆無だったろうが、気候変動や台風などの自然災害についてのリスクについて開示する企業は大幅に増加しているのである。

最近では、気候変動による海面上昇などで、生産設備や不動産の価値が毀損するといったリスクが指摘されている。そのため投資家からも開示を求められているという。

イタリアの「水の都」で、世界中の観光客を集めるベニスでは、しばしば海水が街に流れ込み、その対応が課題となっている。こうした状況が今後も続いていけば、観光地としての魅力が低下し、「街の価値」が下がっていく可能性も否定できない。

環境省の「地球温暖化が我が国に及ぼす環境影響」は次のような指摘をしている。

- 海面が65センチ上昇した場合、現存する砂浜の約81%に相当する1万5600ヘクタールが侵食される。岡山県の砂浜がすべて侵食されて消滅するほか、沖縄・山形・島根などでも、ほとんどの砂浜が侵食被害を受ける。

●満潮水位より低い地域は、現在の約861平方キロの1・6倍以上に拡大する。仮に、気温上昇がより大きく、海面が1メートル上昇した場合には、2・7倍に拡大し、その中に含まれる人口は410万人、資産は109兆円となり、また、高潮・津波の危険地域も4割拡大する、としている。

温暖化は、多くの人の住まいと同時に、多額の「資産」を消失させてしまう。

## 自然災害のリスクに向き合う

企業にとって、どのような災害が発生しても事業継続ができるよう、日頃からの準備が必要となっている。

図表7-5は、帝国データバンクが事業継続計画（BCP）に対する企業の見解を聞いた結果を示したものだが、「事業の継続が困難になると想定しているリスク」のトップは、自然災害となっている。

東日本大震災直後に、津波のリスクを考えて、東海地方の海沿いにあった工場を内陸部に移転した企業があったが、工場・倉庫・配送センターなどの立地の選定をする際には、交通の至便性だけでなく、風水害、地震についての視点も重要となる。

1995年の阪神・淡路大震災の被害を受けた神戸市の人口が、2001年以来、22年ぶりに

図表7-5　事業の継続が困難になると想定しているリスク（複数回答）

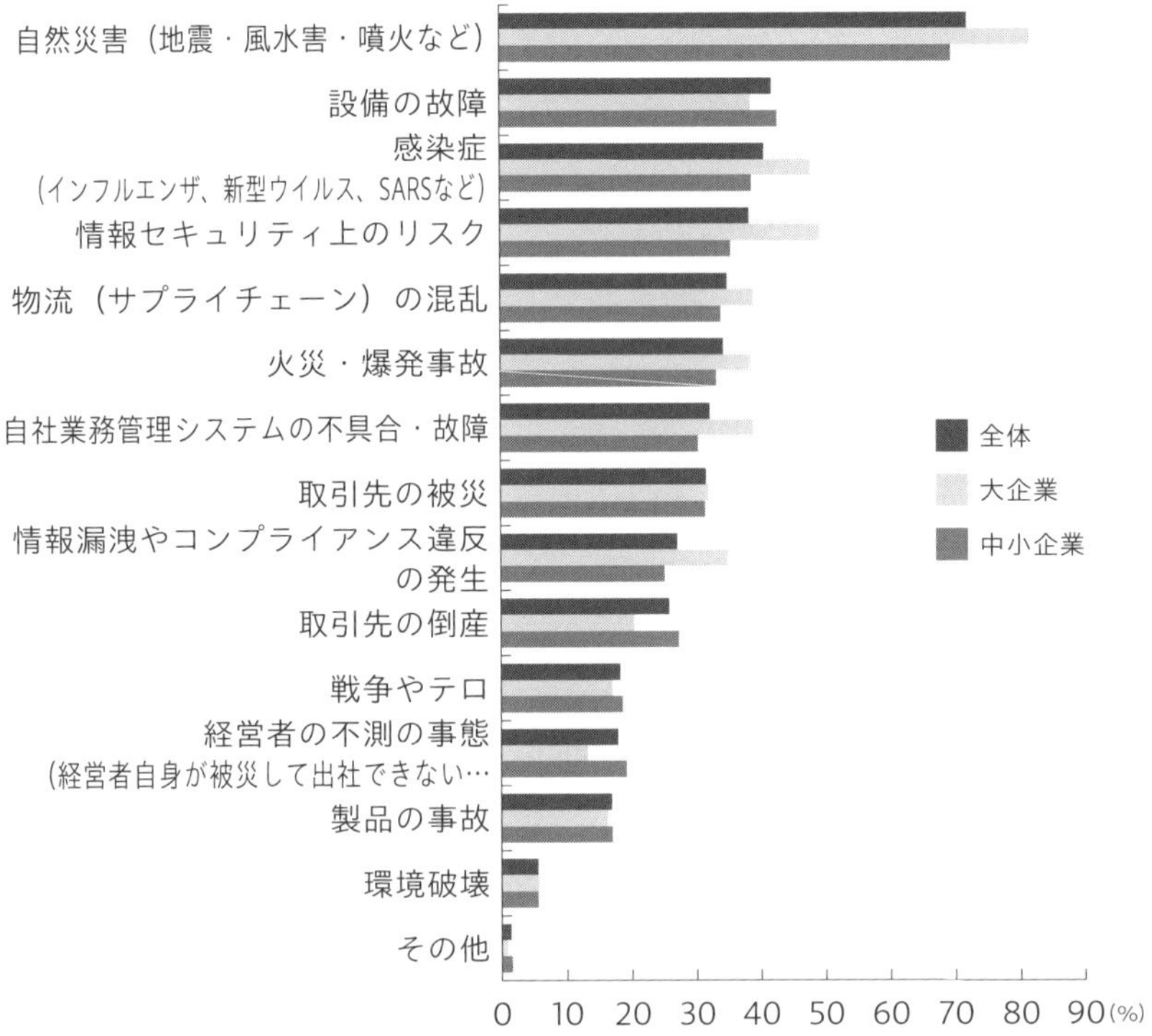


※帝国データバンク「事業継続計画（BCP）に対する意識調査」（2023年5月）より

１５０万人を下回ったと発表された。

神戸市は２０１５年に福岡市、２０１９年に川崎市に抜かれた。高度成長期以降、郊外で大規模なニュータウンの人口減少が著しく、２０１１年の１５４万人をピークに、減少したという。

しかし、神戸市長は、１９９５年の大震災が市の財政を圧迫し、経済振興や街づくりが遅れたとの見解を示し、「震災がボディブローのように効いてきた」と話している。

18世紀にリスボンで起きた大地震で、ポルトガルは衰退した。2024年1月に大地震が起きた能登半島も同様に街の衰退が懸念される。

不動産市場でも、地震・浸水によるアパートやビルなどの所有不動産の損壊をしばしば経験して、オーナーの「所有リスク」を懸念する人は少なくない。

また、不動産業界でも、河川の氾濫・洪水の多発地域・埋立地・液状化の地域・地盤沈下危険地域など、災害のリスクの高い危険エリアでの事業用地の「仕入れ禁止地域」を自主的に設定するところも出ている。

気候変動や自然災害は、農業にも大きな被害を与える。気候変動で農産物の収穫量や農家の収入が不安定になるリスクが高まっている。

2023年の猛暑は米作にも影響を与えた。例年は一等米の比率が70%を超える新潟県のコシヒカリが3%しかなく、農家の収入は減少した。「誰も経験したことがない災害級だ」と嘆く声が報じられた。

同様に、日本近海においてはイカやニシンなども、海水温の上昇で漁獲量が減少し、漁業関係者にとっては死活問題になっている。
将来的には「漁港の存立」すら危うくなっていくことも想定される。

## 安易な住宅の選択は「命と財産」を危険にさらす

日本では、人口の約3割が浸水想定区域に住んでいる。河川の氾濫や増水による被害は年々大きくなっているが、それでも危険地域から移転していく人は少ない。「住み慣れた土地から離れたくない」と考える人が多く、危険地域からの移転に対する補助金の制度はあっても、活かされていないのが実態である。

しかし、最近では、自然災害が多発化・常態化しつつあることから、住宅購入の際に「災害は起こらないか?」という点に関心が高まっている。台風や集中豪雨による浸水リスクを気にする人も多くなっている。土地購入を検討する条件の一つになってきた。

最近、福岡市で発表された「ため池ハザードマップ」の被害想定エリアにかかっているという理由で、購入予定がキャンセルになったという話を聞いた。賢明な選択である。

東日本大震災によって、「集団移転」の動きは多少あったが、住民の合意形成が難しく、制度の利用は少ない。

地球温暖化による自然災害の多発が想定され、水害や土砂崩れの危険が考えられる地域には、住宅などの開発制限や移転の強制を、国・自治体が一体となって進める方針に向かっているが、その歩みは遅い。

行政の方針がどうであれ、自分自身の命と財産を失うリスクにさらされる区域の住民は、自らリスクを避ける行動を起こすべきである。

災害リスクの高い土地の価値も、(これまでの被災地の多くを見ても)下落が避けられない。危険が想定される土地は、やがて引き取り手がなくなることも考えられる。これからは「立地」「建物の耐震性」などがさらに厳しく問われることになる。

国土交通省は、2020年8月28日から不動産業者に対し、住宅の購入や賃貸などの契約前に、水害リスクを説明することを義務付けた。このことで、売り主・買い主、また、貸し主・借り主双方が物件の危険度を確認する結果、その不動産の価値を知らされることになる。

不動産の価値は、利便性だけでなく、今後、自然災害の危険度にも左右される。都心で利便性の高い住宅地でも、浸水被害のリスクが高ければ価値は割り引かれる。逆に、水害の懸念のない住宅地の価値は、高く評価されるようになる。

では、自分や家族の命を守り、財産を失わないようにするためには、どんなことに注意をすればよいのだろうか。
2012年の拙著『東日本大震災後の不動産の鉄則』で解説した内容を再掲しよう。

## 地歴を知り、住宅の選択に生かす

地震や津波は「同じ地域」で昔から絶えず繰り返される。過去の事例を知ることは、将来を予測するためには最も有効な手段である。

過去の地震発生場所、震度、その規模を知っておくことで「想定外」ではなくなる。土地の歴史を知っておくことは、住まいを選ぶ時や建物を建てる時に重要で、将来の自然災害による被害のリスクを回避するのに役立つ。少なくとも、市区町村の「水害ハザードマップ」は、購入の際、確認をしておきたい。

2011年3月11日の東日本大震災で、被害の大きかった宮城県南部の太平洋沿岸部で、津波による浸水が「浜街道」と呼ばれる江戸時代の街道と宿場町の手前で止まっていたと報告されている。

この浜街道の周辺部は、過去にも度々、津波に襲われており、この経験を生かして、街道や宿場を現在の位置に移したのではないかと指摘されている。これが本当であれば、まさに、先人は自然災害の教訓を生かしていたということになる。

首都圏では、神奈川県の三浦半島に複数の断層が存在しているが、横須賀市は1990年以降から「断層を避ける街づくり」に取り組んでいる。市街部に北武断層があるが、その上には建築しないように開発事業者に対して、行政指導を行っている。

また、工業団地内でも断層上には工場や事務所を建てないように指導しているという。ここでは、情報公開し、住民の災害に対する危機意識を高めている。

これまでは多くの行政府では、活断層の存在を知らせることで「土地の価値」に影響を与えるなどとして、発表に慎重な姿勢をとっていたが、住民の命を守るという点からの横須賀市の取り組みは評価できる。

さて、東日本大震災では、液状化の被害も東北から関東地方にかけて広い範囲で発生し、被災した人たちは金銭面だけでなく、インフラの寸断などで日々の生活でも苦悩している。「液状化現象」は海沿いの埋立地だけでなく、内陸部でも数多く発生し、同じ地域で繰り返し発生している。液状化による被害を避けるためには、土地の「液状化履歴」を把握しておくことが必要となる。

最近では、内陸部の丘陵の住宅地でも繰り返し発生している。人工的に造成されたところで盛り土をした部分でも見られる。

いずれにせよ、液状化は何度も「繰り返される」ものであり、ここでも土地の履歴を把握しておくことで、財産や生活を奪われるリスクを回避できる。以下に、専門家が挙げている液状化の可能性のある場所を見ると、

- 埋立地
- 砂丘の間の低地
- 宅地造成地の盛り土の部分
- 砂礫を採掘した跡地
- 下水道を埋め戻したところ

のようになっている。東日本大震災では、仙台市などの大規模な丘陵地の造成地の地滑りが「盛り土」のところで発生しており、同じ造成地内で明暗を分けている。山を削り、削り取った土地を低地に埋めたことによるもので、盛り土の部分の住宅が全半壊している。このような被害が多くなったことで、東京都では「盛り土」に対する規制を制定した。

このほか、天災には、洪水、火山の噴火、台風などによるものがある。天災は「仕方がない」とあきらめてしまうのではなく、できるだけ回避するため、事前に十分な情報収集をして、対応

策を考える行動を起こすことによって、ある程度は、命や財産を守ることができるだろう。

住宅を購入する時には、価格や建物、通勤や生活の利便性などには注目するものの、「自然災害」に対する防衛の観点には注意があまり払われない例が少なくない。

過去には、先人の「知恵と行動」を学んで、津波から難を逃れた地域もあった。先人の教えを守ることは非常に大切なのだ。日本は地震大国であり、常時、規模の大小はあれ、地震が発生している。

1995年1月17日の阪神・淡路大震災や、2011年3月11日に発生した東日本大震災、2024年1月1日の能登半島地震などの大規模な地震発生を予想することはできない。

しかし、台風や大洪水による河川の氾濫地域や、地震による津波や液状化現象の「発生地域」の特定は、過去の歴史を見れば可能である。今後、住宅などの不動産を購入する際には、それを知る労を惜しんではならない。

多くの人は、自分の住んでいる地域のさまざまなリスクの存在すら知らない。そのことはある意味ではハッピーなことかもしれないが、知らないことで過ちは繰り返され、いつも「命と財産」を多くの人が失っているのが現実である。

## 過ちは繰り返される

東日本大震災が発生した際には、東北新幹線が当時、東北地方では27本の列車が運行していたが1本も脱線することなく停止した。大地震にもかかわらず、超高速で走る新幹線がなぜ安全に停止できたのか。鉄道技術の素人である筆者には、理解を超えた驚きであった。

振り返ってみれば、2004年10月23日に新潟県中越地震が発生して、走行中だった上越新幹線「とき325号」が脱線した例があった。

二つの震災の例を比較することは適切ではないかもしれないが、JR東日本鉄道は、この脱線事故から数多くのことを学んだのではないかと思う。

東北新幹線は約700キロメートルにわたって50カ所と海岸沿いの9カ所に地震計を設置していて、地震発生時には地震を感知し、緊急停止する仕組みになっていたそうだ。日本は地震大国と言われており、さまざまな対応がとられ、我々の身の安全を確保する技術を蓄積して地震に備えていたことは敬服に値する。

しかし、最も大切なことは、教訓を学ぶことではなく、学んだことを生かして対応を考えて「実行する」ことだ。

東日本大震災でも明らかになったように、津波は同じところを何度も襲う。液状化も同様だ。

家や事業所を構える際、そのような場所は避けるべきで、事前に入念な調査をしておくことでリスクを回避でき、自分の命や財産を守ることができる。

日本人は、１９９０年のバブル崩壊で、経済的に大きな痛手を受けた。そこで我々はバブルのメカニズムを学んだはずで、バブルの前兆も察知できる能力を身につけたはずである。この経験を生かせれば同じ過ちを繰り返さずに済む。しかし、多くの人は経験に学ばず、同じ過ちを繰り返している。

今後も多くの人は同じことを繰り返すだろう。海沿いに住まい、液状化した地域に住み、洪水でいつも浸水するところに住居を構えてしまう。それが現実ではあるが、さまざまな経験から教訓を読み取り、リスクを避ける決断をして実行することは、人生でも、ビジネスでもとても大切なのである。同じ過ちを繰り返してはならない。

最近では、自然災害の多発、その惨状を見て、住宅の所有に対してリスクを感じる人が増えている。その結果、購入ではなく、賃貸を選択する人も少なくない。

# 第8章

# 2024年、これからの不動産のリスクと展望

不動産バブル

|

静かな崩壊

再三述べたように、超低金利が住宅・不動産価格を押し上げ、異次元の金融緩和が住宅・ビルなどの大量供給を促進させるエンジンとなった（図表8－1）。

新規に供給されたのは、ホテル・賃貸マンション・賃貸アパート・分譲マンション・戸建て住宅など、挙げればきりがない（図表8－2）。

また、「住宅特需」も生まれた。この特需によって、住宅地の需要が一気に強まり、住宅用地の不足、そして、住宅の販売価格が高騰してしまった。

いずれにせよデフレ下であったにもかかわらず、地価は上昇し続けて、人々の購買力を超える水準にまで達した。

何度でも繰り返すが、これはバブルである。

これから、不動産市場が新しいステージに移ることは確実で、その転機となるのはインフレである。インフレによって建設資材が値上がりし、それまで高騰してきた土地の価格を押し下げる（図表8－3）。

いつの時代にあっても、金利の上昇に加え、資材の高騰や人件費の高騰は、「地価の押し下げ」要因となる。

## 図表8-1　国内銀行の利率別貸出残高

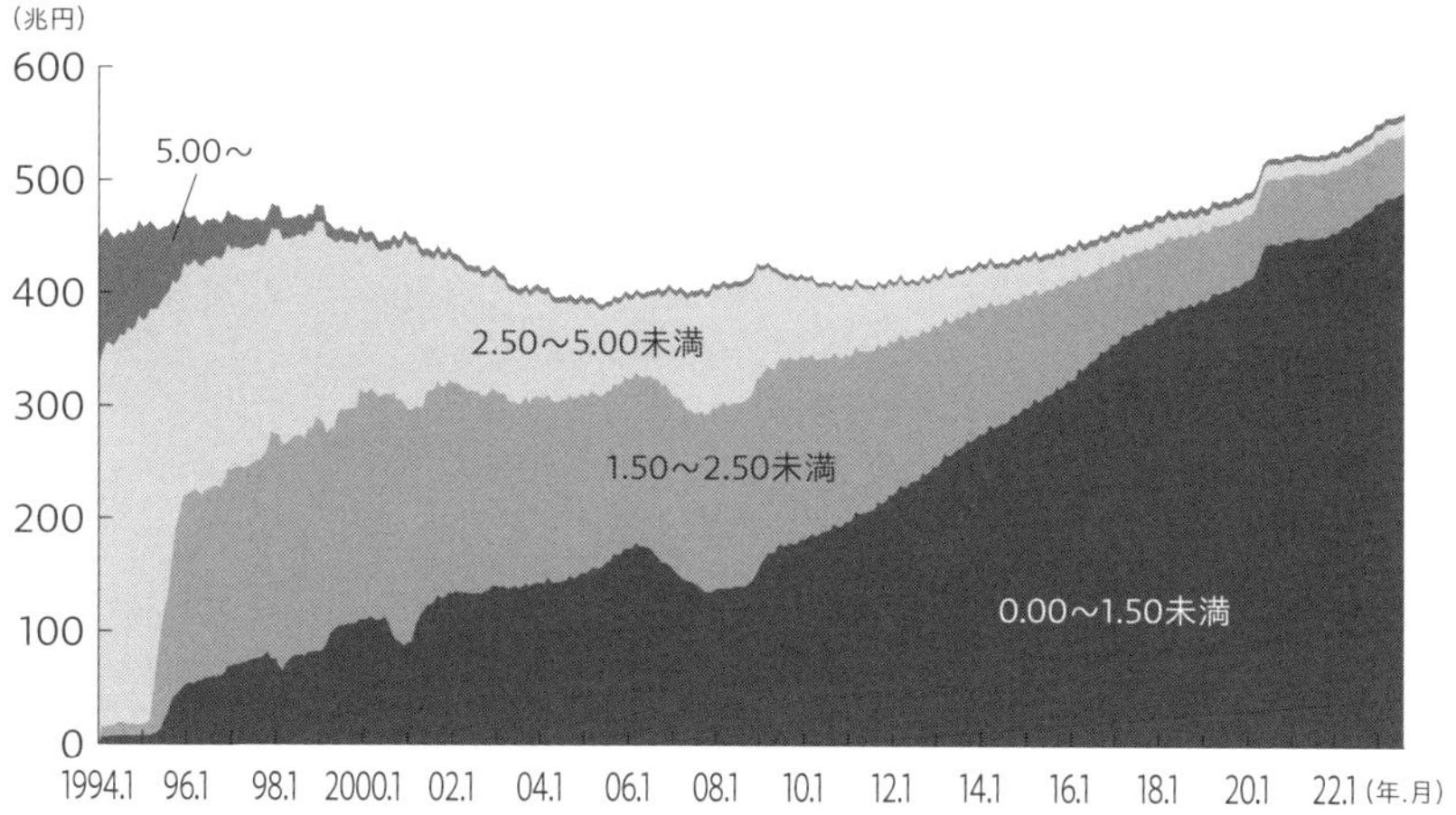


※「日本銀行」データより

## 図表8-2　ホテル・旅館の軒数と客室数の推移

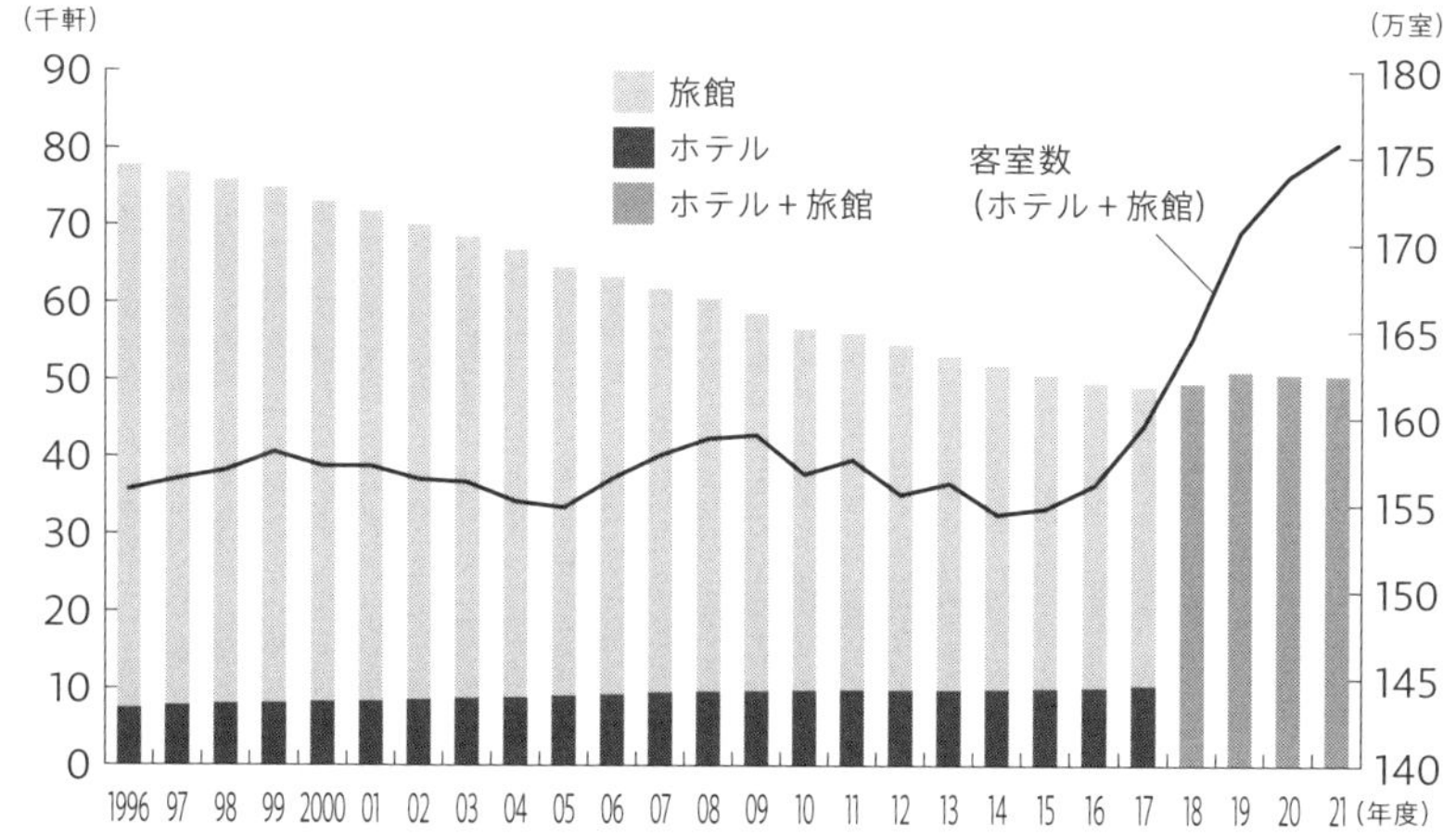


※厚生労働省「保健・衛生行政業務報告」より

図表8-3　建築費指数の推移（2015年の建築費を100とする）

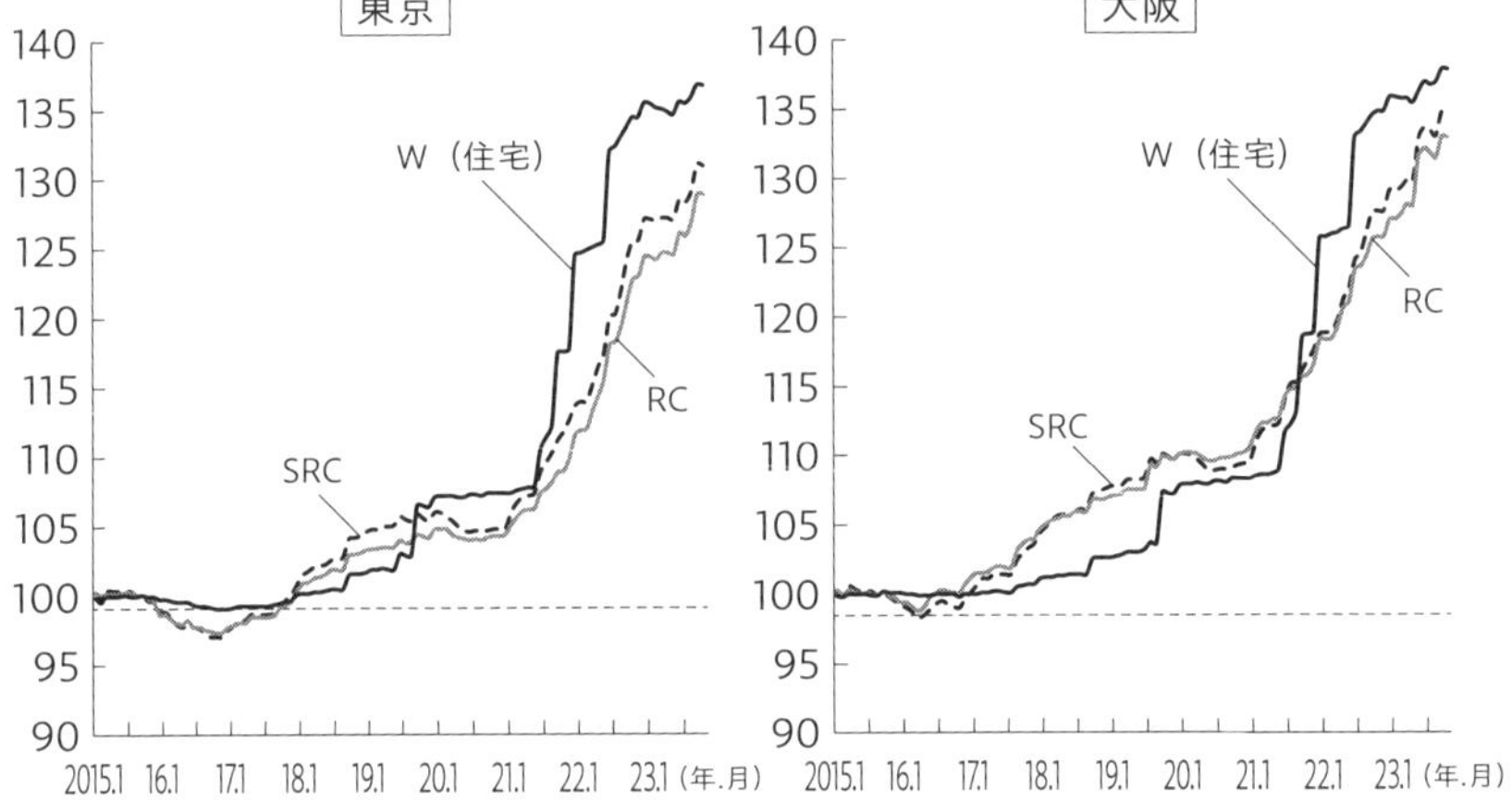


※建設物価調査会「建設Navi」データより

## 金融政策によるリスクは高まる

インフレによって、不動産市場では、新規の供給が先細りになっていくことが想定されるが、ここでは当面のリスクについて考えてみたい（図表8-4）。

住宅・不動産全体の市況は、人口や世帯数・雇用数の増減など、各種の要因によって変わるが、「金融」に大きく左右される。

今後、日本の金融政策の変化、具体的には金利の引き上げのタイミングと引き上げ幅がどのくらいになるのかによって、市況の動きは大きく違ってくる。

しかし確かに言えるのは、日本では、これ以上の金利の引き下げも金融緩和もないだろうということだ（マイナス金利という奇策が出たことはあったが）。今後は、「金利のない時代」か

**図表8-4　【全国】持ち家着工数の推移**

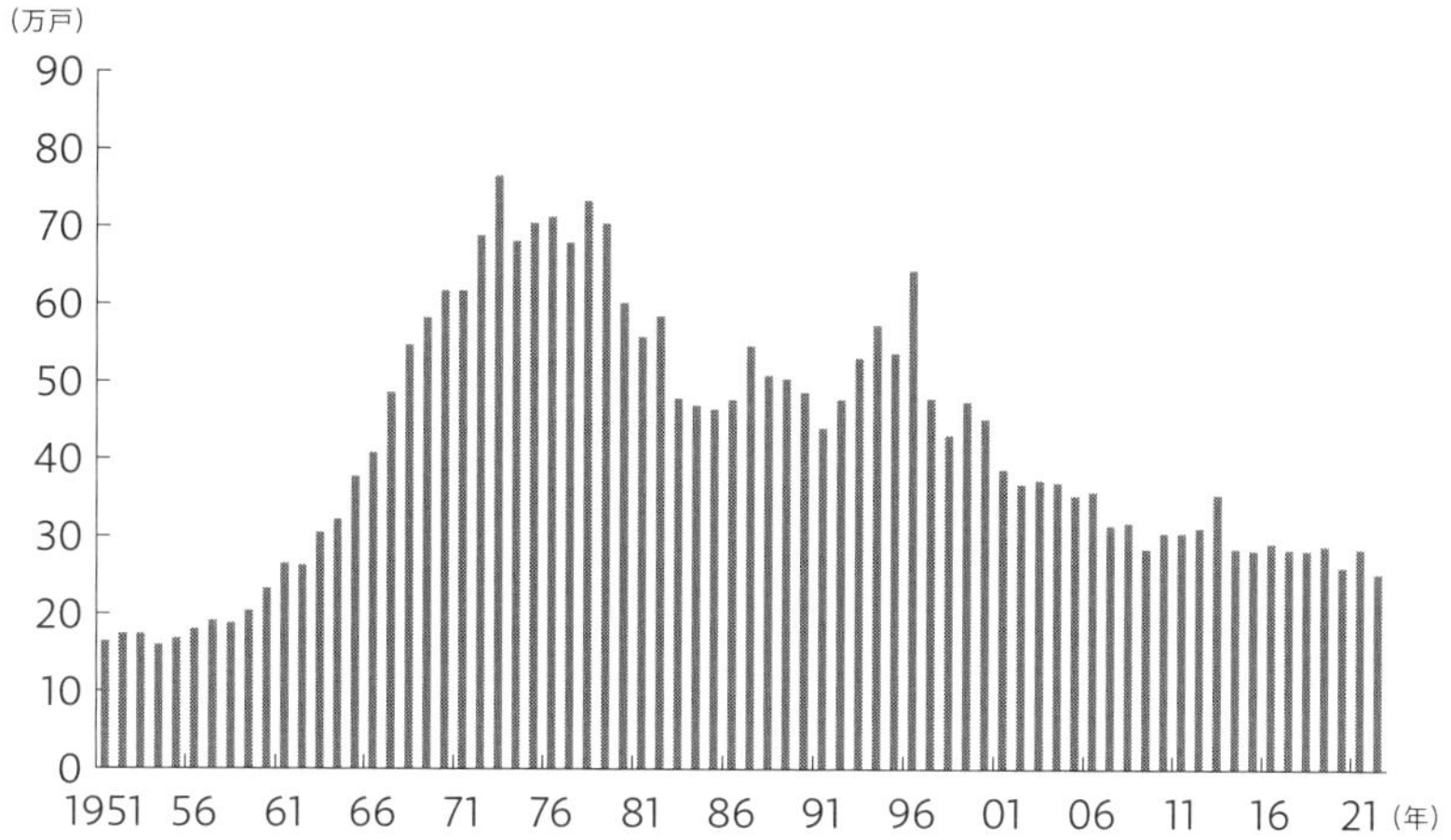


※国土交通省「建築着工統計」より

ら「金利のある時代」に転換するリスクを想定しておく必要がある。

図表8-5は、米国の長期国債の利回りの推移を示す。利回りの上昇と低下は、一定のサイクルをもって繰り返されている。

日本と米国では、経済状況やさまざまな国情の違いがあるため、動きを同じくするとは断言できないが、近年は経済のグローバル化が進んでおり、海外、特に米国とは、関係ないと言い切れない。

金利が引き上げられた場合には、住宅市況はどうなるのか。すでに住宅ローンの金利が上昇している欧米の例を見てみよう。

米国ではFRB（米連邦準備制度理事会）の利上げによって、現在（2023年）、30年固

**図表8-5　アメリカの長期国債利回り（1830年までは英国債のデータ）**

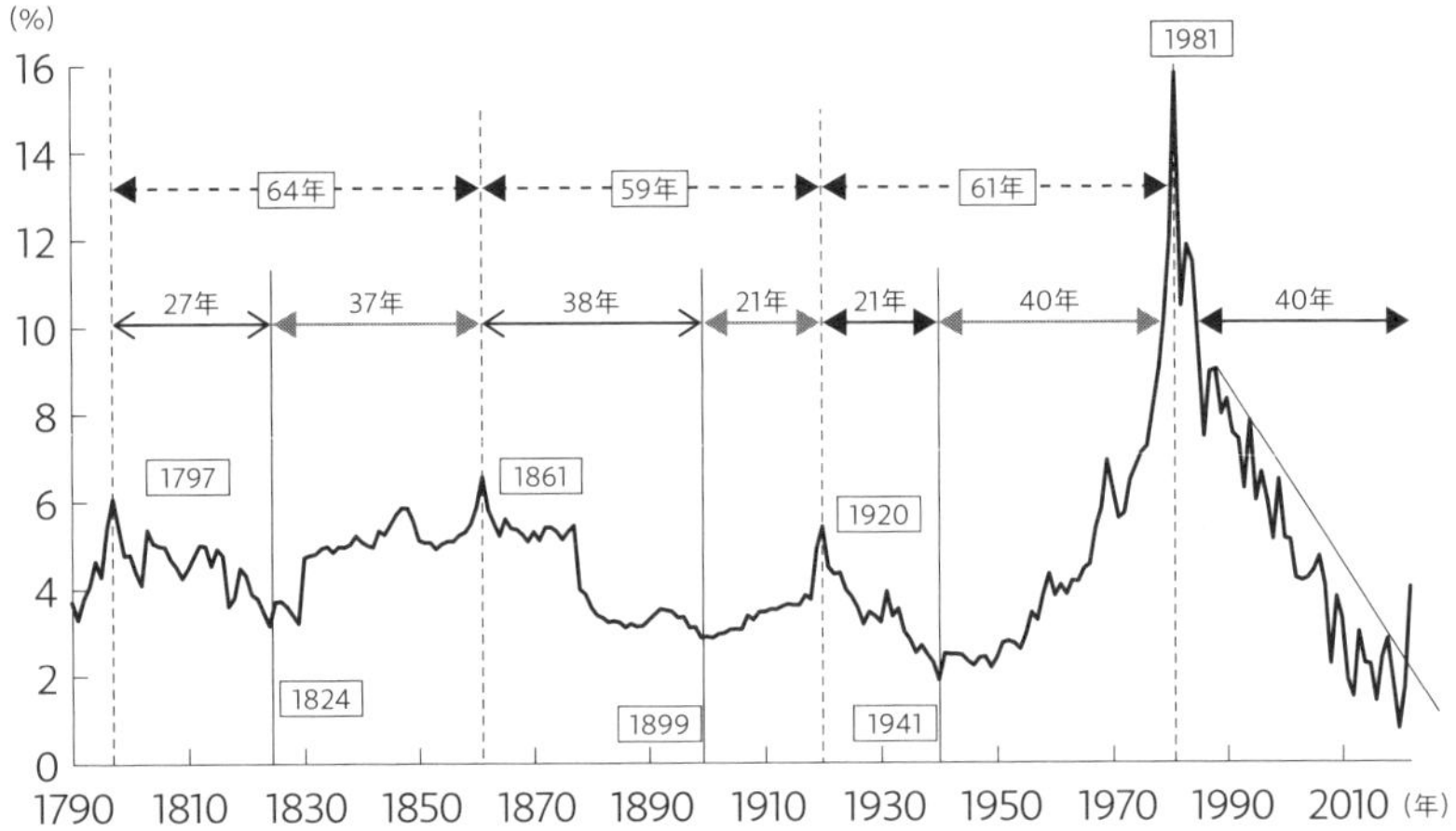


（データ出所）イギリス歴史統計、アメリカ歴史統計、FRB

定型の住宅ローン金利は7％を超えているが、借り手の約9割が長期固定型のローンを選択しているため、既存の購入者は、利払いの増加を負担することはない。

金利上昇以前に住宅ローンを組んでいた人にとって、高金利下の現在、自宅を売却して「住み替え」をする動機は生まれない。その結果、住宅流通市場の中古住宅の在庫は減少し、品不足となり、住宅価格を下支えする構図になっている。過去に、高金利によって苦い経験をしてきた米国民の知恵とも言える。

一方、ヨーロッパでは、中央銀行の金利引き上げによって、変動型住宅ローンを選択した人の金利負担が一気に重くなっている面もある。インフレで生活支出が増加しているところに、金利負担が加わり、自宅を手放す人も多くなっている。市場の在庫は増加し、今後、住宅価格の下落は避けられない。米国とは対照的な住宅市況となっている。

固定型の住宅ローンと変動型の住宅ローンのどちらを選ぶか、その選択が金利の上昇局面で、人々、国の経済の明暗を分けた。

日本では、変動型の住宅ローンを選択する人は、新規契約では7~8割近くである。過去最低水準の金利で、相対的に金利の高い固定型を選択する人は少数派だ。2022年から、日本では固定金利が上昇傾向に転じており、現在、変動型ローンを選択する人が一段と多くなっている。

今後、金利の上昇局面に転じると、変動型ローンを組んだ人、さらに日本の不動産市場全体だけでなく、経済全体にも多大な影響が及ぶリスクが懸念される。

今後、日本銀行が金融政策を変更しても、変動型の住宅ローン金利が急上昇するとは限らないが、政策金利がプラス圏になれば、短期プライムレートの上昇を通じて、変動型にも影響は及んでくる。

変動型に偏重している日本の住宅市場に危うさがあることは、認識しておかねばならない。

図表8-6 【大手3社】有利子負債の推移

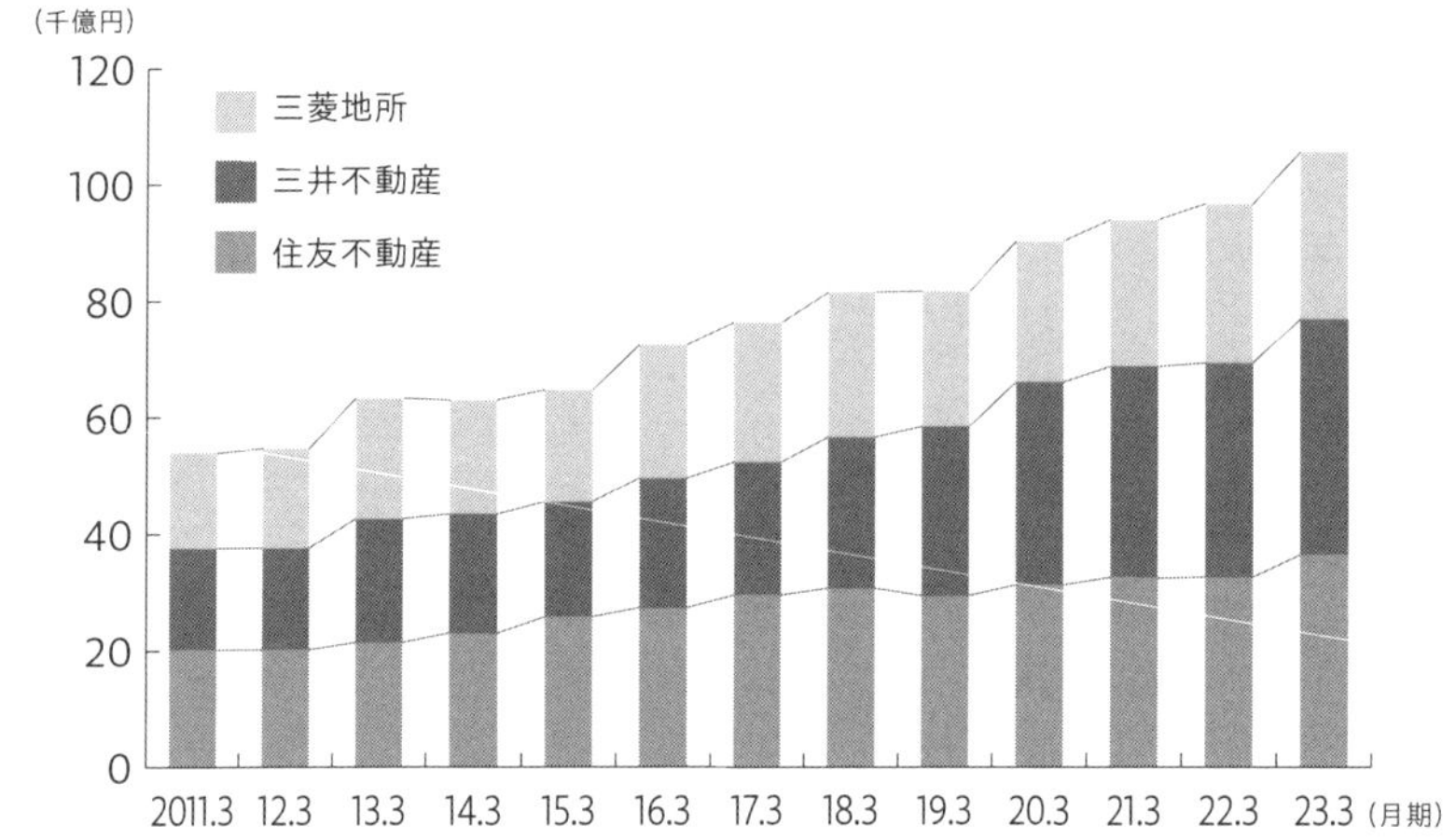


※「Yahoo!ファイナンス」データより

## 不動産業界の金融引き締めは始まっている

アベノミクス以降、金融機関全体で１００兆円を超える資金を不動産事業者に貸し出したと思われる。大手不動産会社には、数兆円に及ぶ借入金がある会社もある（図表８-６）。極めて低い金利の借り入れである。

しかし、２０２２年秋以降、金融機関の中には、超低金利ではあるものの、少しずつ金利を引き上げるだけでなく、融資をする際に、融資額の２％、３％の手数料を取る例が増えている。さらに、融資対象の不動産の担保評価は、２０２３年は一段と厳しくなっている。融資姿勢に変化の兆しが出ている。

同時に、不動産事業者への「選別融資」が鮮明になっている。

また、投資物件への融資についても、高額所得者・資産家には、従来までと同じように、積極的な融資姿勢が続いているが、「サラリーマン投資家」への融資はほぼゼロとなっている。

いずれにせよ、以前までの「誰にでも、いくらでも貸す」という異常な融資姿勢は、現在ではなくなっている。

日本銀行の現状維持（2023年）の金融政策が続いているが、不動産取引の現場では、金融の引き締めが始まっている。金融機関も、すでに、不動産バブル崩壊が近づきつつあることを懸念し、リスク回避に動き始めているように見える。

## 少子化のリスクは、すでに顕在化している

少子化による人口減少が日本経済成長の足かせになっている。不動産市場全体にもその影響が及ぶが、多くの人は、すでに少子化によって住宅市場の縮小が急速に始まっていることに気づいていない。

少子化によって苦境に陥っている大学経営については、しばしばマスコミで取り上げられ、社会問題化している。

私学事業団によると、2023年春の入学者が定員割れした私大は320校で、全体の53％で、初めて5割を超えた。

**図表8-7　【全国】1970・2020年の若年層の人口**

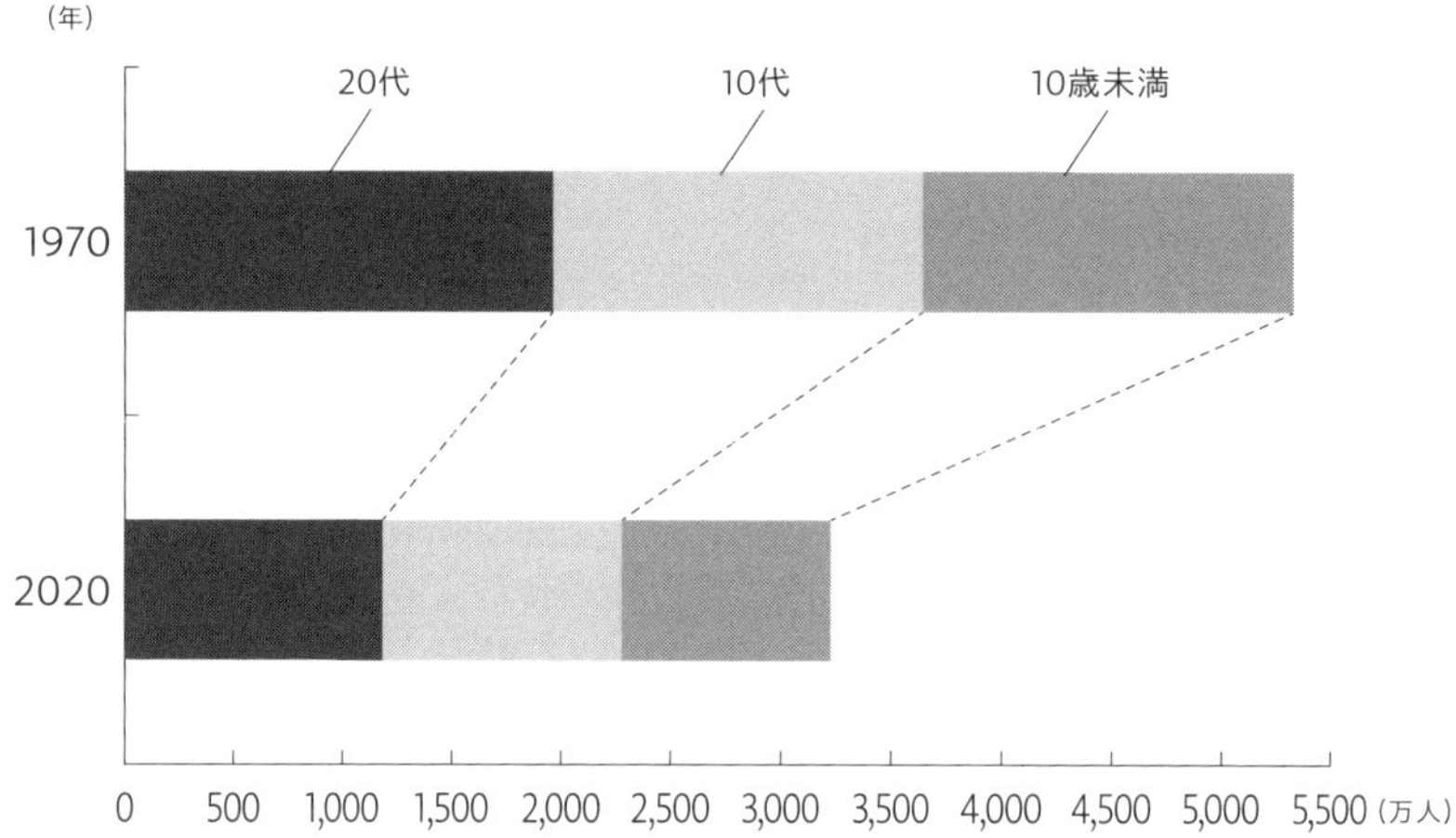


※総務省「人口推計」より

文部科学省によると、２０２２年に63万人だった大学入学者は、２０４０年以降は50万人前後に減少する。

この動きを反映して、全国に点在する大学のある街でも、緩やかにではあるが、少しずつ、確実に、賃貸アパート・マンションの空室数が増加している。

住宅市場では、人口減少による空き家や空き地の増加について議論されることは多い。しかし、足もとの賃貸住宅市場でも空室数の増加は続き、オーナーの経営を悪化させている事実には注目されない。この動きは強まっていく。

図表８-７は、50年前の日本人の30歳未満の人口と現在とを比較したものであるが、ここで注目すべきは、20代・10代の人口の変化で、激

減している。

賃貸住宅の主要な顧客層である20代と、これから主要な顧客となる10代の人口減少は著しく、それぞれ全人口の10％にも満たない。

この現実は、現在の賃貸オーナーが直面する最大のリスクである。将来、10歳未満の人口は全人口の8％未満となり、50年前に比して43・6％減の約40万人になる。「賃貸住宅の経営」のリスクとなることは明白である。


賃貸需要が残るのは、人の集中する地域や地点で、公共交通機関を利用できるという条件を備えたところであり、賃貸住宅としての「質」が問われる時代となる。

賃貸住宅に限らず、競争力がないと考えられる不動産は、現在のうちに換金しておきたい。土地、賃貸オフィス、店舗、商業施設、物流施設などすべての不動産は「質」が厳しく問われ、不動産の淘汰が急速に進んでいく。

「金利のある」時代の足音が大きくなってきている。金利の上昇は想定外ではなく、想定内なのだから、今から新しい時代への備えをしておこう。

今回のバブルは、あまりにも長期間、大都市圏で続いてきたことで、国民の多くは、バブルと認識しないまま、「価格が高くなっている」という漠然とした認識にとどまっていたのではないだろうか。

市場動向と各種のデータで読み解くと、「最大級のバブル」であった、と筆者は考えている。

## 不動産も量から質の時代へ

バブルが続いた住宅・不動産市場は、２０２４年以降は価格調整が本格化し、住宅などの新規供給量の減少が続いていくと想定される。価格と供給のバブルが終焉していくのである。

そこで、２０２４年以降の不動産動向を展望してみる。

### Ⓐ 不動産の所有者が交代する時代になる

日本は本格的な「多死社会」となる。子供や孫への譲渡もあるが、複数の不動産を所有する人も多く売却するケースが増える。また少子化によって、すでに自宅を所有している子供は、相続した実家を換金する。

さらに人生１００年時代という長寿社会で、老後の生活資金を確保するための不動産売却が必要になる人も増える。

いずれにせよ不動産市場には、高齢者が所有してきた数多くの不動産が出てくる。

空き地・空き家だけでなく、多くの不動産が市場に放出される時代がスタートしている。

**図表8-8　公示価格指数の推移**

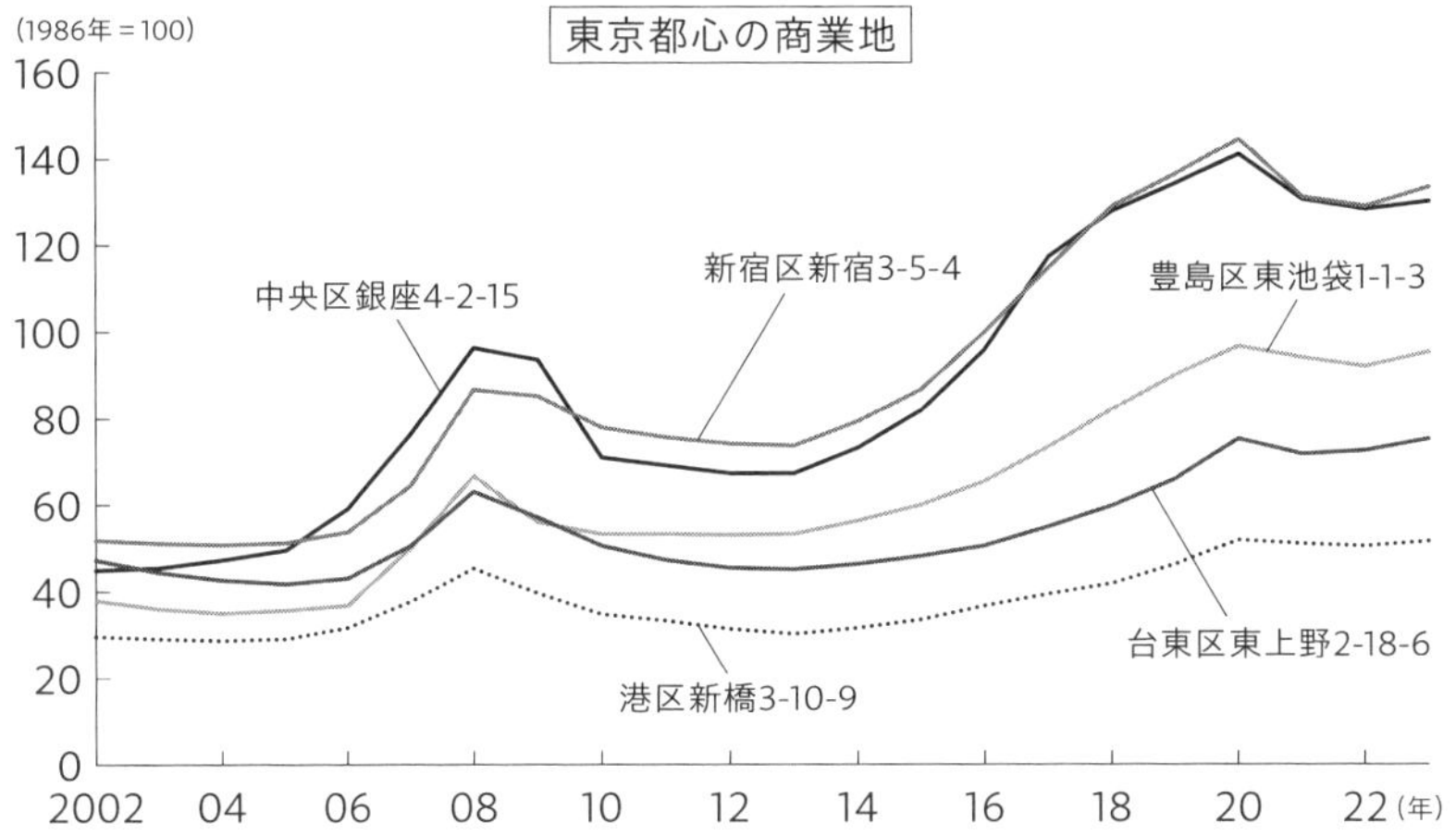


※国土交通省「地価公示」より

ごく限られた不動産は別として、所有者の交代が増加していくことは確実であり、品不足の時代から、顧客が選択できる時代への移行が始まる。

### (B) 価格調整は東京都心から地方へ、商業地価から始まり、住宅地価へ波及する

過去のバブル崩壊による土地価格の調整は、地方から始まり、東京都心へと波及していったが、今回は、すでに東京・大阪の商業地から始まり、従来とは逆の動きとなっている（図表8-8、9）。要因は、都心一等地に大量の資金が流入し、地価が高騰しすぎた反動と考えられる。

高騰しすぎた（暴騰した）ことで、事業採算がとれなくなっているビル・商業店舗・ホテル

**図表8-9　公示価格指数の推移**

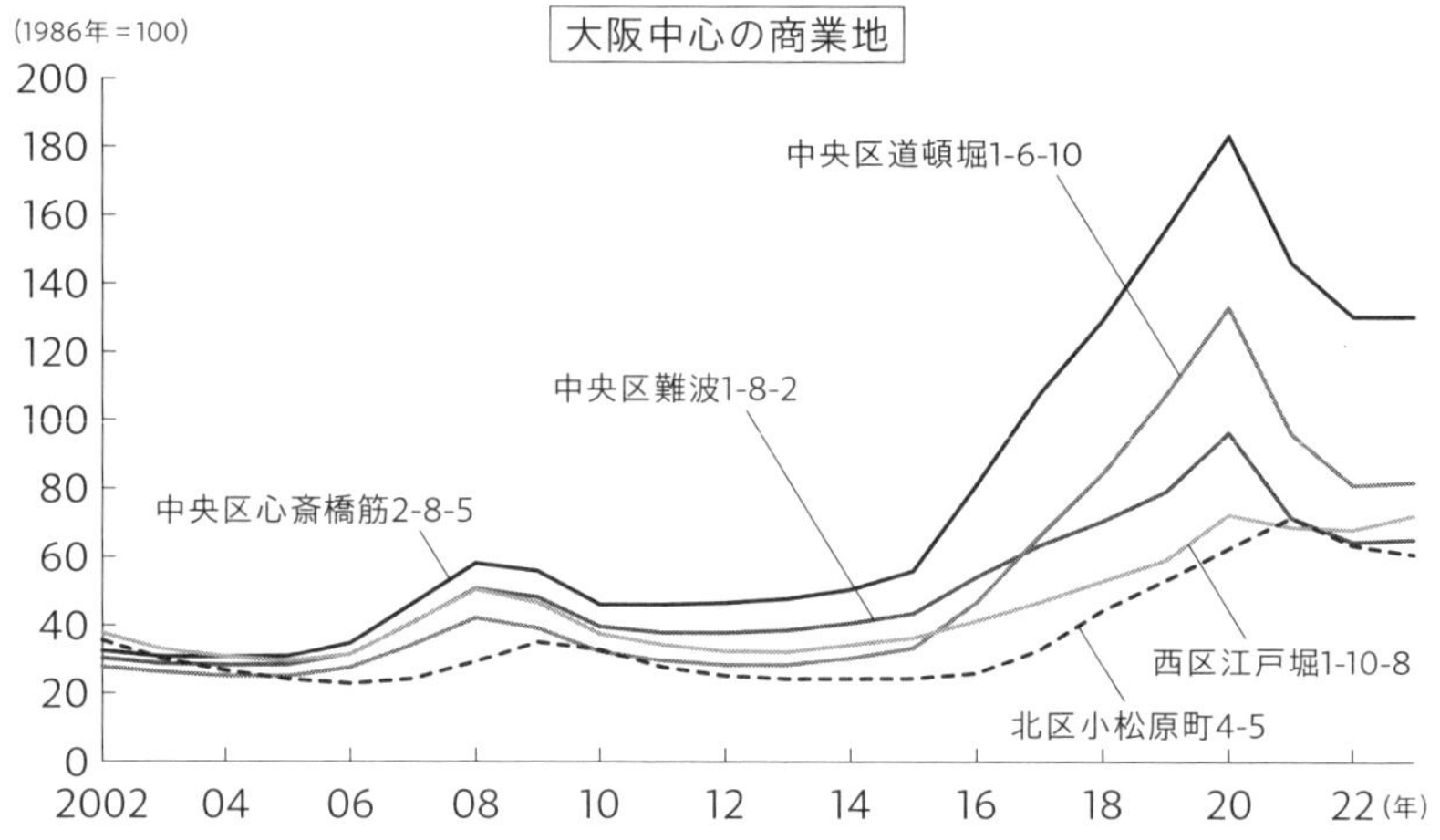


※国土交通省「地価公示」より

もあるだろう。経済的合理性のない地価水準となったことで、いち早く調整が始まった。同様のケースは地方中核都市でもあり、高騰しすぎた地価の調整は、地方への波及が予想される（図表8－10）。

住宅地価の調整は、住宅需要の減速傾向が強まっていくことで進行していく。

一方、外部からの資金流入がなかった地方圏では、今世紀に入ってからも地価は低下し続けているが、今後は緩やかに地価下落が続く。時には、価格がゼロ、あるいはマイナスとなり、「負動産」と言われ、取引対象にならないケースも生まれる（図表8－11）。

### ⓒ 地域・地点による価格の格差が一段と進行する

先述した個人や企業の格差拡大は、住宅や不

## 図表8-10　基準地価・商業地価の推移

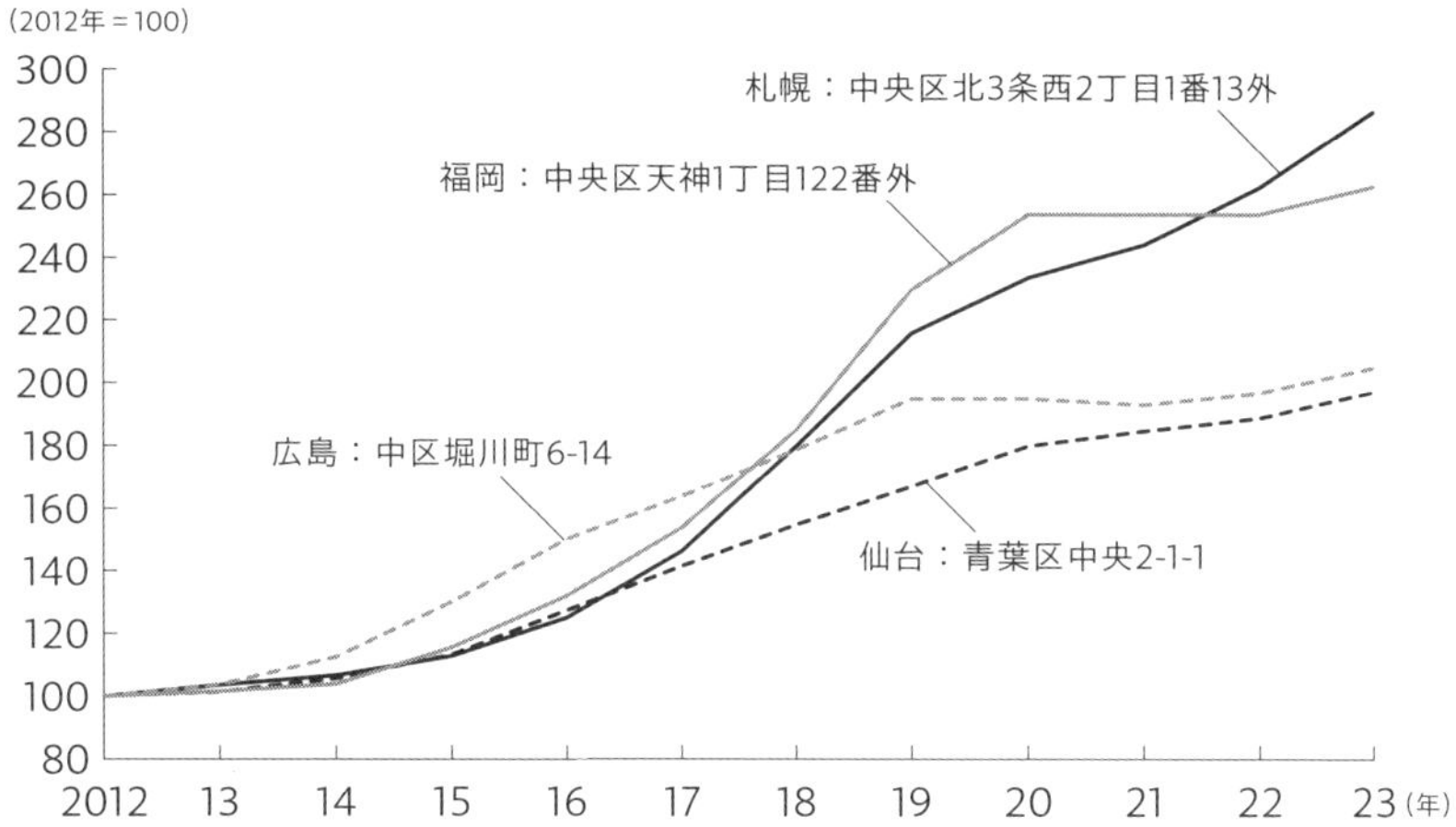


※国土交通省「地都道府県地価調査」データより

## 図表8-11　基準地価指数の推移

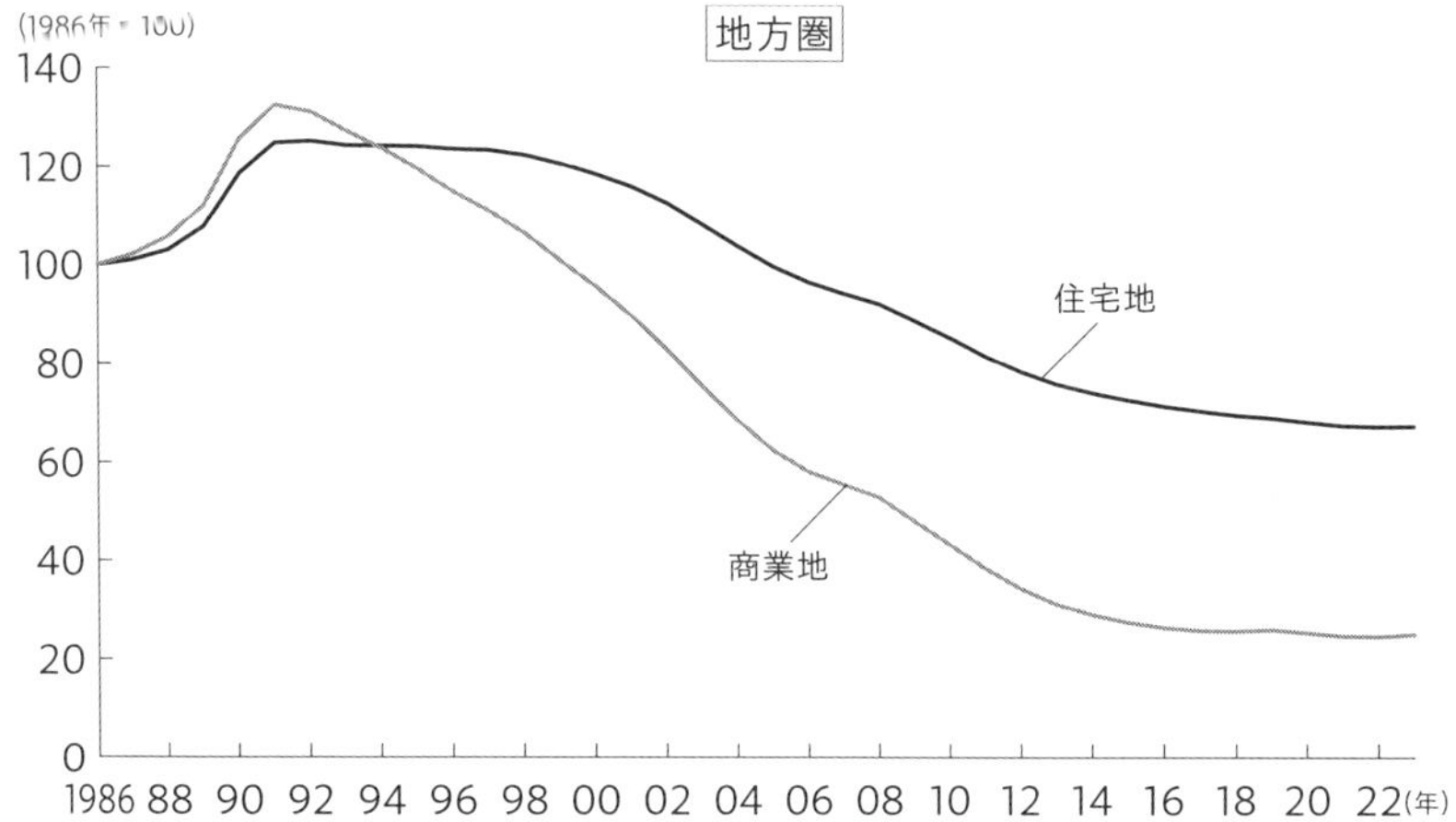


※国土交通省「都道府県地価調査」より

## 図表8-12　【政令指定都市】2015年から2020年の人口増加数

（単位：人）

| | 1970 | 1980 | 1990 | 2000 | 2010 | 2015 | 2020 | 増加数 | 増加率 |
|---|---|---|---|---|---|---|---|---|---|
| 東京都特別区部 | 8,840,942 | 8,336,303 | 8,099,153 | 8,092,268 | 8,945,695 | 9,272,740 | 9,744,534 | 471,794 | 5.1% |
| 福岡市 | 853,270 | 1,086,269 | 1,229,865 | 1,336,662 | 1,463,743 | 1,538,681 | 1,613,361 | 74,680 | 4.9% |
| さいたま市 | 269,397 | 357,879 | 417,008 | 484,389 | 1,222,434 | 1,263,979 | 1,324,591 | 60,612 | 4.8% |
| 川崎市 | 973,486 | 1,039,977 | 1,171,041 | 1,249,029 | 1,425,512 | 1,475,213 | 1,539,081 | 63,868 | 4.3% |
| 大阪市 | 2,980,487 | 2,645,419 | 2,603,789 | 2,595,394 | 2,665,314 | 2,691,185 | 2,754,742 | 63,557 | 2.4% |
| 名古屋市 | 2,036,053 | 2,086,762 | 2,146,948 | 2,148,949 | 2,263,894 | 2,295,638 | 2,333,406 | 37,768 | 1.6% |
| 横浜市 | 2,238,264 | 2,770,880 | 3,203,195 | 3,414,860 | 3,688,773 | 3,724,844 | 3,778,318 | 53,474 | 1.4% |
| 仙台市 | 545,065 | 663,327 | 912,108 | 1,007,628 | 1,045,986 | 1,082,159 | 1,097,196 | 15,037 | 1.4% |
| 札幌市 | 1,010,123 | 1,399,962 | 1,665,169 | 1,797,479 | 1,913,545 | 1,952,356 | 1,975,065 | 22,709 | 1.2% |
| 岡山市 | 375,106 | 545,765 | 593,730 | 626,642 | 709,584 | 719,474 | 725,108 | 5,634 | 0.8% |
| 相模原市 | 317,297 | 494,255 | 602,436 | 681,150 | 717,544 | 720,780 | 725,302 | 4,522 | 0.6% |
| 広島市 | 541,998 | 898,784 | 1,080,949 | 1,124,765 | 1,173,843 | 1,194,034 | 1,201,281 | 7,247 | 0.6% |
| 千葉市 | 482,133 | 744,993 | 824,034 | 883,008 | 961,749 | 971,882 | 975,210 | 3,328 | 0.3% |
| 熊本市 | 440,020 | 525,662 | 579,306 | 662,012 | 734,474 | 740,822 | 738,744 | ▲2,078 | ▲0.3% |
| 神戸市 | 1,288,937 | 1,362,036 | 1,466,546 | 1,492,143 | 1,544,200 | 1,537,272 | 1,527,022 | ▲10,250 | ▲0.7% |
| 京都市 | 1,419,165 | 1,472,921 | 1,454,128 | 1,454,368 | 1,474,015 | 1,475,183 | 1,464,890 | ▲10,293 | ▲0.7% |
| 浜松市 | 631,284 | 698,982 | 751,509 | 786,306 | 800,866 | 797,980 | 791,155 | ▲6,825 | ▲0.9% |
| 堺市 | 616,558 | 839,421 | 844,899 | 829,636 | 841,966 | 839,310 | 826,447 | ▲12,863 | ▲1.5% |
| 静岡市 | 416,378 | 458,319 | 472,089 | 469,492 | 716,197 | 704,989 | 693,759 | ▲11,230 | ▲1.6% |
| 北九州市 | 1,042,321 | 1,063,948 | 1,022,737 | 1,010,127 | 976,846 | 961,286 | 939,622 | ▲21,664 | ▲2.3% |
| 新潟市 | 383,919 | 457,785 | 486,097 | 501,431 | 811,901 | 810,157 | 789,715 | ▲20,442 | ▲2.5% |

※「国勢調査」より

**図表8-13,14　公示価格指数の推移**

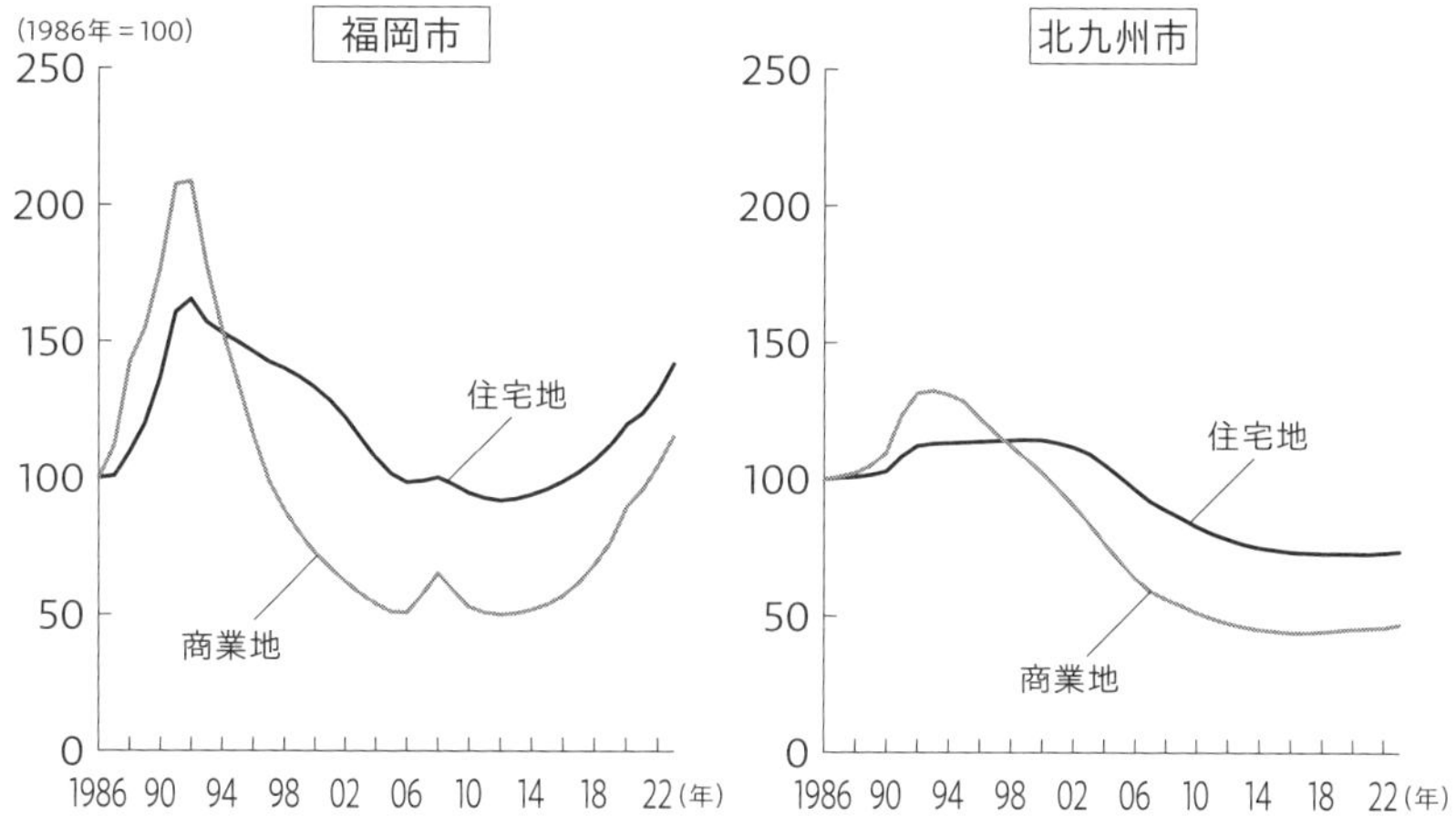


国土交通省「地価公示」データより

動産市場の価格の格差拡大、さらには、極度の「二極化」へと進行していく。

図表8-12は、政令指定都市（21都市）の人口の推移を示すが、東京の一極集中が見られる。8市はすでに減少傾向が数年間続く。人口の増減の二極化が鮮明になっている。

最近の地価動向は、この動きを反映している。人口増加が著しい、福岡市、さいたま市、川崎市の地価上昇率は大きい。この数年間、地価が急騰していた地方中核都市だが、この都市の中でも地価の格差が拡大している。

この差異の背景には、地域の経済力、雇用力がある。図表8-13、14、15は、福岡県内の2つの政令指定都市である福岡市・北九州市の地価と中古住宅の価格を比較したものだが、その差は大きくなっていて、両市の現在の地域経済

**図表8-15　中古戸建て・成約価格の推移**

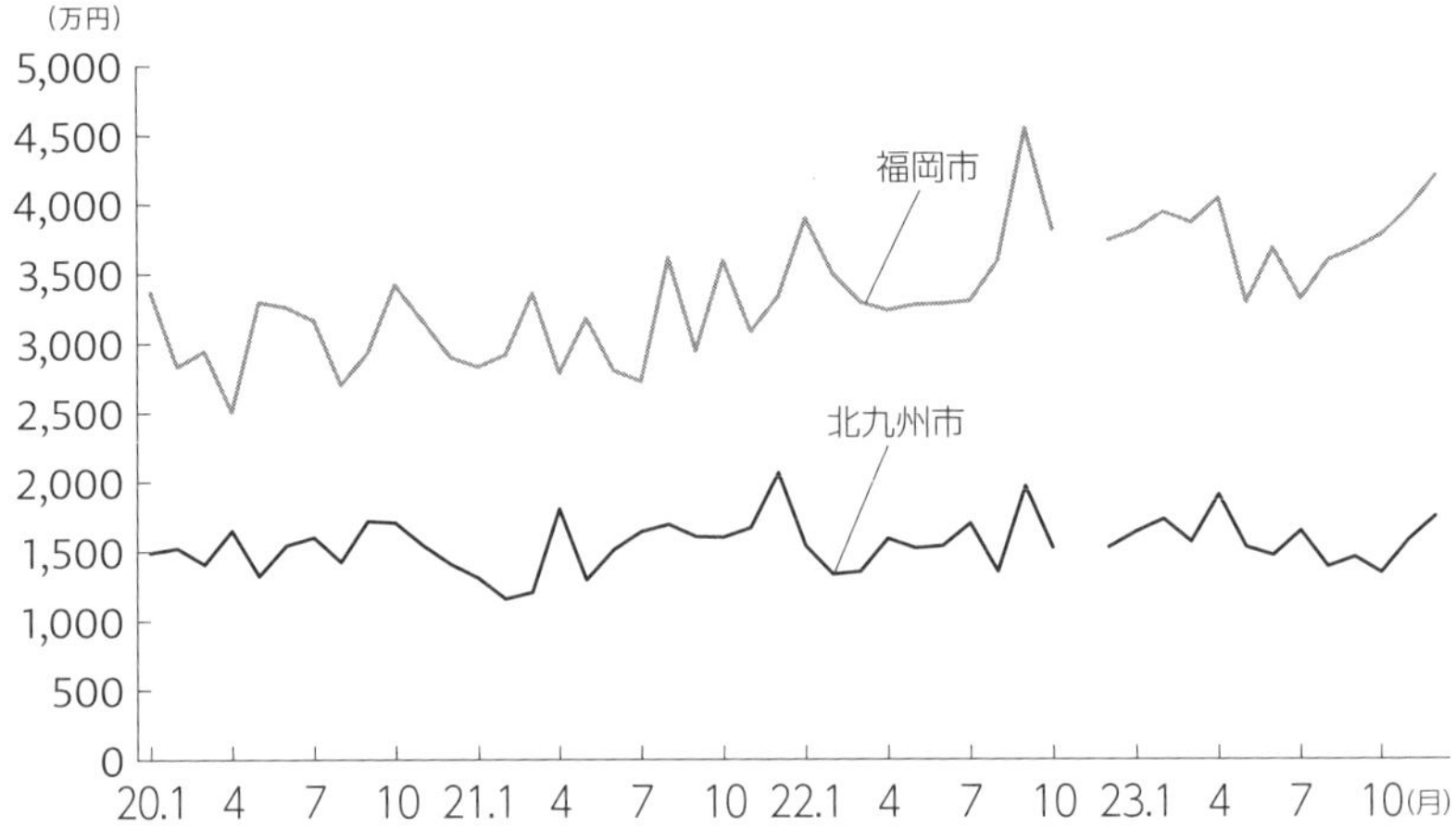


※「不動産流通機構」データより

力を反映している。

今後も、このような地域経済力の格差が、住宅や土地の価格に強く反映される。同時に、地点格差の拡大も進行していく。マンション価格についても、駅に直結、徒歩数分の地点とバス便の地点には、大きな価格差が生まれることになる（図表8-16）。

## Ⓓ 世代間の資産保有の格差拡大は続く

世代間の金融資産、不動産などを含めた資産全体の保有額の格差が、社会問題として度々マスコミ・政治で取り上げられているが、事実、世代間の格差は大きくなっている。

図表8-17は、世代別の1世帯当たりの平均貯蓄額と平均借入額を示したグラフである。もちろん格差は大きい。

## 図表8-16　駅からの距離別・中古マンション成約坪単価（2023年11月調査）

（2023年1月以降での50㎡以上の中古マンションを対象）

| 駅名 | 徒歩5分以内 | 10分以内 | 10分以上 | バス便 |
|---|---|---|---|---|
| 東京都 町田駅 | 222万円 （28件）<br>（100%） | 185万円 （33件）<br>（83%） | 140万円 （23件）<br>（63%） | 85万円 （20件）<br>（38%） |
| 神奈川県 日吉駅 | 参考事例なし<br>— | 307万円 （13件）<br>— | 212万円 （40件）<br>— | 119万円 （19件）<br>— |
| 埼玉県 大宮駅 | 358万円 （4件）<br>（100%） | 308万円 （31件）<br>（86%） | 162万円 （35件）<br>（45%） | 82万円 （20件）<br>（23%） |
| 千葉県 柏駅 | 240万円 （14件）<br>（100%） | 147万円 （25件）<br>（61%） | 141万円 （29件）<br>（59%） | 43万円 （30件）<br>（18%） |
| 大阪府 高槻（高槻市）駅 | 269万円 （22件）<br>（100%） | 160万円 （10件）<br>（59%） | 128万円 （50件）<br>（48%） | 77万円 （19件）<br>（29%） |
| 兵庫県 西宮北口駅 | 240万円 （13件）<br>（100%） | 233万円 （15件）<br>（97%） | 181万円 （15件）<br>（75%） | 88万円 （11件）<br>（37%） |

※「不動産流通機構」データより作成

## 図表8-17　世帯主の年齢階級別に見た平均貯蓄・借入額（2022年）

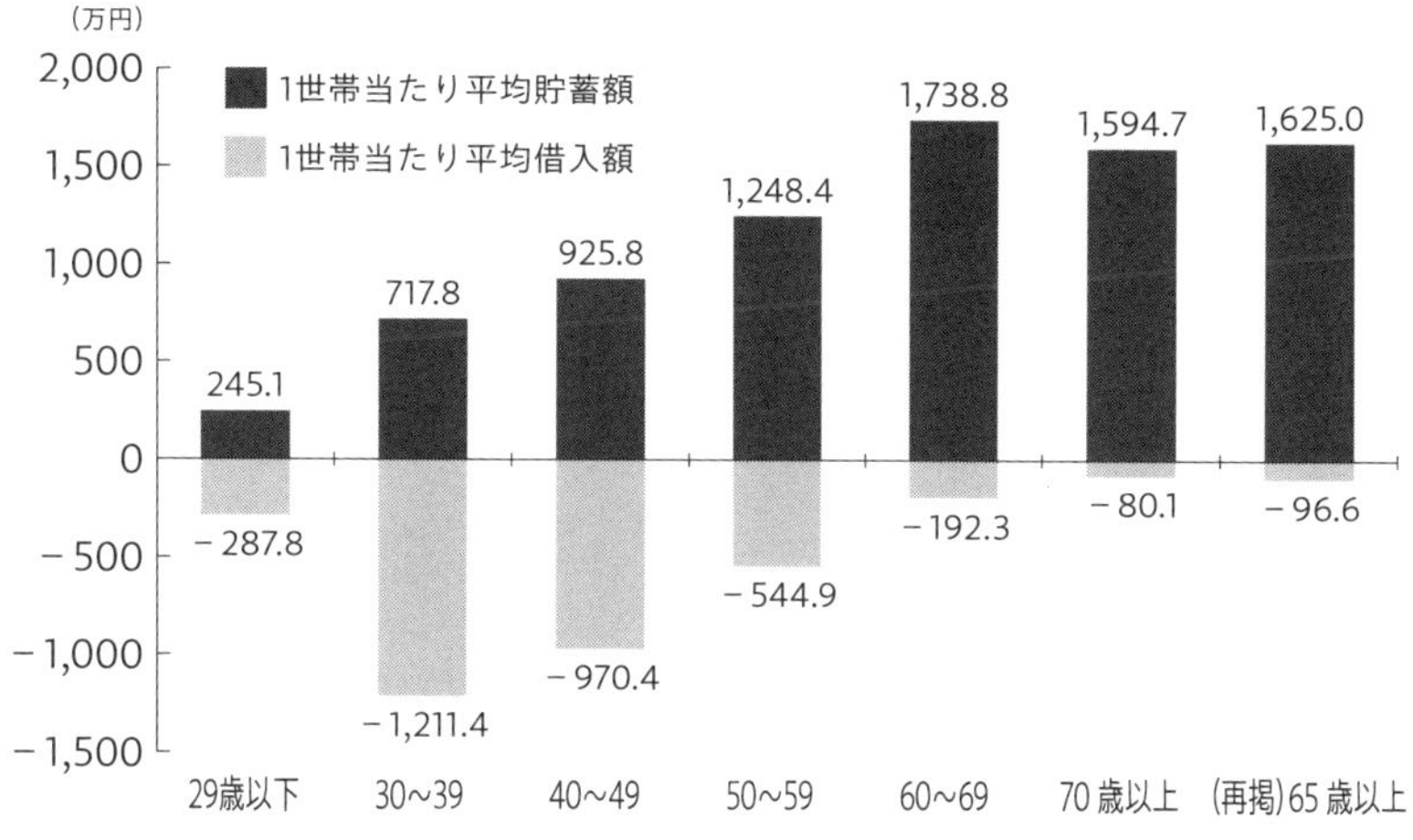


※厚生労働省「国民基礎調査」より

**図表8-18　国民負担率の推移**

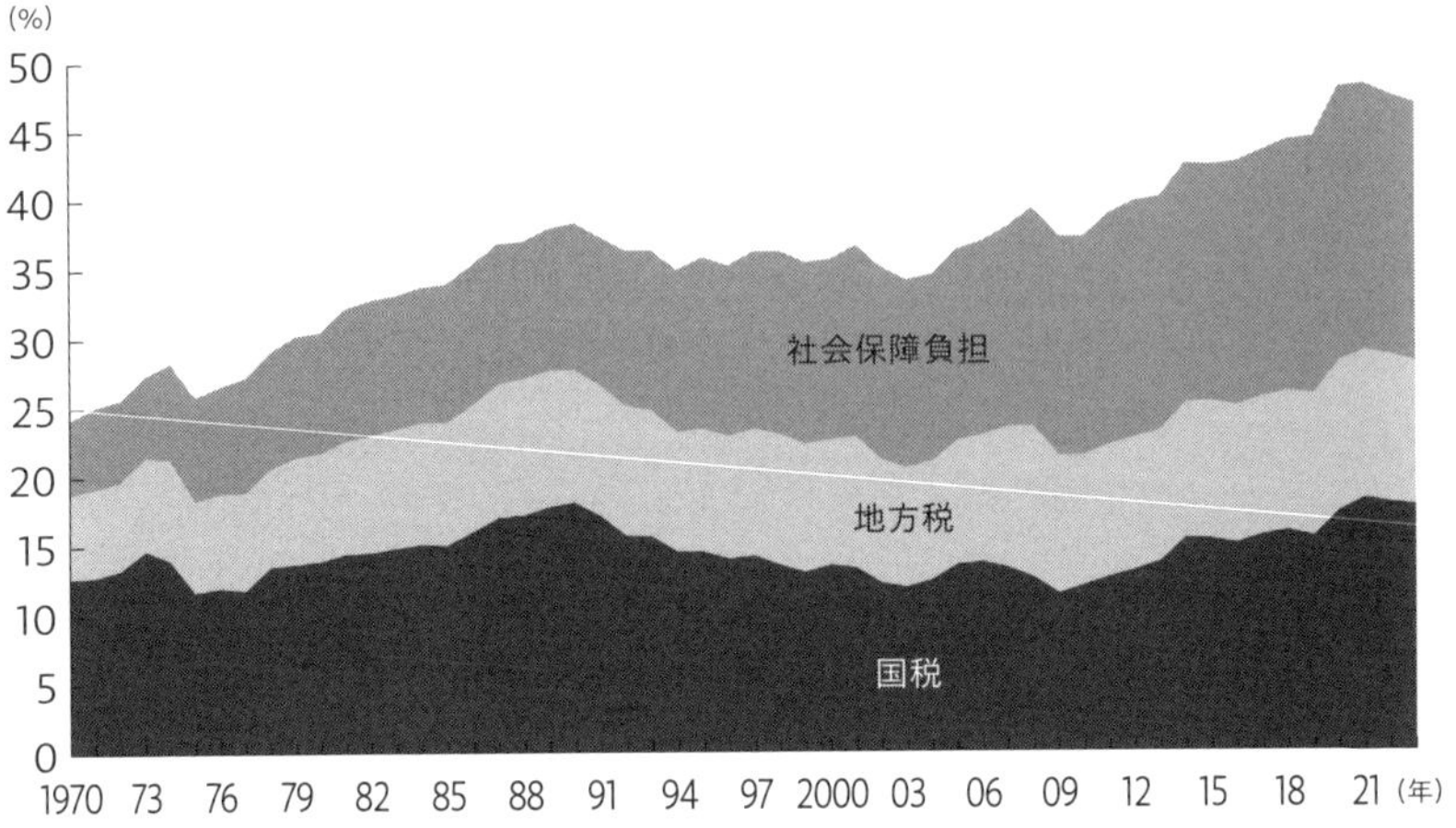


※「財務省」データより（「国民負担率」＝租税負担率＋社会保障負担率）

インフレにより、租税負担率と社会保障負担率を合計した国民負担率が上昇していて、賃金水準は上昇しているものの、可処分所得の伸び率は、実収入よりも低い水準になっている（図表8-18）。

この状況は、すでに賃貸住宅や住宅市場にも直に反映されている。賃貸住宅で、現在のアパート賃料よりも安いところへの転居、購入に際しても、価格重視の姿勢を一段と強めていくことが想定され、住宅の「価格の押し下げ」要因となる。

一方では、第3章で述べたように、高齢者の中の富裕層の人たちは、自分自身の主観的な評価基準、例えば立地・眺望・広さ（図表8-19）・環境などの希少価値を評価して、高額でも購入する姿勢をとるようになり、「価格の押

**図表8-19 〈東京23区〉専有面積帯別・中古マンション坪単価の変動指数**

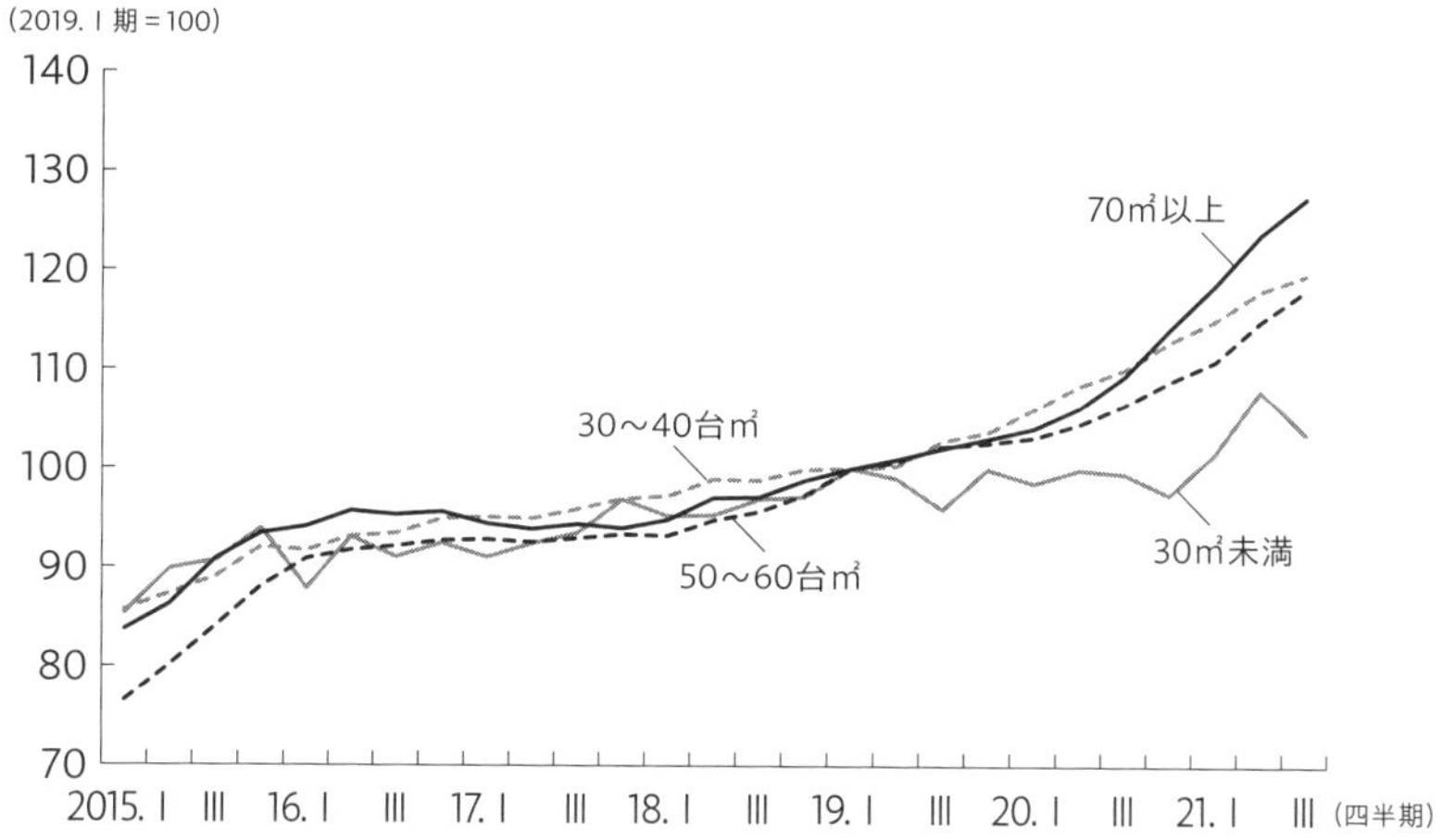


※東京カンテイ「新型コロナ渦を契機とした住戸の広さに対するニーズの変化」より

し上げ」に貢献する。

所得や資産保有者の格差拡大の動きに拍車がかかることで、不動産価格の二極化が常態化していく時代となる。

前2回のバブル崩壊後は、地域・種類などに関係なく、不動産全体の価格下落につながったが、今回は、バブルが崩壊しても、「価値ある不動産を購入する人、企業」が、市場から一気に退場することは想定しにくい社会構造・経済構造になっていると考えられる。

その結果、前述してきたように、「量よりも質を求める動きが強まる」ことになる。

この10年余、不動産市場には、住宅・ビル・物流施設・ホテルなどが大量供給されてきたが、これからは立地・環境・管理などの質が問われる。

物件の淘汰が始まり、価格の二極化に拍車がかかる。「地価」についても、土地全体の平均価格が下落しても、その地域で唯一無二の、希少価値のある土地の価値は保たれる。

今後、不動産全体の価格は「下落傾向下の二極化」が鮮明になっていく。

第9章

# 不動産について12の新ルール

不動産バブル

|

静かな崩壊

本書で説明してきたように、日本の住宅・不動産市場を取り巻く環境は劇的に変化した。過去につくられた不動産についての各種のルール・制度は、現在の環境に適合していない。あるいは妥当とは言えないものになっている。

新しい時代に適合した各種の政策・ルールが求められている。

あくまで私見ではあるが、新しい時代に即したルールを提言する。現実離れしているとの指摘があることは承知しているが、ご容赦をいただきたい。

日々の取り引きの現場で感じたままに列挙してみる。

①国民が生涯に負担する住居にかかるコストを下げる政策を考える。快適な住居で生活できる国を目指す。現在の大都市圏の住宅価格・家賃では、余裕のある暮らしは難しい。

②新規住宅の供給を促進させる政策の変更が必要とされる。既存物件（中古）の再生と有効活用への誘導政策への切り替えを行う。

③人生１００年時代で、老後に向けた住み替えを容易にする税制をつくる。例えば、一生に一回、住み替えによる自宅の売却で利益が出た場合は課税しない。その資金で老後の生活への

不安を少しでも解消できる。

④「狭小住宅」の供給を制限する。火事や地震などの災害に強い街づくりを目指す。隣家との距離を十分にとるよう建築基準の見直しを図る。極端な狭小住宅は、将来、資産価値の大幅な低下となる。資産形成の面からも望ましくない。狭小すぎる住宅の集合は、良好な街並みづくりにはならず、地価を下げる要因となることが多い。住宅供給では、量から質を重視する政策が望まれる。

⑤住宅供給数を促進する税制の見直しをする。太平洋戦争で住宅が失われて、住宅が大量に不足した時代には、新規に住宅建設してくれる人を支援するという意味で、税制の優遇措置をとるというインセンティブは極めて有効だったが、人口や世帯数が減少し、空き家が急増している時は、このインセンティブは時代錯誤の税制となっている。住宅の質を高めるためのインセンティブに切り替えることを勧めたい。

⑥住宅ローン制度の見直し。国民の生活設計におけるリスクを回避する。最近の住宅ローンの借り入れは、変動金利に偏重しているが、金利は変動するもので、金利上昇時には負担が重

くなり、場合によっては破産に至る例も想定される。米国では、固定金利が主流となっていて、日本とは逆となっている。住宅ローンは固定金利を基本にしたほうが、国民の将来リスクを少なくすることができる。災害が多発する日本では、「ノンリコース・ローン」（責任財産限定型ローン）の導入も考慮する時に来ている。同時に、住宅ローンの借入期間が30年・40年・50年などと、次第にエスカレートしている。終身雇用制度が消えていく時代の生活のリスクは、昔に比して格段に高まっている。また、離婚も少なくないことから、住宅ローン制度の抜本的な見直しを提言したい。

⑦住宅購入時の住宅ローンの融資金額の上限は、購入価格の少なくとも80％から90％までとして、フルローンにはしない。住宅業界には厳しいものになるが、国民に多額の借金を負わせることは避けたい。借金漬けの若年層の増加が、個人消費が伸びない理由の一つとなっている。

⑧投資物件の広告で「満室想定利回り」という仮想の数字が記してあるが、現実とは離れた数字となっていることが多く、不動産の価値を正しく評価できない。「満室想定利回り」「想定利回り」の表示は禁止としたい。「購入者」の利益を損なわないための配慮が必要と思われ

る。

⑨「サブリース」は、本来の主旨に沿ったものにしよう。サブリースは、あらかじめ決められた期間内は、オーナーと事業者間で結んだ契約条件は、基本的に変えないということで、オーナーは事業運営が安心してできるメリットがある。しかし、現在、多くのサブリース契約では、2年・3年と短期で見直すものとなっている。人口減少、若年層の急激な減少が続く日本では、契約内容の見直しにより、家賃収入の低下は必然のものと言える。本来の主旨からすれば、見直しまでの期間を長期化することが求められる。もちろん、想定外の大地震・大洪水などの場合は、例外的に、一時的に見直しは許容されるとしても、現行のサブリースの運用制度は、明らかに逸脱したもので、オーナーの利益を損なう可能性が高くなっている。少子化・人口減少に拍車がかかる時代には適合しないものになっている。

⑩環境の変化を見越したルール（規制）づくりをしよう。地球全体の温暖化を実感するようになってきた。それに伴う自然災害は大型化し、頻発している。住宅地として安全な地域を絞り込んで規制することが求められている。また、日本経済の成長率の低下、人口減少を前提として、スマートシティへの移行を急ぎたいものである。

⑪日本で働き、定住している人の住宅購入などを除き、投資目的などの外国人の日本国内の不動産取得者には、特別の税制を設ける。固定資産税・都市計画税・取得税を日本人とは違った大幅な引き上げを行うようにする。日本全体の税収増につながる。諸外国では、外国人の土地購入を禁止している国もある。

⑫分譲マンションの管理費・修繕積立金の滞納物件については、一定の期間を超えた場合、法的に当該物件を売却できるようにする。

不動産を取り巻く環境は大きく変化している。その変化に合わせてこれまでのルール・制度を見直し、現在と将来に向けたものに変更したり、新しいルール・制度をつくる時を迎えている。新しいルール、新しい制度をつくる時には、必ず、立場によって強固な反対があることは覚悟しなければならない。

日本の社会・経済の構造が劇的に変化する時に、既存のルール・制度では、必ず歪みが生じることになる。日本の将来のために、禍根を残さない施策づくりを始めたい。

# あとがき

本書の執筆を決断したのは、私の身近な友人・知人から聞いた話である。

「私の子供がマンションを購入しようとしたが、高くて買えないね。でも、家賃は上がってないね」

「いつから、こんなに住宅が高くなったの？」

私は、「家賃は値上がりしていないのに、価格だけが高騰しているということは、バブルだよ」と返した。

一般の人が買えなくなるほどに高騰しているということはバブルであるが、多くの人は「高いと感じている」だけで、「バブル」とは認識していない。

しかし、この数年間、実は立派なバブルである。

一方、不動産業界では、在庫が減少から増加に転じている。この現象は、バブルの崩壊がすでに始まっているサインである。本書は、これから日本の不動産価格が調整される可能性が高まっていることを知らせるものである。

最後に、著者が最近、関心を持っていることについて述べてみたい。それは、二つの言葉の復活と、二つのリスクの芽生えである。

まず、復活したのは、「エンゲル係数」と「資金繰り」という言葉で、久しく消えていた。しかし、デフレからインフレへ、「金利のない時代」から「金利のある時代」を迎えて、復活している。

では、芽生えてきた二つのリスクとは何か。

それは、身に余る「過大な借金」と、コストが上昇する「インフレ」である。

人生１００年時代となり、我々は、今までにはなかった多くの時間をプレゼントしてもらった。このプレゼントを有効に活用して、充実した人生を送りたいものだが、１００年も生きていると、リスクもそれだけ多くなることを甘受しなければならない。

長い人生には、病気、失職、さまざまな自然災害、不景気、そして今回のインフレ、能登半島地震など、想定していなかったリスクも多くなる。

我々は、現在の状況がいつまでも続くという「保証」はないという認識と覚悟が求められる。社会や経済の環境の変化に備えて、心の準備を十分にしておきたい。

今回の出版にあたっては、これまでも数回にわたってご協力をいただいてきた、日経ＢＰの野澤靖宏氏の快諾をいただき、深く感謝するとともに、厚く御礼を申し上げます。
また、本著の記述内容についても、松平正文、西澤正博の両氏に、資料作成に当たっては又平美恵子氏の皆様に数多くのご協力をいただき完成することができました。改めて感謝を申し上げます。

2024年2月

幸田昌則

**幸田 昌則**（こうだ・まさのり）

ネットワーク88代表
福岡県出身。九州大学法学部卒。不動産市況アナリストとして、バブル崩壊以前の1989年に関西圏からの不動産価格の下落を予測。現在、ネットワーク88を主宰、不動産業の経営、事業・営業戦略のアドバイスなどに活躍中。著書に『不動産これから10年のトレンド』『アフターコロナ時代の不動産の公式』など多数。不動産業界団体、資産家、経営者対象の講演も多い。

# 不動産バブル　静かな崩壊

2024年3月19日　1版1刷
2024年4月15日　3刷

著　者　幸田 昌則
© Masanori Kouda, 2024
発行者　中川 ヒロミ
発　行　株式会社日経BP
日本経済新聞出版
発　売　株式会社日経BPマーケティング
〒105-8308　東京都港区虎ノ門4-3-12
装　幀　野網雄太
DTP　マーリンクレイン
印刷・製本　シナノ印刷
ISBN978-4-296-11996-7


本書籍に関するお問い合わせ，ご連絡は下記にて承ります。
https://nkbp.jp/booksQA

Printed in Japan